Paula J. Caplan:
So viel Liebe, so viel Haß
Zur Verbesserung der Mutter-Tochter-Beziehung

Aus dem Amerikanischen von
Erica Fischer

W0234047

Deutscher
Taschenbuch
Verlag

Für meine Eltern
Theda Ann Karchmer Caplan und Jerome Arnold Caplan
und meine Kinder
Jeremy Benjamin Caplan und Emily Julia Caplan
mit all meiner Liebe

Ungekürzte Ausgabe
Februar 1993
Deutscher Taschenbuch Verlag GmbH & Co. KG, München
© 1989 Paula J. Caplan
Titel der amerikanischen Originalausgabe:
Don't Blame Mother
Harper & Row, New York, 1989
Teile dieses Buches wurden entnommen oder adaptiert aus
Paula J. Caplans ›Between Women. Lowering the Barriers‹,
Personal Library, Toronto 1981
© der deutschsprachigen Ausgabe:
1990 Verlag Kiepenheuer & Witsch, Köln
ISBN 3-462-02033-1
Umschlaggestaltung: Boris Sokolow
Gesamtherstellung: C.H. Beck'sche Buchdruckerei, Nördlingen
Printed in Germany · ISBN 3-423-35060-1

Inhalt

Außer bei jenen, die explizit ihre Erlaubnis zur namentlichen Nennung gegeben
haben, wurden alle Namen und kennzeichnenden Details der in diesem Buch er-
wähnten Personen verändert. In manchen Fällen wurden auf der Grundlage des
Fachwissens der Autorin mehrere Berichte zu einem zusammengezogen.

Da ich es versäumte, meine Mutter zu
kennen, war es mir nicht vergönnt, die
anderen Frauen zu kennen, die meinen
Weg kreuzten.

Pat Conroy

Ein solches Buch kann nicht in der Isolation geschrieben werden. Ich hatte das Glück, mich beim Schreiben in einem dichten Beziehungsgewebe zu befinden.

Danken möchte ich meiner Agentin Connie Clausen und ihrem Assistenten Guy Kettelhack, die mich angeregt haben, dieses Buch zu schreiben, und meiner Verlegerin Janet Goldstein für ihre brillanten, rücksichtsvollen und mühsamen Anstrengungen, mir beizubringen, ein solches Buch zu schreiben. Ich danke auch Guy, der mich bei guter Laune hielt, wenn mir die Arbeit über den Kopf wuchs.

Mein Dank gilt vielen anderen Menschen, die mir halfen – meiner Großmutter mütterlicherseits, Esther Shana Milner Karchmer, und meiner Großmutter väterlicherseits, Gertrude Dorothy Gorbach Caplan, für ihre Liebe, ihre Geschichten und ihre Anregungen; meinen Kindern Jeremy und Emily, meinen Eltern Tac und Jerry, und David Friendly für ihre Liebe, Unterstützung und Geduld, mit der sie mir beim Schreiben und bei der Überarbeitung in vielfältiger Weise beistanden; Rachel Friendly für ihre Sanftmut und moralische Unterstützung; Graham Berman, Catherine Gildiner und Rachel Josefowitz Siegel für die sorgfältige Durchsicht und einfühlsame Kommentierung des Schlußmanuskripts; Susan Gilbert Carrell, Jennifer Chambers, Debbie Friendly, Lily Friendly, Margaret Grant, Donna Sharon und Wendy Whitfield für das Lesen und Kommentieren von Teilen des Buches; Joan Mayer Caplan, Phyllis Chesler, Gilda Freeman, Harold Friendly, Marilyn Friendly, Maureen Gans, Amy Hanen, Maria Matias, Kathryn Morgan, Frances Newman, Heather-Jane Robertson, Jan Silverman und Janet Surrey für ihre Wärme, ihre Anregungen und nützlichen Informationen; meiner Sekretärin Julie Fung für ihre Freundlichkeit und Hilfe beim Tippen und Administrieren der Arbeit; Chris Devon, Frieda Forman, Peggy Bristow und den Mitarbeiterinnen und Mitarbeitern der Bibliothek des Ontario Institute for Studies in Education für ihre Hilfe bei der Literatursuche; Carola Barczak und Daria Love, die mir Ausdauer beibrachten; Janet Stickney, die mir erlaubte, den Titel ihres wunderbaren Vortrags ›Don't Blame Mother‹ für den Titel dieses Buches zu übernehmen; und den Studentinnen meiner Kurse über »Mütter« und meiner anderen Kurse in Women's Studies sowie vielen Freundinnen, Patientinnen und ehemals unbekannten Frauen, die sich von mir interviewen ließen oder mir schrieben, um mir für diese Arbeit ihre Geschichte zu erzählen. Der Dank gebührt auch meiner Familie und meinen Freundinnen und Freunden für ihre Geduld, mit der sie meine beschränkte Verfügbarkeit während der Zeit des Projektes ertrugen.

Erstes Kapitel
Zum Einstieg

> Wie sollen wir die Mütter sein, die wir unse-
> ren Töchtern wünschen, wenn wir immer
> noch nicht mit unserer eigenen Mutter klar-
> gekommen sind?
>
> Letty Cottin Progrebin

> (In der Geschichte von Müttern und Töch-
> tern) wird die Handlung nicht von uns allein
> bestimmt. Wir können zwar vielleicht die
> Geschichte entwirren, wir hatten aber nicht
> die Möglichkeit, die sozialen Beziehungen
> herzustellen, die zu ihrem Entstehen beige-
> tragen haben.
>
> Marcia Westkott

Sie lesen ein Buch mit dem Titel ›So viel Liebe, so viel Haß‹. Egal,
wie traurig, entnervt oder verärgert Sie über Ihre Mutter sein mögen, so ist es doch wahrscheinlich, daß es Ihnen lieber wäre, Ihre
Beziehung zu ihr zu verbessern als sich weiterhin zu grämen. Mit
diesem Buch können Sie erfahren, wie andere Mütter und Töchter
mit ihren Schwierigkeiten zurechtgekommen sind.

Wenn Sie emsig damit beschäftigt sind, Ihrer Mutter Vorwürfe
zu machen oder eine »Scheidung« von ihr zu erträumen, dann
stecken Sie in der Klemme. Sie können sich weder befreien noch
wirklich erwachsen werden. Sie haben praktische Probleme. Zum
Beispiel verabscheuen Sie Familienfeste: Ihre Mutter könnte an
Ihrer Kleidung Mißfallen finden. Oder sie könnte von ihr so sehr
begeistert sein, daß sie alle Leute ununterbrochen darauf aufmerksam macht, wie »phantastisch« ihre Tochter aussieht. Das wäre
Ihnen peinlich.

Diese Art von Problem ist ein Symptom dafür, daß die Vorwürfe, die Sie Ihrer Mutter machen, Sie in Ihrer Freiheit einschränken:
Sie können nicht als erwachsene Person alle Möglichkeiten des
Lebens frei ausschöpfen. Sie beschränken sich auf bestimmte Aktivitäten, Interessen und Freunde, um zu beweisen, wie sehr Sie sich
von Ihrer Mutter unterscheiden. Sie können nicht ehrlich danach
fragen, wer *Sie* sind, weil Sie da vielleicht auf Dinge stoßen wür-

den, die Sie an Ihre Mutter erinnern! In Ihrem verzweifelten Versuch, alles zu vermeiden, was Sie an Ihrer Mutter ablehnen, kommt es zu einer Überreaktion, bei der Sie das Kind mit dem Bade ausschütten: Sie werden hart, weil Sie Ihre Mutter für sentimental halten; Sie lassen sich alles gefallen, weil Ihre Mutter angeblich nicht liebevoll genug war. Alle diese *gegen* Ihre Mutter gerichteten Reaktionen, dieser verzweifelte Drang, Ihr Anderssein zu beweisen, beschränken und beschädigen Ihre Beziehungen zu Menschen, die Sie lieben – zu Ihrem Partner, Ihren Kindern, Ihren Verwandten und Freunden. Sie bieten ihnen nur einen Teil Ihres wirklichen Ichs, eine Karikatur.

Engel des Hauses oder böse Hexe

Wenn sich beim Gedanken an Ihre Mutter Gefühle von Trauer, Gereiztheit, Ärger oder sogar offener Wut einstellen, dann rate ich Ihnen, auf der Stelle mit dem Lesen aufzuhören und diese Gefühle einmal zuzulassen. Stellen Sie sich ihnen. Weinen Sie. Schreien Sie. Schlagen Sie auf Kissen ein. Fertigen Sie eine Liste der fünf schlimmsten Dinge an, die Ihre Mutter Ihnen angetan hat. Und dann denken Sie über folgenden Gedanken nach: Der Hauptgrund, warum Töchter auf ihre Mütter entnervt und zornig reagieren, ist, daß sie es so *gelernt* haben.

Die meisten Frauen sind irrigerweise davon überzeugt, daß die Beziehung zu ihrer Mutter schmerzhaft sein muß, weil die Mutter so beschränkt, abhängig oder schrecklich ist. Ohne zu wissen, daß unsere Kultur durch die Schaffung von polarisierten Mutterbildern Barrieren zwischen Müttern und Töchtern aufgerichtet hat, beschuldigen wir uns gegenseitig.

Mütter werden entweder idealisiert oder für alles verantwortlich gemacht, was schiefläuft. Mütter und Töchter lernen Frauen im allgemeinen und Mütter im besonderen als Engel oder Hexen oder als ein Gemisch von beiden anzusehen. Unsere normalen menschlichen Bedürfnisse, Gefühle und Wünsche werden so verzerrt, daß unsere Beziehungen untergraben werden; wir erwarten zu viel voneinander, übertreiben Negatives oder verwechseln Neutrales oder Positives mit Negativem. Wie viele Mütter und Töchter zugeben, zerfließen sie in einem Augenblick vor Liebe und Bewunderung füreinander und halten einander für absolut perfekt, im nächsten Augenblick werden sie von Zorn und Verachtung füreinander überwältigt.

Die polarisierten Bilder haben eine lange und komplizierte Geschichte. In der anglo-amerikanischen Kultur stammt die Idealisierung aus der viktorianischen Zeit, als die Mutter der »Engel des Hauses«[1] zu sein hatte, der müde Füße und heiße Stirnen von Gemahl und Kindern linderte, die sanfte Stimme nie erhob und in der Befriedigung der Bedürfnisse ihrer Lieben die Erfüllung ihres Lebens erblickte.

Das Bild der »bösen Hexe«, das die meisten von uns gut kennen, ist teilweise das Erbe von Märchen über gräßliche Frauen. Obwohl sie selten Mütter genannt werden, sind sie meistens Stiefmütter oder Charaktere, die in Erfüllung mutterähnlicher Rollen Kindern Böses antun, wie die Hexe in ›Hänsel und Gretel‹, die die Kinder mit Leckereien verführt, oder die böse Stiefmutter, die in mütterlicher Verkleidung auftritt und dem Schneewittchen (vergiftete) Speisen anbietet.

Beide Extreme erzeugen Probleme: Wie *kann* man überhaupt eine Beziehung zu einem perfekten Wesen eingehen, das auf einem Sockel steht, und wer *will* schon einer Person nahe kommen, der alle Probleme angelastet werden? Auch ohne diese Bilder würde es noch eine Menge anderer Schwierigkeiten in der Mutter-Tochter-Beziehung geben – Kommunikationsprobleme etwa, Rivalitätskonflikte zwischen Geschwistern, echte individualpsychologische Probleme. Doch jedes dieser beiden Bilder gründet auf Mythen und abergläubischen Vorstellungen; wenn wir zum Beispiel dem Mythos der »perfekten Mutter« aufsitzen, die *alle* Bedürfnisse ihrer Kinder befriedigt, dann fühlen wir uns betrogen und sind wütend, wenn unsere Mutter diesen Erwartungen nicht entspricht; wenn wir an den Mythos der »schlechten Mutter« glauben, der Unheil verheißt, wenn eine Mutter allzu eng mit ihrer erwachsenen Tochter befreundet ist, dann weisen wir die Hilfsangebote und Ratschläge unserer Mutter ängstlich zurück. Diese Mythen schaffen *vermeidbare* Probleme, die es erschweren, die *unvermeidbaren* zu bewältigen.

Die Mythen Engel/Hexe und perfekte Mutter/schlechte Mutter, die Mütter und Töchter einander entfremden, wurzeln in einer mächtigen Tradition der Mütterbeschuldigung, die unsere gesamte Kultur durchdringt. Die meisten Mütter sind sich ihrer Leistungen als Mütter unsicher und benötigen dringend den Zuspruch anderer

Frauen, einschließlich ihrer eigenen Töchter. Doch tragischerweise lernen wir als Töchter, die Arbeit von Müttern abzuwerten und unsere Mutter für so gut wie alles, was in unserem Leben nicht klappt, verantwortlich zu machen. Nur allzu leicht machen wir unserer Mutter Vorwürfe, ohne je darüber nachzudenken, wie sehr unsere negative Sicht von den Mythen geprägt und verschärft wurde.

Als Töchter und Mütter sind wir seit Generationen in ein düsteres Netz verstrickt, das nicht wir geknüpft haben. Doch wenn wir uns erst einmal der mythischen Fäden bewußt werden, aus denen das Netz besteht, können wir durch das Erzählen unserer eigenen und der Geschichte unserer Mutter darangehen, es zu entwirren und aufzuknüpfen. Auf der Suche nach der Wahrheit ihrer Mütter müssen Töchter hinter beide Bilder schauen und der Mutterschaft die Masken abnehmen.

Irgendwie wissen wir alle, wie schwer es ist, eine Mutter zu sein, und die meisten von uns ahnen, wie sehr sich unsere Mütter *bemüht* haben, es uns recht zu machen, selbst wenn es ihnen nicht immer gelungen ist. Wenn wir die gesellschaftlichen Barrieren, die einer guten Mutter-Tochter-Beziehung im Wege stehen, erkennen, sind wir eher in der Lage, die guten *und* die schlechten Seiten der eigenen Mutter in ihrer gesamten Komplexität und Subtilität zu sehen, anstatt sie als Beispiele für mütterfeindliche Stereotypen heranzuziehen – die vorwurfsvolle Mutter, die fordernde Mutter, die kalte und distanzierte Mutter. Wenn Sie sich, nachdem Sie ›So viel Liebe, so viel Haß‹ gelesen haben, die Liste der schlimmsten Dinge ansehen, die Ihnen Ihre Mutter angetan hat, werden Sie wahrscheinlich besser verstehen, warum sie ihre Tochter so und nicht anders behandelt hat, und Sie werden sie und sich selbst besser verstehen.

Beziehungen, die auf Mythen und Stereotypen gründen anstatt auf klaren Wahrnehmungen, haben wenig Chance auf Verbesserung. Wenn Sie sich aber Ihre Mutter realistisch ansehen, dann reißen Sie Barrieren ein und reduzieren die Energie, die Sie beide bisher unnötigerweise in Ihre jeweiligen Frustrationen gesteckt haben.

Dieses Buch beruht auf meinen Erfahrungen als Therapeutin, auf meiner eigenen Forschung und der anderer Leute, auf den Reaktionen von Frauen auf das, was ich schon früher über Mütter und das Mutter-Tochter-Verhältnis geschrieben habe[2], sowie auf meinem Universitätslehrgang über Mütter.

Ich habe die Auswirkungen von Rasse, Religion, Klasse, Alter und sexueller Orientierung ebensowenig systematisch erforscht wie die Frage, ob die Tochter die einzige Tochter oder ein Einzelkind ist und ob sie eigene Kinder hat oder nicht. Die Frauen, die in diesem Buch vorkommen, bringen alle diese Aspekte ein – und noch mehr. Der Schwerpunkt aber liegt bei den Gemeinsamkeiten der Mutter-Tochter-Erfahrung, weil wir Frauen in so vieler Hinsicht gleich behandelt werden, unabhängig davon, welchen anderen Gruppen wir zugehörig sind.

Ich hoffe, daß Sie beim Lesen der wahren Geschichten aus meinem Leben und aus dem Leben von Freundinnen, Familienmitgliedern, Studentinnen, Workshop-Teilnehmerinnen und Patientinnen erkennen werden, daß weder Sie die schlechteste Tochter der Welt sind noch Ihre Mutter die schlechteste Mutter der Welt ist – und umgekehrt, daß *Sie* nicht die schlechteste Mutter der Welt sind und auch nicht die schlechteste Tochter der Welt haben. Die Geschichten und Beispiele sollen Ihnen auch helfen, zu entscheiden, wie Sie die in diesem Buch erläuterten Ideen und Forschungsergebnisse so umsetzen können, daß Sie wissen, was Sie sagen sollen, wenn Ihre Mutter das nächste Mal vorbeikommt oder wenn Sie das nächste Mal spüren, daß sich ein Streit mit Ihrer Tochter anbahnt.

Des Kaisers neue Kleider:
Jenseits des Vorwurfs

Früher war ich schnell bereit, den Müttern Vorwürfe zu machen, und so ist es bei den meisten Therapeutinnen und Therapeuten, weil Generationen von ihnen es in ihrer Ausbildung nicht anders gelernt haben. Ich war schon jahrelang Therapeutin, ehe ich erkannte, wie verbreitet diese Schuldzuweisung an die Mutter ist und wieviel Unheil sie anrichtet. Der Mutter die Schuld zu geben ist heute ebenso verbreitet wie 1969, als ich mit meiner Therapie-Ausbildung begann. Ja, es war und ist so üblich, daß es mir jahrelang gar nicht auffiel.

Als ich in den USA und Kanada in einem allgemeinen Krankenhaus mit psychiatrischen Patientinnen und Patienten aller Altersgruppen, mit straffälligen Jugendlichen, die in die Psychiatrie eingewiesen wurden, und mit Familien arbeitete, deren Mitglieder eine Vielfalt von Problemen hatten, hörte ich, wie meine Kollegen die Verantwortung für die meisten Probleme unserer Patientinnen und Patienten der Mutter zu Füßen legten. War irgendein Familienmitglied depressiv, aggressiv oder sonstwie emotional gestört, war es unweigerlich die Schuld der Mutter: »Sie ist eine Glucke«, »Sie macht ihre Kinder so nervös« und so weiter. Und wenn die Mutter selbst die Patientin war, wurden ihr ihre eigenen Probleme zum Vorwurf gemacht: »Sie ist eine Masochistin«[3] oder »Sie begehrt so heftig auf – kein Wunder, daß ihr Mann sie schlägt!«

An vielen dieser Einrichtungen arbeiteten wir im Kollektiv und hörten einander zu, wie wir in den Teambesprechungen die Fälle beschrieben und nach Ursachen für Depressionen, Ängste, gewalttätiges Verhalten und andere Probleme suchten. Anhand dessen, was ich *sehen* konnte, schienen mir die meisten Mütter ziemlich gut bis phantastisch zu sein; aber meine Kollegen bewerteten alles, was sie taten, meistens negativ. Oft verließ ich die Teambesprechung und schämte mich, ohne zu wissen warum. Eines Tages wurde mir klar, daß ich als Frau – und noch dazu als Mutter – zu jener Gruppe gehörte, die meine Kollegenschaft für die psychischen Probleme der Welt verantwortlich zu machen schien.

Ich fühlte mich wie das Kind im Märchen, das wußte, daß der Kaiser nackt war, während alle anderen seine erlesene Kleidung priesen. Ein höchst bedauerliches Merkmal der Mütterbeschuldigung meines Berufsstandes ist, wie selten sich seine Mitglieder dessen bewußt sind. Selbst wenn Therapeuten auf diese Vorwurfshaltung aufmerksam gemacht werden, weisen sie eine solche Zumutung meistens weit von sich.

Nachdem ich den Widerspruch zwischen dem, was ich mit eigenen Augen sah, und dem, was meine Kollegen sagten, erkannt hatte, stellte ich in jeder Besprechung eine einfache Frage: »Welche *anderen* Faktoren, zusätzlich zum Einfluß der Mutter, *könnten* zu den Problemen dieser Person (oder dieses Paars oder dieser Familie) beigetragen haben?« Als ich meine Frage stellte, sagten meine Kollegen, daß ich »eine Schwäche für Mütter« hätte und mich mit ihnen allzusehr »identifizierte«. Und ihre Fallgeschichten konzentrierten sich weiterhin nicht darauf, *ob* die Mutter das Problem verursacht hatte, sondern *wie* sie es getan hatte.

Trotz dieser Reaktionen wurde ich durch die wachsende Literatur über Mütter angeregt, meine Fragen weiterhin zu stellen. Schließlich, so sagte ich mir, seien Mütter ein Thema, über das es sich zu forschen lohnte. Solche Forschungen waren bislang kunterbunt zusammengewürfelt. Nur wenige Bücher – ›Von Frauen geboren‹ von Adrienne Rich, ›Our Mothers' Daughters‹ von Judith Arcana und Teile von Phyllis Cheslers ›Frauen, das verrückte Geschlecht‹ und ›Mutter werden‹ – boten positive Meinungen über Mütter.

Die meisten Autorinnen suchten weiterhin den Fehler bei den Müttern und beschrieben, wie sie das Leben ihrer Kinder zerstörten. Manche Autorinnen (wie Nancy Chodorow, Luise Eichenbaum und Susie Orbach)[4] fingen gut an, wenn sie darauf hinwiesen, daß es alle Frauen in unserer Gesellschaft schwer haben; aber die Beschuldigung der Mutter ist in den Grundzügen ihrer Arbeiten immer noch vorhanden: wenn sie erklären, daß Mütter ihre Kinder nicht loslassen können, daß sie ihre Töchter in Abhängigkeit halten, daß sie nie zufriedenzustellen sind, daß sie uns zutiefst enttäuschen und uns eine unerträgliche Schuld aufladen. In ihrem Buch ›Feministische Psychotherapie‹ sagen uns Eichenbaum und Orbach zum Beispiel:

»Eine Tochter unterdrückt den Aspekt ihrer Persönlichkeit, der ein kleines Mädchen geblieben ist, weil sie von der Mutter eine schmerzhafte und mächtige Botschaft mitbekommen hat, die ihr vermittelt, daß sie die Befriedigung ihrer emotionalen Bedürfnisse und Wünsche weder von der Mutter noch von irgendeinem anderen Menschen erwarten kann. Die Mutter unterstützt ihre Tochter dabei, sich emotional an einen Mann zu binden; sie lehrt die Tochter, ihre Energien Männern zuzuleiten und eines Tages von einem Mann abhängig zu sein. Gleichzeitig aber gibt es eine andere Botschaft. Während sie ihre Tochter wissen läßt, daß sie sich an Männer halten soll, vermittelt die Mutter gleichzeitig ihre Enttäuschung und Frustration über das männliche Geschlecht. Sie läßt ihre Tochter wissen, daß sie von einem Mann weder Hilfe noch Verständnis erwarten kann. Mütter teilen ihren Töchtern oft offen oder verdeckt mit, daß Männer Enttäuschungen sind. Vielleicht geben sie auch Geringschätzung und Verachtung für sie weiter. Mutters Botschaft über Männer ist also mehr als nur ein bißchen ambivalent.«[5]

Eichenbaum und Orbach liefern leider keine Erklärung dafür, *warum* eine Mutter vielleicht nicht zärtlich genug ist, warum sie das Gefühl hat, ein weibliches Kind davor warnen zu müssen, daß es von dieser Welt im allgemeinen und von Männern im besonderen nicht viel zu erwarten hat; sie fragen auch nicht, wieso in einer Familie, in der die Mutter es an der nötigen Fürsorge »mangeln« läßt, nicht der Vater seinen Beitrag leistet.

In dem ungemein populären Buch ›Wie meine Mutter‹ hat Nancy Friday ein derart pessimistisches Bild von Müttern und der Mutter-Tochter-Beziehung gezeichnet, daß Frauen sich nach der Lektüre hoffnungsloser fühlten als vorher – und glaubten, den Fehler bei ihren Müttern und bei sich selbst suchen zu müssen anstatt beim Buch.

Trotz der dauernden Betonung mütterlicher Defizite beobachtete ich allerorten die heilsame Wirkung der Liebesarbeit von Müttern – sie schaukelten ihr Baby, kochten nahrhafte Mahlzeiten, trösteten gekränkte Gefühle. Diese Dinge wurden so gut wie nie erwähnt. Die anregenden Bücher von Rich, Chesler und Arcana hatten bei den Mainstream-Psychotherapeuten nichts verändert. Aus meiner eigenen Erfahrung wußte ich, daß es nichts bringt, die Mütterbeschuldigung bloß zu kritisieren. Ich mußte systematisch dokumentieren, wie Mütter durch die Verwalter der psychischen Gesundheit zu Sündenböcken gemacht werden. In Kapitel 3 werde ich einiges aus dieser von mir zusammengestellten Dokumentation zitieren. Ich war keineswegs überrascht, als unsere Untersuchung zutage brachte, daß die Praxis, Müttern die Schuld zuzuweisen, auch mit der Neuen Frauenbewegung nicht nachgelassen hatte.

Das Problem und seine Auswirkungen auf Mutter-Tochter-Beziehungen zu dokumentieren, war eine Sache; herauszufinden, was dagegen zu unternehmen sei, eine andere. Rich, Chesler und Arcana hatten angefangen zu beschreiben, wie es ist, eine Mutter und eine Tochter zu sein, und Jean Baker Miller hatte – in ihrem Klassiker ›Toward a New Psychology of Women‹ – die allgemeinen Merkmale der weiblichen Unterwerfung klar umrissen. Was fehlte, war eine Vorstellung davon, wo und wie die Kluft zwischen Töchtern und Müttern überbrückt werden kann.

Dies ist großteils immer noch unerforschtes Terrain. Ja, es gibt überhaupt noch keine *systematische* Forschung über Beziehungen zwischen Frauen; es fehlt einfach immer noch am nötigen Geld für ein solches Projekt. Trotz einer Flut von Büchern über Frauenfreundschaften und ein paar neueren wissenschaftlichen Untersuchungen konzentrierte sich das Schwergewicht fast aller psychologischen Forschung bis vor kurzem auf Beziehungen zwischen

Männern (Konkurrenz, Leistung am Arbeitsplatz, Aggression usw.) oder auf Mann-Frau-Beziehungen – auf Beziehungen also, in denen mindestens ein Mann vorkommt.

Es ist wichtig, das zu wissen, weil es bedeutet, daß alles, was sogenannte Fachleute über Mutter-Tochter-Beziehungen sagen, *nicht* wissenschaftlich begründet ist, sondern daß es Spekulationen von Einzelpersonen sind. Natürlich stützen sich manche Spekulationen auf sensible klinische Beobachtungen und auf eine ausgewogene, einfühlsame und realistische Sichtweise von Frauen. Aber es ist bei der Beobachtung der Realität von Müttern und Töchtern schwer, dem Einfluß von Stereotypen zu entgehen. Auch Doktorwürden und Professuren machen nicht immun gegen Voreingenommenheit. Es ist an der Zeit, einen Pfad durch die Mythen zu bahnen, um zur Wahrheit vorzustoßen. Wir schulden es uns selbst, unseren Müttern, unseren Töchtern und den anderen Frauen, daß wir den Beziehungen zwischen Müttern und Töchtern jene Aufmerksamkeit widmen, die ihnen gebührt; wir müssen mit aller Deutlichkeit sagen, daß sie unsere Zeit, unsere Mühe und unseren Respekt verdienen.

Mütter und andere Fremde

Wenn wir vorübergehend an unsere Mütter als Fremde denken, gelingt es uns eher, sie und ihre Haltung uns gegenüber aus der richtigen Perspektive zu sehen; selbst wenn wir uns über fremde Leute sehr ärgern, ist es doch nicht allzu schwer, unsere Wahrnehmung von ihnen zu verändern, weil wir mit ihnen keine lange gemeinsame Geschichte haben, keine gemeinsame Zukunft und gewiß nicht jene Intimität und Komplexität mit ihnen teilen, die das Merkmal der Beziehung zu unserer Mutter ist.

Kürzlich war ich sehr ungehalten, weil ein Bügeleisen, das ich vor sechs Wochen zur Reparatur gegeben hatte, trotz mehrfacher telefonischer Nachfrage immer noch nicht fertig war. Schließlich rief ich an und teilte der Geschäftsführerin mit, daß ich es abholen würde, egal, ob es nun fertig sei oder nicht. Sie antwortete mir mit scharfen Worten und legte auf. Voller Unbehagen wegen einer unangenehmen Begegnung machte ich mich am nächsten Tag auf den Weg zum Laden und stellte zu meiner Überraschung fest, daß das Bügeleisen nicht nur repariert, sondern die Geschäftsführerin auch eine durchaus sympathische Person war. Ich erinnerte mich dann an etwas, was ich vor Jahren gehört hatte: Die Geschäftsführerin, eine Frau etwa um die sechzig, betreibe das Geschäft nur, damit ihr neunzigjähriger Vater weiterarbeiten kann. Es wurde mir bewußt, daß es für sie sehr schwer sein muß, den Laden nur deshalb zu führen, damit er zufrieden ist, andererseits sich aber auch darum zu bemühen, trotz der Langsamkeit ihres Vaters (dessen Reparaturen ausgezeichnet sind) einen gewissen Kundenstamm zu behalten. Als mir das einfiel, verflüchtigte sich meine Verärgerung. Meine Sicht hatte sich verändert.

Die Reparatur der Mutter-Tochter-Beziehungen besteht zum großen Teil darin, die Perspektive der Mutter-Tochter-Probleme auf ähnliche Weise zu verändern. Wir müssen uns die Einflüsse vor Augen führen, die das Leben unserer Mütter bestimmten, und wir müssen uns vergegenwärtigen, wie sehr unsere Kultur Mütter und Töchter unter Druck setzt, ein ganz besonderes Verhältnis zueinander zu haben. Wir schulden es unseren Müttern und uns selbst, unsere Beziehungen mit derselben Anteilnahme zu betrachten, mit der wir an unsere Geschäftsbeziehung zu der Managerin des Reparaturladens an der Straßenecke herangehen. Außerdem haben die Gefühle unseren Müttern gegenüber tiefgreifende Auswirkungen auf unsere Beziehung zu unseren Töchtern und zu Frauen im allgemeinen. Frauen, die meinen, andere Frauen stets zu unterstützen, gleichzeitig aber Haßgefühle gegen ihre eigene Mutter hegen, sind Frauen gegenüber wahrscheinlich nicht ganz so positiv eingestellt wie sie meinen. Je besser die Beziehung zu unserer Mutter, desto besser sind meistens unsere Beziehungen zu anderen Frauen.

Wenn Töchter die Probleme mit ihren Müttern überdenken, entdecken sie meistens, daß ihnen ihre Mütter *schlimmer* vorkamen, als sie in Wirklichkeit sind, weil Mütterlichkeitsmythen ihren Blick arg verzerrt haben. Manche Töchter aber machen die Erfahrung, daß sich ihre Wahrnehmung von sich selbst noch mehr verändert als das Bild ihrer Mutter. Eine Frau vertraute mir an:

»Obwohl meine Mutter mir wirklich eine Menge Schlimmes angetan hat, weiß ich jetzt, daß es nicht *meine* Schuld war. Sie hat sich kaum um mich gekümmert, als ich ein Kind war, und ich dachte immer, ich sei schuld. Im Alter von ungefähr dreißig sagte sie mir zum ersten Mal, daß mein Vater, als ich ein Baby war, so eifersüchtig auf ihre Liebe zu mir war, daß sie versuchte, unsere Verbindung zu lockern. Es kränkt mich immer noch, daß sie sich seiner kindischen Eifersucht unterwarf, aber ich glaube jetzt nicht mehr, daß ich nicht liebenswert war oder bin.«

Manche Mütter sind so schwierig oder bösartig, daß niemand in der Lage sein wird, sie zu ändern; aber selbst in solchen Fällen kann es der Selbstachtung einer Tochter nur gut tun, wenn sie die Mütterlichkeitsmythen kennt. Ich habe das in den vergangenen zwei Jahren an einer achtjährigen Tochter geschiedener Eltern beobachtet.

Das Mädchen, das ich Ginger nenne, wollte ihre Mutter, wie die meisten Kinder, für perfekt halten. Leider war ihre Mutter eine ungewöhnlich spröde, kalte Frau, die seit ihrer frühen Kindheit schwer gestört war und immer noch enge Beziehungen nicht ertragen konnte. Die Mutter sieht das so:

»Als mein Mann und ich uns trennten, war Ginger in der ersten Klasse. Einige Male rief sie mich am Vormittag von der Schule an und bat mich, ob sie zum Mittagessen heimkommen könne. Ich war aber nicht bereit, mich von ihr manipulieren zu lassen. Also schaltete ich gleich am Morgen den Anrufbeantworter ein.«

Seit sie sechs Jahre alt war, kämpfte Ginger darum, zu begreifen, warum ihre Mutter ihr keine Liebe zeigte. Ginger schloß, daß sie wohl keiner Liebe würdig sei: »Mutter scheint mich nicht zu lieben, also muß ich ein schlechtes Kind sein. Ja, gewiß, so ist es«, sagte sie mir im Alter von sieben Jahren. Aber im folgenden Jahr, in dem sie mehr Zeit bei anderen Kindern verbrachte und sah, wie andere Mütter ihre Kinder und sie selbst behandelten, erkannte Ginger allmählich, daß das Problem bei ihrer Mutter lag und nicht bei ihr. Kürzlich sagte sie mir:

»Es war wirklich schwer für mich, zu sehen, daß meine Mutter zu mir gemein ist und mich sogar anlügt, weil Mütter nicht so sein sollen, nicht wahr? Aber jedesmal, wenn sie gemein ist, denke ich daran, wie oft sie früher schon so war. Jetzt, wo ich weiß, daß sie jeden so behandelt, habe ich wenigstens nicht mehr das Gefühl, daß ich ein böses Kind bin.«

Wenn die achtjährige Ginger zu einer solchen Einsicht fähig ist, um wieviel eher müßten erwachsene Töchter dazu in der Lage sein.

Manche Töchter sind vielleicht auf ihre Mutter so böse, daß sie kaum das Wort an sie richten können. Manche fühlen sich von ihr dominiert und eingeschüchtert. Wieder andere sind einfach distanziert oder unfähig, ein Gefühl der Nähe aufkommen zu lassen. Nicht *alle* Mütter und Töchter haben Schwierigkeiten miteinander, aber fast alle haben manchmal Schwierigkeiten. Und obwohl Mutter-Tochter-Beziehungen nicht schlechter sind als Mutter-Sohn-, Vater-Sohn- und Vater-Tochter-Beziehungen, gibt es doch einige Faktoren, die das Verhältnis zwischen Müttern und Töchtern einmalig machen.

Da das Mutter-Tochter-Verhältnis meistens sehr eng ist, kann es beides sein, eine Quelle der Freude und eine Quelle des Schmerzes. Die Freude rührt daher, daß die meisten Frauen gelernt haben, sensibel aufeinander zu reagieren. Mütter und Töchter haben also die Chance, eine wunderbare Beziehung zu haben, sobald sie wissen, wie sie es anpacken sollen. Obwohl sie oft Probleme miteinander haben, finden Mütter und Töchter meistens Wege, einander zu zeigen, daß sie sich mögen und einige Interessen, Normen oder sogar Witze miteinander teilen. Im allgemeinen sind Frauen eher als Männer bereit, an Beziehungen zu arbeiten. Wenn Mutter und Tochter aneinander geraten, versuchen sie meistens, eine Lösung zu finden, bei der es darum geht, *ihre Beziehung zu verbessern* und nicht darum, die Schlacht zu gewinnen.

Ein Teil des besonderen Schmerzes zwischen Mutter und Tochter rührt von dem Gefühl, daß es Wut und Entfremdung in einer Mutter-Tochter-Beziehung nicht geben sollte. Unseren kulturellen Idealvorstellungen entsprechend sollte eine Mutter immer sanft und liebevoll sein – und ebenso ihre Tochter. Aber gerade weil Frauen die Fähigkeit besitzen, die Gefühle anderer zu verstehen, können viele Mütter und Töchter sowohl verletzen als auch trösten, sowohl kränken als auch einander mehr geben als irgendeine andere Person auf der Welt.

Im Laufe von mehr als zwanzig Jahren Studium und therapeutischer Praxis habe ich bemerkt, daß die meisten Mütter und Töchter ihre Probleme miteinander auf ihre eigene individuelle Verrücktheit zurückführen. Eine solche Überzeugung hilft keiner von beiden. Die meisten Mutter-Tochter-Beziehungen werden besser, sobald die Frauen begreifen, daß sie verführt (die Tochter zu Vorwürfen, die Mutter zu Selbsthaß) und durch Mythen gegeneinander aufgehetzt worden sind.

Wenn wir gefragt werden »Was ist der Grund für die Schwierigkeiten zwischen dir und deiner Mutter?«, sind die meisten von uns schnell mit einer Erklärung zur Hand. Wir haben Geschichten zu erzählen – Geschichten über sie und Geschichten über unsere Beziehung zu ihr. Aber manche Geschichten liegen näher bei der Wahrheit als andere. Wir müssen möglichst nahe an die wahre Geschichte[6] von uns und unserer Mutter herankommen. Eine alte Freundin sagte mir:

»Mein ganzes Leben lang dachte ich, Mama würde meine Schwester mehr lieben als mich. Ich habe das nie in Frage gestellt, nie danach gefragt, es bloß geglaubt. Als ich 21 wurde, organisierte Mama ein Fest für mich, und ich begann über meine Kindheit zu reden. Als ich zum ersten Mal in meinem Leben die Worte ›Natürlich hat Mama Beth immer mehr geliebt als mich‹ aussprach, fragte ich mich zum ersten Mal, ob das denn auch wahr sei. Es laut auszusprechen, war so eine definitive Sache. Plötzlich spürte ich Mama gegenüber die Verantwortung herauszufinden, ob es auch wirklich so gewesen ist, bevor ich es weiterhin glaube.«

Wenn wir einander die Geschichte unserer Beziehung erzählen, bringen Mutter und Tochter sich gegenseitig Teile der Wahrheit bei: »So war dir damals also zumute – Angst hattest du? Ich dachte, du hättest eine Mordswut auf mich!« Wenn wir unsere Geschichten der Mythen entkleiden und sie noch einmal erzählen, beginnen wir die Kluft zu überbrücken. Wir erkennen Ähnlichkeiten und entdecken mit Freude große und kleine Kostbarkeiten an Ereignissen und Gefühlen, von deren Existenz wir nichts ahnten.

Obwohl manche glücklichen Mütter und Töchter offen über ihre Probleme miteinander sprechen können, schrecken viele Frauen doch vor dem Gedanken zurück, es wirklich zu tun oder es auch nur *nochmals* zu *versuchen*. Aber Mutter-Tochter-Probleme *können* erfolgreich bearbeitet werden, und es sind dazu keineswegs Jahre einer teuren Psychotherapie erforderlich. Es ist oft eindrucksvoll, wie schnell es geht, sobald eine Tochter über die mütterfeindliche Tendenz unserer Kultur Bescheid weiß.

Manchmal dauert es natürlich länger. Am Ende eines einsemestrigen Lehrgangs über »Mütter« schreiben die Studentinnen auf, wie sich die Gefühle und Beziehungen zu ihren Müttern im Laufe des Lehrgangs verändert haben. Typische Beobachtungen sind: Im September beschrieb eine Frau ihre Mutter als »kalt«, »distanziert« und »leidend« und wünschte sich, »daß es zwischen mir und meiner Mutter anders hätte sein können, damit ich in der Vergangenheit nicht so sehr hätte kämpfen müssen«; im Dezember schrieb sie, daß sich ihr Blickwinkel erweitert hat: »Ich hoffe, daß ich mich noch weiter verändern werde, und ich würde mich gerne über diese Fragen mit anderen Frauen auseinandersetzen. Das ist neu für mich und gut zu erfahren.«

Eine andere Frau schrieb: »Ich habe mehr Achtung für meine Mutter als zu Beginn des Lehrgangs und fühle mich ihr heute näher ... Ich bin ihr gegenüber toleranter geworden, auch wenn mich manche Dinge immer noch stören ... Ich habe nicht mehr das Gefühl, mit meiner Mutter zu konkurrieren, meine eher, daß wir beide im selben Boot sitzen.«

Diese Veränderungen haben die Töchter *nicht* dazu gezwungen, ihre Angst- und Frustrationsgefühle zu unterdrücken und eine lächelnde Fassade zu errichten. Legen wir erst einmal einige der auf Mythen aufgebauten Gefühle von Schuld, Zorn und Hilflosigkeit ab, können wir die verbleibenden Gefühle leichter akzeptieren, verstehen und bearbeiten. Das trifft besonders dann zu, wenn Mütter und Töchter sich zusammensetzen und die Probleme gemeinsam bewältigen, anstatt sich von den gegenüberliegenden Seiten einer unüberwindlichen Mauer oder vor dem Hintergrund eines jahrzehntelangen richtigen Krieges zu begegnen.

Nicht alle Mütter sind Heilige, und nicht alle Töchter haben unrecht, wenn sie meinen, ihre Mütter hätten Fehler begangen. Mütter sind auch Menschen; sie machen Fehler, und manchmal waren ihre Erziehungsmethoden keineswegs die besten. Doch wenige Mütter sind absolute Monster. Wir neigen aber dazu, sie für Monster zu halten, wenn wir nicht wissen, wie wir sonst über sie denken sollen – und an dieser Stelle ist es so wichtig, mit anderen Frauen zu reden.

Die meisten Frauen *wollen* über ihre Mütter und viele über ihre eigene Rolle als Mütter sprechen. Fast alle Frauen, so meine Beobachtung, sind in vielen Aspekten ihrer Beziehung zu ihrer Mutter und/oder Tochter ein Bündel von Wut, Schuldgefühlen, Angst und Unsicherheit.

Durch meine Patientinnen und Studentinnen habe ich gelernt, daß es oft leichter ist, das Dilemma einer anderen Person zu erfassen als die eigenen abgestandenen Frustrationen. Ohne den unvoreingenommenen Blick von außen fallen den meisten von uns einfache und offensichtliche Lösungsansätze gar nicht ein. Die Tochter macht der Mutter weiterhin Vorwürfe und spürt deren Mißbilligung, die Mutter beschuldigt sich weiterhin selbst und quält sich wegen der Distanz oder des Konflikts zwischen ihr und ihrer Tochter. Beide fühlen sich schuldig. Jede sitzt in ihrem eigenen Leid fest und findet es immer schwerer, den Standpunkt der anderen zu verstehen und sich konstruktive Lösungen vorzustellen.

Zwei Tätigkeiten waren in meiner Arbeit mit Frauen besonders hilfreich. Die erste war einfach zuzuhören, wie Frauen ihre schmerzhaften Gefühle und Situationen schildern, die der eigenen oft so ähnlich sind. Die zweite war die Beschreibung der eigenen Erfahrungen als Mutter. Jedesmal, wenn eine Frau über ihre Wut auf ihre Mutter sprach, ein Gefühl, von dem sie sicher war, daß nur *sie* es in dieser Intensität kannte, entdeckte sie, daß viele der zuhörenden Frauen nicht anders fühlten – und aus diesem Grund dieselben »schrecklichen« Dinge getan hatten. Eine Frau beschrieb zum Beispiel einen Tobsuchtsanfall, den sie hatte, als sie in der dritten Klasse war und ihre Mutter *beim Bäcker gekaufte* Kuchen zur Halloween-Party in die Schule brachte.

Zu hören, was andere Frauen zu erzählen haben, hilft Töchtern, sich weniger verrückt und gemein zu fühlen. Das setzt Energien frei, die früher dafür draufgingen, um das zu überdecken, was sie für ihre Verrücktheit oder Bösartigkeit hielten; die Verkrampfung löst sich, und sie können nun eher Wege finden, den Konflikt mit ihrer Mutter zu bereinigen. Wenn wir unsere Probleme für ungewöhnlich halten, zweifeln wir an möglichen Lösungen; wenn wir wissen, daß auch andere Menschen einmal im selben Boot waren, können wir voneinander lernen.

In meinen Lehrgängen und Workshops fordere ich die Teilnehmerinnen auf, die Klagen anderer Frauen über ihre Mütter auf neue Weise aufzunehmen. Anstatt durch Zuhören die Vorwürfe gegenüber der eigenen Mutter zu nähren, lernen sie, erst einmal die Frustration der Tochter zur Kenntnis zu nehmen und zu fragen, ob sie die Motive und das Verhalten der Mutter nicht vielleicht falsch deutet oder benennt. Wenn, zum Beispiel, eine Frau ihre Mutter als »überfürsorglich« schildert, fragen die Teilnehmerinnen, ob es nicht passender sein *könnte,* sie einfach liebevoll zu nennen. Die neuen weniger aufgebrachten Bezeichnungen passen nicht immer, aber es ist erstaunlich, wie oft sie doch zutreffen. Wenn Frauen sehen, wie gut die neuen Worte passen, erkennen sie, wie tief sich eine bestimmte, für unsere Kultur typische Botschaft in uns eingenistet hat: »Wenn etwas nicht stimmt, schuld ist die Mutter.«

Wenn Frauen ihre Frustrationen *als Mütter* beschreiben, können sie sich gegenseitig Einsichten über die Situation ihrer Mütter vermitteln. So schilderten in einer Diskussionsgruppe mehrere Frauen, wie sehr sie ihren Beruf zwar liebten, sich aber auch zerrissen fühlten, wenn sie Tag für Tag ihre maulenden Kleinkinder beim Kindergarten abliefern mußten. Diese Diskussion regte einige Frauen in der Gruppe an, die Frage zu stellen, wie ihre eigenen Mütter in diesen Jahren zurechtgekommen waren.

Eine andere Frau erzählte, wie es ihr erging, als sie im Krankenhaus erfuhr, daß ihr Neugeborenes an Gelbsucht litt und unter spezielle Lampen gelegt werden mußte, die es teilnahmslos machten. Sie schämte sich sowohl wegen der übertriebenen Sorge um ihr Baby als auch wegen der Unfähigkeit, ihm zu helfen. Als sie das Kind unter den Lampen betrachtete, konnte sie ihre Ruhe nur bewahren, indem sie es dauernd fotografierte. Sie fand ihre Sorge übertrieben und ihre Hilflosigkeit beschämend, und sie fühlte sich schuldig, daß sie in einer solchen Situation in der Lage war, durch

Fotografieren Distanz herzustellen. Obwohl sie das Beste tat, um die Situation zu meistern, fühlte sie sich zugleich pathologisch zugewendet und pathologisch abgewendet. Ihre Geschichte half anderen Frauen der Gruppe, einen neuen Blick auf das zu werfen, was sie *ihrer* Mutter als distanziertes Verhalten vorwarfen. Statt also die Kälte ihrer Mutter als Zeichen dafür zu werten, daß sie kein Interesse an ihrer Tochter hatte, dachten sie darüber nach, welche anderen Gründe es für diesen scheinbaren Mangel an Zuwendung gegeben haben könnte. Sie begannen ihre Mütter in einem größeren Zusammenhang zu sehen.

Was bezweckt dieses Buch?

Dieses Buch will:
- den Schmerz verringern, an dem Töchter und Mütter in ihrer Beziehung zueinander leiden
- Töchtern und Müttern helfen, sich im Umgang miteinander wohler zu fühlen, indem sie den Grund für die Barriere zwischen ihnen verstehen
- Töchtern und Müttern mehr Wahlmöglichkeiten für ihre Lebensgestaltung bieten, indem es ihnen hilft, sich von den Mythen zu befreien, die ihren Handlungsspielraum einschränken, und neue Techniken und praktische Fähigkeiten zu erwerben
- Töchtern und Müttern bewußt machen, wie sehr sie sich durch die eingeübte Art, einander zu sehen, entfremdet haben.

Um festzustellen, wie Sie über Ihre Mutter denken und fühlen, behalten Sie beim Lesen der folgenden Kapitel Papier und Bleistift in der Nähe. Halten Sie *alles* fest, was Ihnen in den Sinn kommt und helfen könnte, die wahren Zusammenhänge zu erkennen – Dinge, die Ihnen bei Ihrer Mutter nicht klar sind und über die Sie gerne mehr wüßten; ein Wort oder ein Satz, der in Ihnen bestimmte Assoziationen auslöst, selbst wenn Sie nicht genau wissen, warum; Geschichten, die sich mit Ihrer Erfahrung decken, *und* Geschichten, die sich von Ihren anscheinend völlig unterscheiden; Fragen, die Ihnen einfallen. Wenn Sie die Antworten in diesem Buch nicht finden, werden Sie vielleicht bei anderen Menschen oder in anderen Büchern weitersuchen wollen.
Manche von Ihnen werden beim Lesen über ein bestimmtes Pro-

blem oder Thema sofort den Bezug zu sich selbst und Ihrer Mutter herstellen, das Buch mitten im Kapitel wegwerfen und sich daranmachen, das Gelesene in die Praxis umzusetzen. Andere werden das ganze Buch lesen, über die Fragen nachdenken, sich mit anderen Leuten darüber unterhalten und noch mehr Bücher dazu lesen wollen, ehe Sie auch nur daran *denken*, konkrete Schritte zu unternehmen. Diese zweite Gruppe wird groß sein, denn bei einer lebenslangen Gewöhnung an Schuldzuweisungen kann auch ein ganzes Kapitel voller Gegenmittel nur ein Anfang sein. Und wenn Sie schon vor Jahren jede Hoffnung aufgegeben haben, bedarf es harter Arbeit, Ihre Maschine wieder in Gang zu bringen.

Selbst Töchter, deren Mütter schon gestorben sind, können eine Menge davon profitieren, sich so lebhaft wie nur möglich vorzustellen, was sie ihren Müttern sagen würden, wenn sie könnten, und was die Mütter ihrer Meinung nach antworten würden. In solchen Fällen kann es hilfreich sein, sich mit Freundinnen und Freunden der Mutter oder mit anderen Familienmitgliedern zu unterhalten, da sich deren Sicht höchstwahrscheinlich von der Ihren unterscheiden wird.

Töchter ändern sich, Mütter ändern sich

Der Versuch, die Beziehung zu Ihrer Mutter zu verändern oder sie in neuem Licht zu sehen (wenn sie tot ist oder Sie es vorziehen, mit Ihrer Mutter kein direktes Gespräch darüber zu führen), wird wahrscheinlich überwiegend Ihre Aufgabe sein. Aus diesem Grund richtet sich dieses Buch vor allem an Töchter, obwohl es auch Müttern nützlich sein mag. Zu wissen, wie sehr auch sie in ihrem Zugang zu ihrer Tochter geprägt worden ist, mag einer Mutter helfen, das Verhalten ihrer Tochter besser zu verstehen. Da die Beschuldigung der Mutter eine in der Praxis viel tiefer verankerte Gewohnheit ist als die Beschuldigung der Tochter, ist es wahrscheinlich, daß mehr Töchter über ihre Wut auf ihre Mutter Bescheid wissen als umgekehrt; eine Tochter muß also unter Umständen mehr Arbeit leisten, muß mehr Schichten von Vorwürfen und Mythen abschälen als eine Mutter. Aber eine Mutter wird vielleicht nach der Lektüre dieses Buchs die eigene Mutter (und *ihr* Verhältnis zueinander) besser verstehen[7], und das mag die Beziehung zu ihrer Tochter in einem anderen Licht erscheinen lassen.

Wenn eine Tochter auf ihre Mutter wütend ist oder sich ihr entfremdet fühlt, dann leidet meistens auch die Mutter, denn Mütter haben gewöhnlich ausgezeichnete Sensoren für Unbehagen und emotionale Distanz. Trotz ihres Schmerzes gehören die meisten Mütter erwachsener Töchter jedoch einer Generation an, der eingeredet wurde, daß Mütter nicht das Recht haben, Forderungen zu stellen (selbst wenn manche von ihnen zu den Gründerinnen der neuen Frauenbewegung gehören); ihre Töchter haben wahrscheinlich weniger Probleme als sie, die kulturell vorgefertigten Mutterrollen und unser Bild von Müttern zu analysieren und zu hinterfragen. Das bedeutet aber nicht, daß alle Tabus über Mutterschaft verschwunden sind. Als ich das erste Mal ernsthaft etwas über Mütter geschrieben hatte, schreckte ich nachts voller Entsetzen aus dem Schlaf und war überzeugt, eine Blasphemie begangen zu haben, für die ich auf alle Fälle bestraft werden würde – und zwar nicht für das, was ich gesagt hatte (denn ich war ja den Müttern eher freundlich gesinnt), sondern schon allein deshalb, weil ich es gewagt hatte, Mütter genauer zu *betrachten*.

Unsere Mütter spüren dieses Tabu im allgemeinen noch viel stärker als wir: Mehr noch als von uns hat die Gesellschaft von ihnen erwartet, erstens Mütter zu werden und sich zweitens, ohne zu fragen warum und wofür, in die aufopfernde, nie klagende Mutterrolle zu fügen. Wenn ihre Kinder sich von ihnen distanzieren oder sie kritisieren, glauben die meisten unserer Mütter, daß sie kein Recht haben, sich darüber zu beklagen, und daß der Fehler bei ihnen liegen müsse – denn die Mütter haben die gegen sie erhobenen Vorwürfe verinnerlicht. Das Risiko, die alten Wunden durch Prüfung und Überprüfung ihrer erwachsenen Töchter erneut aufzureißen, ist überaus bedrohlich – wenn sie nicht die Gewißheit haben, daß sie deswegen nicht angegriffen werden. Mütter wissen, daß sich eine Generation schwer tut, die andere zu verstehen. Eine Mutter ist skeptisch, ob ihre Tochter in der Lage sein wird, zu begreifen, was es zum Beispiel bedeutete, in den USA zur Zeit der großen Wirtschaftskrise aufzuwachsen, und wie schlecht eine ledige Mutter in den 30er Jahren behandelt wurde. Bemerkungen wie »Aber Mutti, die Depression ist Jahrzehnte her! Jetzt bist du doch reich!« verschließen einer Mutter schnell den Mund. Mütter brauchen die Sicherheit, daß ihre Töchter nicht den anklagenden Zeigefinger auf sie richten werden, sondern bereit sind, sich ihnen auf der Grundlage gegenseitigen Respekts und gegenseitiger

Unterstützung anzuschließen – nicht blind und mit Haut und Haar, aber rücksichtsvoll.

Die meisten Frauen sind daran interessiert, enge Beziehungen einzugehen und an der Beseitigung von Hindernissen zu arbeiten, die diese Nähe stören. Wie wütend wir auch immer sein mögen, die meisten Mütter und Töchter wollen nicht aufeinander böse bleiben, nachdem sie erst einmal Dampf abgelassen haben. Es wäre uns lieber, die alte Nähe wiederherstellen zu können. Wenn eine Bindung zerbrochen ist, sind wir traurig und wehmütig.

Ich hoffe, einige Möglichkeiten aufzuzeigen, wie diese Bindung wiederhergestellt werden kann. Wenn sie verstehen, wie Mythen die gegenseitige Annäherung behindern – denn es ist nicht leicht, sich mit einem Engel oder einer Hexe einzulassen –, werden Mutter und Tochter bereit sein, die Geschichte ihrer gemeinsamen Probleme neu zu bearbeiten, ihre gemeinsame Geschichte wahrheitsgetreuer zu rekapitulieren und ihr nächstes Kapitel mit einem klareren Blick auf Verbindendes und Trennendes zu beginnen.

Zweites Kapitel
So viel Liebe, so viel Haß

»Die Beziehung zu meiner Mutter ist emotional so aufgeladen – ich werde diese heftigen Gefühle mein Leben lang nicht los«, klagte eine dreißigjährige Studentin, und das trifft wohl auf die meisten erwachsenen Töchter zu. Wir denken in vielen Situationen an unsere Mutter: mitten in der Nacht, gleich nach dem Aufwachen, inmitten einer Menschenmenge, während wir mit unseren Töchtern streiten oder sie umarmen.

Was denken wir? Wir sehnen uns nach ihrer Nähe; wir hassen sie wegen ihrer Macht, mit der sie bewirkt, daß wir uns kindisch, lächerlich und unfähig fühlen; wir käuen wieder, was sie uns anläßlich eines gräßlichen Streits beim letzten Thanksgiving-Fest gesagt hat; wir überlegen uns zum tausendsten Mal, wie wir ein bestimmtes Thema ansprechen sollen, über das wir uns anscheinend nie in Ruhe unterhalten können.

Alle diese Anstrengungen weisen auf tiefliegende Konflikte mit unserer Mutter hin. Aber sie zeigen uns auch, *wie wichtig sie uns ist*. Obwohl wir oft wünschen, wir könnten ans andere Ende der Welt ziehen, bedeuten unsere Kämpfe, daß wir einen weniger angstbesetzten Umgang mit unserer Mutter brauchen. Tief innen möchten die wenigsten Töchter wirklich auf Dauer von ihrer Mutter getrennt sein; was sie sich wünschen, ist eine unbeschwertere, angenehmere Zeit miteinander. Die 44jährige Elaine hatte dieses Bedürfnis. Sie erzählte mir, daß sie ihre Mutter jahrelang abgelehnt hatte – und sich selbst deswegen nicht leiden konnte:

»Meine Mutter hatte einige wunderbare Eigenschaften: Sie war herzlich, liebevoll, aufgeweckt und witzig. Also *wollte* ich meine Zeit mit ihr genießen, und ich wollte eine angenehme Person sein, wenn wir zusammen waren. Aber die negativen Züge meiner Mutter überschatteten schließlich alles und machten mich so wütend, *daß es mir einfach nicht gelang, die Frau zu sein, die ich sein wollte.* Ich fand mich abscheulich, wenn ich mit ihr zusammen war – ich haßte mein dauerndes Herumnörgeln an ihr, mein abweisendes Verhalten, meine Wut. So fing ich schließlich an, *sie und mich* zu hassen.«

Um dieses Dilemma in den Griff zu kriegen und wenigstens einen Teil unserer Wut zu überwinden, müssen wir uns zuerst einigen unserer unangenehmsten Gefühle stellen; dann müssen wir versuchen, zu verstehen, wie und warum wir aus dieser emotionalen Klemme nicht herauskönnen (Kapitel 3, 4 und 5); und schließlich müssen wir uns überlegen, wie wir produktive Veränderungen herbeiführen können (Kapitel 6 bis 9). Es *gibt* einen Ausweg aus der Pattsituation zwischen Mutter und Tochter. Es ist sehr wichtig, diesen Weg zu finden, weil davon auch unser eigenes Selbstwertgefühl abhängt. Denn um uns selbst annehmen zu können, müssen wir lernen, unsere Mütter zu verstehen und zu akzeptieren, wenn wir ihnen schon nicht immer verzeihen können.

Vielleicht werden Sie in diesem Kapitel nicht gleich allen Gefühlen begegnen, die Sie für Ihre Mutter empfinden, aber je mehr der häufigsten negativen Emotionen von Töchtern ihren Müttern gegenüber im Laufe dieses Buches beschrieben werden, desto eher werden Sie auf Bekanntes stoßen. Vergessen Sie niemals, daß es wesentlich ist, diese Gefühle zu erkennen und zu hinterfragen, wollen Sie die Beziehung zu Ihrer Mutter verbessern, wie schmerzvoll dies auch sein mag. Je mehr Sie Ihre negativen Emotionen verstehen, desto besser werden Sie darauf vorbereitet sein, positive Veränderungen in Angriff zu nehmen.

Ambivalenzen

Großartige Mutter, schreckliche Mutter

Die meisten Mutter-Tochter-Beziehungen sind in hohem Maße ambivalent. Selbst in der zärtlichsten aller Mutter-Tochter-Beziehungen können die schweren Zeiten grauenhaft sein. Sie sind zum Teil deshalb furchtbar, weil wir wissen oder uns vorstellen können, wie wundervoll es sein könnte – der Kontrast ist nicht leicht zu ertragen. Meine Beziehung zu meiner Mutter ist grundsätzlich sehr gut, und sie ist eine großartige Frau, das bedeutet aber nicht, daß wir nicht auch unsere schmerzhaften Auseinandersetzungen und Phasen der Fremdheit haben. Sie brauchen bloß mich zu fragen – und sie. Selbst in getrübteren Mutter-Tochter-Beziehungen ist die Situation selten *ausschließlich* schlecht; sowohl Mutter als auch Tochter denken normalerweise voller Wehmut an die guten Zeiten, die sie in der Vergangenheit miteinander verbracht haben, und hoffen auf eine bessere Zukunft.

Die meisten Frauen reagieren gereizt auf die Frage, ob sie ihre Mutter lieben: »Natürlich liebe ich sie – sie ist doch meine Mutter!« Die eigene Mutter nicht zu lieben, erscheint bestenfalls unvorstellbar, schlimmstenfalls unmenschlich. Wenn Sie aber die Durchschnittsfrau auffordern, ihre Beziehung zu ihrer Mutter zu beschreiben, dann türmen sich bald die Einschränkungen: »Sie hat mich nie wirklich verstanden... Sie vergleicht mich immer mit anderen Leuten, und irgendwie bin ich nie gut genug... Sie behandelt mich immer noch wie ein kleines Kind.« Die Ressentiments wachsen: »Kaum rede ich zwei Minuten mit ihr am Telefon, schon will sie mein ganzes Leben in die Hand nehmen ... Ich glaube nicht, daß ich *jemals* mit einem Mann ausgegangen bin, der ihr gepaßt hätte!« Dann kommt plötzlich Haß auf: »Kein Wunder, daß ich so kaputt bin! Sie hat *alle* ihre Neurosen an *mich* weitergegeben. Natürlich glaubt sie, daß sie sich ehrlich bemüht hat, aber hätte sie nur (wahlweise): (1) sich mehr um mich gekümmert; (2) sich weniger um mich gekümmert; (3) mich mehr gefördert; (4) mich nicht so angetrieben.«

Warum gehen wir innerhalb weniger Augenblicke von »Natürlich liebe ich meine Mutter!« dazu über, sie für alles Schlechte in unserem Leben verantwortlich zu machen? Das bloße Wort *Mutter* beschwört eine Fülle von widerspruchsvollen, ambivalenten Gefühlen herauf – Schutz, das Bedürfnis nach Anerkennung, die Sehnsucht nach Liebe und zugleich Wut über den schrecklichen Schaden, den sie uns angeblich zugefügt hat, wenn auch vielleicht unbewußt. Wer schließlich hatte in der Zeit, als wir am verletzbarsten waren, mehr Kontrolle über unser Leben als sie? Von wem haben wir die ersten »Regeln« über die Welt und das Leben gelernt, wenn nicht von ihr? Die Fachleute sagen uns, daß die ersten drei (oder fünf oder sechs) Jahre des Lebens die wichtigsten sind, jene Periode, in der der Grundstock für unsere Persönlichkeit gelegt wird; also denken wir, daß die Frau, die diese drei (oder fünf oder sechs) Jahre unseres Lebens am stärksten beeinflußt hat, selbstverständlich für alles, was seither schiefgelaufen ist, zur Verantwortung zu ziehen ist. Wie hilflos waren wir! Wir *erinnern* uns nicht einmal daran, was unsere Mutter uns in diesen so zentralen Jahren beigebracht und wie sie die Saat für unsere späteren Neurosen gesät hat. Wenn wir als Erwachsene vernünftig darüber *nach-*

denken, wissen wir, daß es nicht wirklich ihre Schuld ist – aber irgendwie *spüren* wir: »Wenn sie doch bloß ...«

Frauen haben dieses erschöpfende Ringelspiel seit Generationen mitgemacht, zu unserem großen Schmerz und Unglück und zum Schaden unserer Mütter. Die (durch die kulturelle Idealisierung von Müttern genährte) Liebe zueinander und die schönen Zeiten, die wir gemeinsam verbracht haben, verbinden sich mit unserer Wut und der (durch die kulturelle Verurteilung von Müttern genährten) Enttäuschung, und das ergibt eine tiefe Ambivalenz. Wir wissen, wie wir einander am besten Gutes tun *und* wie wir einander verletzen können.

Bewältigen durch Blockieren

Mit einem so überwältigenden Gefühl von Liebe und Schmerz zu leben ist oft unmöglich. Manchmal versuchen wir damit fertig zu werden, indem wir uns jeweils auf nur ein Gefühl konzentrieren und den Rest wegstecken. Vor etwa zehn Jahren wurde ich gebeten, einer Gruppe von jungen Müttern einen Vortrag über Mutter-Tochter-Beziehungen zu halten. Als ich sie aufforderte, über ihre Mütter zu sprechen, äußerten fast alle Frauen Liebe, Dankbarkeit und Bewunderung, selbst wenn manche ihrer Einstellungen auf mich einen ziemlich gönnerhaften Eindruck machten. Sie leugneten rundweg, mit ihren Müttern Konflikte oder Probleme zu haben. Als ich sie aber nach ihren eigenen Kindern fragte, kamen bei fast allen eine Menge Schwierigkeiten und sehr starke Gefühle zum Vorschein – Angst, Scheu, Hoffnung.

Es ist natürlich auch möglich, wenngleich unwahrscheinlich, daß ein Raum voller Frauen perfekte Mütter und dennoch eine Menge Schwierigkeiten bei der Erziehung ihrer Töchter und Söhne hat. Viel wahrscheinlicher ist allerdings, daß diese Frauen ihre negativen Gefühle unterdrückten. Sie hatten mich eben erst kennengelernt, und in Anwesenheit einer Fremden ist es nicht nett, schlecht über die eigene Mutter zu sprechen.

Das Blockieren unserer negativen Gefühle ermöglicht den Töchtern, mit ihrer Ambivalenz fertig zu werden, besonders in der Öffentlichkeit. In privaten Zusammenhängen aber oder bei entsprechender Ermunterung vollziehen Töchter oft eine vollständige Kehrtwendung, überschütten ihre Mütter mit Galle, so daß für positive Gefühle kein Platz mehr ist. In ihrer Untersuchung über

Mütter beobachtete Zenith Henkin Gross, daß von ihr interviewte erwachsene Frauen »schockierend negative Bilder ihrer Mütter zeichneten«.[8] Workshops und Seminare über Mütter und Töchter werden nach der ersten kritischen Bemerkung nicht selten zu Orgien, in denen über die Mütter hergezogen wird: Wenn die sozial bedingte und kulturell angeheizte Mutter-ist-schuld-Stimmung einmal hergestellt ist, stürzen sich Frauen mit voller Inbrunst hinein. Eine bekannte Essayistin beschrieb ihre Erfahrung in einem Workshop über Mütter und Töchter so:

»Nach einem Vortrag über die üblichen Mutter-Tochter-Probleme bildeten wir Arbeitsgruppen. In meiner Gruppe unterhielten wir uns kurz über die Beschränktheit des Lebens unserer Mütter und darüber, wie sie für sich selbst keine andere Wahl sahen als zu heiraten und Kinder zu kriegen. Es schien für unsere Mütter eine Menge ehrlich empfundener Sympathie zu geben. Aber dann sagte eine Frau wütend: ›*Meine* Mutter macht mich verrückt! Sie hält es für ihre Aufgabe, mir zu helfen, mein Leben zu leben.‹ Die ganze nächste Stunde lang hatte keine einzige der Frauen auch nur ein gutes Wort für ihre Mutter übrig.«

Es ist sehr schwer, mit diesen übermächtigen ambivalenten Gefühlen für und gegen unsere Mütter zu leben. Wir sind uns unserer Sache nicht sicher, wenn wir so tun, als wären unsere Mütter rundum gut, und wir kommen uns bösartig vor, wenn wir uns ausschließlich auf ihre Mängel konzentrieren. Und doch drängen uns die Mythen der perfekten Mutter und der schlechten Mutter von einem Extrem ins andere.

Ein gewisses Maß an Ambivalenz ist typisch für jede enge Beziehung, aber in den Mutter-Tochter-Beziehungen gibt es des Guten zuviel. Ein Teil dieser Intensität läßt sich auf ein positives Merkmal der Wechselbeziehung zwischen Mutter und Tochter zurückführen: Beide Teile dieser Beziehung sind weiblich, und Mädchen und Frauen lernen im allgemeinen viel eher als Jungen und Männer, ihre Emotionen auszudrücken und die Gefühle anderer zu erkennen. (In der Regel neigen männliche Wesen eher dazu, viele ihrer Gefühle zu unterdrücken, zu ignorieren oder zu leugnen.) So sind sowohl Mutter als auch Tochter von einem Meer an Emotionen umgeben und eher in der Lage, die Bandbreite der heftigen Gefühle auf beiden Seiten zu erfassen.

In einer der seltenen Forschungsarbeiten über Frauenbeziehungen haben die Psychologinnen Lorette Woolsey und Laura-Lynne McBain diese Ambivalenz anhand von direkten Fragen und Beobachtungen dokumentiert.[9] Sie fanden, daß Beziehungen zwischen Frauen emotional reicher als Beziehungen zwischen Männern sind, daß sie aber das Potential für sowohl stark positive als auch stark negative Emotionen in sich tragen.

Die dramatisch polarisierten Mutterbilder des Engels und der Hexe (siehe Kapitel 1) heizen die Ambivalenz an, die Töchter ihrer Mutter gegenüber empfinden. Die Mythen der perfekten Mutter üben auf uns einen Druck aus, unsere Mutter nicht nur zu lieben, sondern *abgöttisch* zu lieben. Die Mythen der schlechten Mütter verwandeln unsere Irritation und Enttäuschung über unsere Mutter in Wut und das Gefühl, betrogen worden zu sein. Da Aggression in unserer Kultur das Gefühl ist, das Frauen am allerwenigsten offen ausdrücken dürfen, wird sie von Mutter und Tochter gleicherweise unterdrückt, wodurch eine Druckkochtopf-Atmosphäre entsteht, die schließlich zu Wutausbrüchen führt.

Diese extrem ambivalenten Gefühle kommen im allgemeinen gleich am ersten Tag meines Hochschullehrgangs über »Mütter« zum Vorschein, wenn ich folgende Übung durchführe: Ich ersuche die Studentinnen (anonym), (1) die ersten drei Dinge aufzuschreiben, die ihnen in den Sinn kommen, wenn ich das Wort *Mutter* sage; (2) sich über diese drei Punkte etwas genauer auszulassen und auch anderes aufzuschreiben, was ihnen zu ihrer Mutter einfällt; und (3) den Satz »Wenn ich an meine Mutter denke, wünsche ich mir, daß...« zu beenden.

Eine Frau nannte als die ersten drei Worte, die ihr zu ihrer Mutter einfielen, »herzlich«, »freundlich« und »bunt«. Aber gleich darauf schrieb sie: »Meine Mutter war äußerst streng. Ich hatte immer das Gefühl, daß sie mir über die Schulter schaute und jeden meiner Schritte beobachtete.« Sie wünschte, daß ihre Mutter »mehr Kinder gehabt hätte, damit sie sich nicht so ausschließlich auf mich hätte konzentrieren müssen. Vielleicht wären dann die positiven Aspekte unserer Beziehung mehr zum Vorschein gekommen, und wir hätten diese kleinlichen Auseinandersetzungen vermeiden können.«

Auch eine andere Frau begann mit positiven Bildern – die ersten drei, die ihr einfielen, waren »herzlich«, »groß« und »großzügig«. Dann aber folgte: »Sie hat mir Optimismus vermittelt, aber auch

Schuldgefühle; sie hat mir kein Rollenvorbild geboten, und sie hat ein geringes Selbstwertgefühl.« Sie wünschte sich, daß sich ihre Mutter »als Person stärker fühlen« könnte und daß sie selbst sich »durch ihre Unsicherheit nicht so sehr irritieren lasse«.

Eine Frau, für die ihre Mutter eine »liebevolle« und »traurige« Person mit »stark ausgeprägten Meinungen« war, schrieb dann weiter, daß sie sich ihrer Mutter sehr nahe gefühlt hatte, obwohl sie oft übermäßige Kritik von ihr einstecken mußte. Und eine, die ihren ersten Eindruck von ihrer Mutter mit den Worten »kalt«, »distanziert« und »leidend« beschrieb, hielt sie danach für »mutig«, »intelligent« und »großzügig«.

Eine gesunde Spannbreite an Ambivalenz in einer engen Beziehung *ist* normal; meistens sehen wir die positiven und negativen Seiten einer Person und reagieren darauf. Aber der Druck auf die Frauen, perfekte Mütter und alles hinnehmende Töchter zu sein, können ihnen das, was in Wirklichkeit eine ganz normale Ambivalenz ist, gründlich vermiesen.

Verzweiflung und Verrat

Die Polarisierung der Mutter-Bilder führt auch zu zwei anderen Gefühlen, die erwachsene Töchter häufig ihrer Mutter gegenüber empfinden: Verzweiflung, es ihr nie recht machen zu können, und das Gefühl, um ihre Zuwendung betrogen worden zu sein. Diese Gefühle sind auf den Anspruch der Mütter zurückzuführen, perfekte Töchter zu produzieren und selbst perfekt zu *sein*. In den Perioden, in denen Sie Ihre Mutter für perfekt halten (oder *sie* meint, perfekt sein zu *müssen*), glauben Sie vielleicht, sie nie zufriedenstellen zu können, angefangen von Ihrer Kleiderwahl bis zu Ihrer Entscheidung, Kinder zu bekommen oder nicht. Irgendwie scheint sie alles richtig zu machen, ja, richtig zu *sein*, und Sie können sie niemals einholen. Da die Mutter perfekt sein sollte, haben Sie umgekehrt oft das Gefühl, von ihr verraten zu werden, wenn sie nicht in der Lage ist, Ihre Bedürfnisse zu befriedigen, statt Ihre Mutter als durchschnittliches, unvollkommenes, menschliches Wesen zu sehen. Also sind Sie enttäuscht und zornig, und dann kommen die Schuldgefühle. Die Mutter, die sich am anderen Ende dieser heftigen Emotionen befindet, ist verständlicherweise überfordert, denn sie darf kein normaler Mensch sein; in den Augen der Tochter wird die Mutter durch ihre Stärke auf einen Sockel gehoben, von wo aus sie Normen vertritt, denen die Tochter niemals entsprechen kann; doch die Grenzen ihrer Fähigkeit, der Tochter zu helfen, werden so interpretiert, als ließe sie ihr Kind auf dramatische Weise im Stich.

Meine Freundin Ellen und ihre Mutter Sue machten eine solche Erfahrung. Als Ellen sich von ihrem Mann trennte, zog sie mit den drei halbwüchsigen Kindern in ihre Heimatstadt zurück, wo Ellens Eltern seit Ellens Geburt leben. Sie waren äußerst liebevoll und unterstützten sie in jeder Hinsicht bei ihren ersten Gehversuchen als alleinerziehende Mutter und geschiedene Frau in einer Stadt, die voller kleinbürgerlicher Vorurteile war. Gegen Ende des Jahres verliebte sich Ellen. Als der Mann sie zu einem einwöchigen Urlaub einlud, erzählte Ellen ihrer Mutter davon, wobei sie die Meinung äußerte, ihre Kinder (im Alter von 15, 16 und 17 Jahren) seien wohl alt genug, um alleine zu bleiben. Ellens Mutter reagierte überraschend schroff: »Du kannst doch nicht einfach mit diesem Mann fortfahren. Was werden meine Freunde sagen? Wie *kannst* du mir so etwas nur antun?« Ellen war völlig überrascht. Sie war so sicher gewesen, daß die Mutter ihre Freude teilen würde. Außerdem sagte Sue: »Okay, du willst diese Reise unbedingt machen, aber ich glaube nicht, daß du die Kinder alleine lassen solltest. Laß sie bitte zu mir kommen.«

Während Ellen weg war, hielten sich die Kinder mehrmals nicht an die von den Großeltern festgelegten Ausgehzeiten. Sue machte sich wahnsinnige Sorgen. Schließlich sagte sie ihnen, daß sie alt genug seien, sich um sich selbst zu kümmern, sie aber sei zu alt, sich mit ihren Verrücktheiten abzugeben. Sie schickte sie in der zweiten Wochenhälfte in Ellens Haus zurück. Als Ellen zurückkam, wurde sie von Sue angebrüllt: »Daß du mich *niemals* wieder bittest, mich um diese Kinder zu kümmern. Ich schaffe das einfach nicht!« Ellen fühlte sich verraten: Ihre Mutter hatte sie darum *gebeten,* die Kinder bei ihr zu lassen, tat aber jetzt so, als habe Ellen sie dazu *gezwungen.* In einer solchen Situation zweifelte sie daran, ob es überhaupt möglich sei, die herzliche Beziehung wiederherzustellen, die sie als Kind mit ihrer Mutter gehabt hatte.

So viele Töchter erkennen diese nur allzu vertraute Falle wieder, dieses Gefühl, von ihren Müttern verraten worden zu sein und ihnen doch näher sein zu wollen. Sie fragen sich, ob mehr Nähe möglich ist und ob es die Mühe lohnt, oder ob sie einfach aufgeben sollen. Wenn sie *nicht* aufgeben wollen, haben sie das Gefühl, mit dem Rücken an der Wand zu stehen; sie meinen, alles versucht zu haben. In ihrer Verzweiflung fragen sie sich: »Warum all diese Annäherungsversuche nochmals durchspielen, wo sie doch seit Jahren elend gescheitert sind?«

Zorn

Aufgrund der kulturell geprägten Idealisierung der Mutter ist der Zorn der Tochter fast unvermeidbar; wenn von einem Menschen erwartet wird, daß er perfekt sein soll, wird er früher oder später für *jeden* Fehler, den er begeht, geradestehen müssen.[10] Eine junge Patientin kam zu folgender befreienden Einsicht:

»Mama hatte es so nötig, daß ich sie für perfekt hielt – und ich habe es ihr abgenommen: Ich glaubte wirklich, daß sie war wie die Mütter in den Fernsehserien ›Family Ties‹ und ›The Cosby Show‹. Sie können sich vorstellen, wie wütend ich jedesmal war, wenn dieses Bild gestört wurde! Wenn ich nicht gedacht hätte, daß sie perfekt sein *sollte,* dann wäre meine Wut über ihren Mangel an Perfektion nicht so grenzenlos gewesen.«

Die Energie, die verschwendet wird, um unsere Mütter (und uns selbst als Töchter und Mütter) voller Zorn zu verurteilen, blokkiert unsere emotionale Entwicklung. Eine der größten Quellen fehlgeleiteter emotionaler Energie überhaupt steckt in der millionenfachen Wut der Frauen gegen ihre Mütter. Große Kunstwerke könnten geschaffen werden, soziale Probleme gelöst und Identitätskrisen entkrampft werden, wenn diese obsessiven Schuldzuweisungen produktiver kanalisiert werden könnten. Aber eine solche Umleitung wird durch die mächtigen Botschaften blockiert, die wir von Experten und voneinander bekommen und die uns vermitteln, daß unsere schlimmsten Probleme mutterbedingt sind. Gleichzeitig haben wir aber auch auf einer bestimmten Ebene unseres Bewußtseins gelernt, daß eine gute Mutter eine perfekte Mutter ist. Kein Wunder, daß wir böse auf sie sind.

Zorn kann sinnvoll sein

Zorn ist ein sekundäres Gefühl. Wir empfinden nicht nichts und dann Zorn. Zorn ist normalerweise ein Gefühl, das dann auftaucht, wenn wir ein früheres Gefühl nicht aufkommen lassen wollen. Zum Beispiel werden wir von jemandem ignoriert, was uns kränkt, und weil diese Kränkung unangenehm ist, zürnen wir der Person, die schuld daran ist. In ähnlicher Weise ärgern wir uns über Bürokraten, weil sie uns das Gefühl geben, machtlos zu sein; Ohnmacht ist eine unangenehme Erfahrung. Zorn zu unterdrücken, zu leugnen oder zu ignorieren kann ihn oder die ursprünglichen Gefühle nicht beseitigen, aber ihn lediglich auszudrücken, hilft meist nicht weiter.

Wut *kann* helfen, unser Gefühl von Machtlosigkeit zu überwinden: Wenn wir erkennen, daß wir es nicht verdienen, wehrlos (oder gedemütigt oder gekränkt) zu sein, und das Recht haben, uns gegen eine solche Behandlung zu wehren, kann das Ausleben von Wut auch Kraft geben. Es kann uns helfen zu sagen: »Ich verdiene es besser, ich *kann* aufstehen und mich verteidigen. Ich muß nicht ruhig abwarten und hoffen, irgendwann einmal besser behandelt zu werden.«

Eine Freundin drückte das so aus: »Früher war ich eine sehr zornige und angriffslustige Tochter, und ich glaube, daß das in gewisser Weise meine Überlebensstrategie war – es half mir, seelisch gesund zu bleiben und mich von den unmöglichen Ansprüchen meiner Mutter zu distanzieren.« Die Forderungen ihrer Mutter mögen unmöglich gewesen sein oder auch nicht; vielleicht hatte sie unrecht, in ihrer Mutter eine Hexe zu sehen. Aber da sie nun mal ihre Mutter so sah, half ihr die Wut, ihre Hilflosigkeit zu überwinden. So konnte sie ihre Integrität bewahren und die irrealen Ansprüche ihrer Mutter zurückweisen. Als sie wußte, daß sie sich auf diese Weise schützen konnte, war sie nicht mehr so zornig auf ihre Mutter und konnte sie besser akzeptieren.

Die eigene Wut auf eine außergewöhnlich fordernde oder abweisende Mutter zu akzeptieren, ist gerechtfertigt und kann stark machen: Wenn die Maßlosigkeit der mütterlichen Ansprüche das Problem ist, dann ist es das gute Recht der Tochter, sich dagegen zu wehren.

Wir müssen jedoch lernen, den bloßen Zorn zu überwinden, weil
Zorn das Verhalten des anderen Menschen meistens weder verändert noch dazu beiträgt, eine Wiederholung des verletzenden Verhaltens zu verhindern. Wenn ich Ihnen bloß sage, daß ich auf Sie
böse bin, weil Sie grob zu mir waren, werden Sie sich, wie die
meisten Menschen, erst einmal verteidigen, oft mit Angriff oder
Kritik. Das kann einen unendlich bösen Zirkel auslösen. Vielleicht
ist Ihnen gar nicht bewußt, daß Sie etwas Kränkendes getan haben.
Selbst wenn Sie mich also in Zukunft nicht mehr verletzen *wollen,*
wissen Sie nicht, wie Sie es anstellen sollen. Wenn ich Ihnen aber
die Hintergründe, weshalb ich mich geärgert habe, erkläre und
Ihnen genau sage, wodurch dieses negative Gefühl bei mir ausgelöst wurde, haben Sie die Möglichkeit, unsere Beziehung zu verbessern, indem Sie Ihr Verhalten ändern. Wenn ich Ihnen sage
»Als ich zur Tür hereinkam, haben Sie das Gespräch mit Ihrem
Vater erst zu Ende geführt, ehe Sie mich grüßten, und das hat
meine Gefühle verletzt, und dann habe ich mich darüber geärgert,
daß Sie mich gekränkt haben«, dann wissen Sie, *wenn* Ihnen etwas
an mir liegt, wie Sie das nächste Mal vermeiden können, mich zu
kränken – und damit wütend zu machen.

Egal wie schlecht die Mutter sein mag, so ist es doch immer
sinnvoll, sie als Menschen und nicht als Dämon zu sehen. Wenn
Sie, nachdem Sie dieses Buch gelesen haben, meinen, daß Sie zu
jenen seltenen Menschen gehören, deren Mutter zutiefst gestört
oder ungewöhnlich verletzend ist, dann mag es im eigenen Interesse am besten sein, Ihren Umgang mit ihr auf ein Minimum zu
reduzieren oder sie erst dann wieder zu treffen, wenn Sie sich
stärker fühlen oder genauer wissen, wie Sie sich ihr gegenüber
verhalten wollen. In der Zwischenzeit können Sie mehr über Ihre
Mutter, über sich und über Ihre Beziehung erfahren. Mindestens
werden Sie dann wissen, daß Sie Ihren Anteil geleistet haben und
Sie sich keine Vorwürfe zu machen brauchen. Herauszufinden,
welche Gefühle dem Zorn zugrundeliegen, hilft außerdem auf
dreifache Weise: (1) Eine Tochter, die, anstatt ganz einfach wütend
zu sein, erkennt, daß sie wegen ihrer Mutter traurig ist, ihr gegenüber Schuldgefühle hat oder sich vor ihr fürchtet, kann sich selbst
anders wahrnehmen als bloß zornig. (2) Diese Gefühle zu erkennen, hilft einer Tochter, sich nicht nur böse vorzukommen, wie so

oft bei Wut, denn Gefühle von Trauer, Schuld und Angst vor einer idealisierten Mutter sind annehmbarer als Wut. (3) Trauer, Schuldgefühle und Angst können schwächer werden, wenn wir sie erkannt haben.

Wir müssen auch deshalb den Zorn überwinden, weil Frauen viel eher als Männer dazu neigen, Schuldgefühle zu entwickeln, wenn sie wütend sind, besonders wenn es um die Mutter geht. Die 24jährige Shauna beschreibt den Teufelskreis von Zorn und Schuld:

»Wenn ich auf meine Mutter wütend bin, fühle ich mich schuldig und schäme mich. Dann werde ich wütend, *weil* sie der Grund ist, daß ich mich schuldig fühle und mich schäme: Ich fühle mich schuldig, weil ich ihr nicht weh tun möchte, und ich schäme mich, weil sie mir immer gesagt hat, ich müßte lernen, meine Wut zu kontrollieren.«

Zorn kann also nicht nur zu Schuldgefühlen führen, sondern Schuldgefühle können auch zu Zorn führen. Frauen können sehr leicht Schuldgefühle entwickeln, sobald sie meinen, irgend jemanden gekränkt oder enttäuscht zu haben, vor allem aber bei der eigenen Mutter. Schließlich wissen Töchter nur zu gut, daß ihre Mutter außerhalb der Familie für ihre Arbeit als Mutter kein Geld und wenig Anerkennung bekommt, und in den meisten Fällen wird ihnen diese Anerkennung auch zu Hause versagt; da von Töchtern erwartet wird, daß sie sensibel und positiv sein sollen, glauben wir, daß ausgerechnet wir unsere Mutter niemals enttäuschen dürfen. Aber Schuldgefühle sind eine schwere Last, und wenn sich genügend davon angehäuft hat, werden Töchter einfach böse oder depressiv und böse. Leider richtet sich dieser Zorn meistens gegen die Mutter anstatt gegen die gesellschaftlichen Bedingungen, die für unsere Schuldgefühle verantwortlich sind.

Die meisten von uns wünschen sich die Anerkennung der Mutter; wenn wir sie nicht oder nicht unumschränkt bekommen, reagieren wir oft wie Automaten, werden böse und machen ihnen Vorwürfe. Diese Reaktion ist nicht nur für die Beziehung zu unserer Mutter zerstörerisch, sondern fördert auch unseren Selbsthaß. Es geht mir keineswegs darum, vor jeder Äußerung von Wut abzuraten; aber Angriff und Vorwurf sind etwas anderes als der gesunde Ausdruck von Ärger oder Frustration. Wir werden uns weniger schuldig fühlen, wenn wir begreifen, *warum* wird uns so ärgern – wenn wir sowohl die der Wut vorausgehenden Gefühle als auch die Struktur der Mütterfeindlichkeit kennen, die unseren Zorn befördert.

Zorn und Selbstwertgefühl

Eine Ursache des Zorns der Töchter rührt daher, daß sie meinen, von ihrer Mutter in ihrem Selbstwertgefühl angegriffen zu werden. So war es bei Elaine – der Frau, deren Konflikt mit ihrer Mutter ich am Anfang dieses Kapitels beschrieben habe und deren negative Gefühle für ihre Mutter sie daran hinderten, die Frau zu sein, die sie gerne gewesen wäre. Sie sehnte sich zutiefst nach der Anerkennung ihrer Mutter, fühlte sich aber andauernd von ihr kritisiert. Das verletzte ihr Selbstwertgefühl und verstärkte nur noch ihr Verlangen nach mütterlicher Bestätigung. Wenn sie den Eindruck hatte, diese nicht zu bekommen, war sie um so mehr vernichtet, was sich in Aggression Luft machte.

Fast alle Frauen haben einen Mangel an Selbstvertrauen, wie Linda Tschirhart Sanford und Mary Ellen Donovan in ihrem Buch ›Women and Self-Esteem‹ beschreiben, und die Anerkennung der Mutter bedeutet uns sehr viel. Wenn wir sie nicht bekommen – oder nicht genug davon oder wenn wir *glauben,* sie nicht zu bekommen –, verteidigen wir uns und sagen: »Mit *mir* ist alles in Ordnung! Man kann es ihr einfach nicht recht machen.« Aber der Zorn, der aus unserem Mangel an Selbstwertgefühl und aus dem Bedürfnis nach mütterlicher Anerkennung entsteht, kann nur dann besänftigt werden, wenn die Zustimmung total ist. Unser geringes Selbstvertrauen läßt uns auch die minimalste Kritik an uns maßlos übertreiben; auch wenn Mutter uns die meiste Zeit liebt und bewundert, sind wir zu verstockt, um es zu bemerken. Hören Sie Pamela zu, einer Frau Mitte fünfzig, die Jura zu studieren begann, nachdem sie ihre drei Kinder großgezogen hatte:

»Nachdem ich das Jura-Studium beendet hatte, bekam ich meinen ersten Job in einer riesigen Anwaltskanzlei, die bis dahin nur sehr wenige Frauen angestellt hatte. Die Chefs waren besonders unnachgiebig mit uns Frauen, und mein Selbstvertrauen – das nie toll gewesen ist, sich aber durch mein erfolgreiches Studium verbessert hatte – sank rapide ab. Nachdem mich einer der Chefs wegen eines wirklich lächerlichen Fehlers zusammengestaucht hatte, schaute ich bei Mutter vorbei. Als ich ihr von meinen Sorgen erzählte, sagte sie: ›Wenn du schon eine der ersten Frauen bist, die so etwas machen, dann mußt du auch damit rechnen, daß sie dir genau auf die Finger schauen.‹

Ich ging in die Luft. Ich hatte auf ihre Sympathie gehofft und hatte keine Lust, mich nun auch noch von ihr kritisieren zu lassen. Ich rauschte zur Tür hinaus und fuhr heim. Als ich die Haustür öffnete, läutete das Telefon. Es war Mutter. Sie verstand nicht, warum ich mich so geärgert hatte, wo sie doch mit ihrer Bemerkung nur ihre Sympathie ausdrücken wollte – ›Es ist schwer, eine der ersten Frauen zu sein und Leute um sich zu haben, die einen mit Argusaugen beobachten.‹ Ich hatte solche Angst gehabt, daß auch sie mich nicht unterstützen würde, daß ich ihren Kommentar völlig falsch verstanden hatte.«

Das ist ein böser Zirkel: Geringes Selbstvertrauen verstärkt unser Bedürfnis nach Anerkennung durch unsere Mutter, während es gleichzeitig unsere Überzeugung festigt, daß sie uns grundsätzlich *mißbilligt;* wir werden wütend auf sie, kritisieren sie in einem fort, und unsere Selbstachtung sinkt noch weiter, weil wir dauernd böse und verkrampft sind. Immer weniger sind wir die Frau, die wir in Wirklichkeit gerne wären.

Angst

Drei der größten Ängste, die eine Tochter ihrer Mutter gegenüber empfindet, sind: die Angst, ihre Liebe zu verlieren, die Angst vor ihrem Tod und die Angst, ihr zu ähneln oder ihre Fehler zu wiederholen.

Die Angst, die Liebe der Mutter zu verlieren, ist eng verbunden mit der Unfähigkeit, der Mutter zu gefallen, ihren Zielvorstellungen zu entsprechen. Eine 55jährige Sekretärin vertraute mir an: »Angst ist dieses hohle Gefühl, das ich *immer* noch in der Magengrube spüre, wenn ich etwas getan habe, das meiner Mutter mißfällt. Wenn ich es ihr nicht recht machen kann, wird sie vielleicht aufhören, mich zu lieben.«

Frauen, die meinen, den Anforderungen ihrer Mutter nicht zu entsprechen oder sie in anderer Weise enttäuscht zu haben – Frauen, die mit ihren Müttern noch nicht Frieden geschlossen haben –, entwickeln eine extreme Furcht vor deren Tod. Sie spüren, wie schuldig sie sich wegen ihrer ungelösten Konflikte fühlen werden, wegen ihrer andauernden Wut auf sie und wegen der daraus entstehenden Schuldgefühle. Töchter sind voller Verzweiflung und Sorge zu mir gekommen und haben gesagt:

»Der Gedanke, daß meine Mutter eines Tages sterben könnte, ist für mich entsetzlich. Ich *kann* daran einfach nicht denken – wenn ich es versuche, rast mein Herz, und ich beginne zu weinen. Das ist teilweise deshalb so, weil wir uns nicht mehr so nahe stehen wie früher und oft streiten. Ich bin mir nicht sicher, warum das so ist und was man dagegen tun kann, und meine Angst, daß wir *niemals* eine Lösung finden werden, daß wir immer noch streiten und einander fremd sein werden, wenn sie stirbt, ist so überwältigend, daß es mir nicht gelingt, in Ruhe nachzudenken, wie ich eine Lösung des Problems angehen könnte.«

Lebenshilfekolumnistinnen, wie Ann Landers und Abigail Van Buren, haben oft Briefe von Töchtern veröffentlicht, die nach dem Tod ihrer Mütter von Gewissensbissen geplagt worden waren. In ihrer TV-Show interviewte Sally Jessy Raphael Erwachsene, deren Mütter vor zwanzig Jahren gestorben waren und die (einschließlich Raphael selbst) auch wegen ihrer Schuldgefühle kaum über sie sprechen konnten. Da dieses Entsetzen vor dem Tod der eigenen Mutter so übermächtig ist, können die wenigsten von uns unsere Mutter einfach abschreiben, sie aus unseren Gedanken fernhalten. Doch das ist die positive Seite der Angst. Angst ist die emotionale Parallele zu körperlichem Schmerz. Ebenso wie der Schmerz uns als Signal des Körpers mitteilt, daß etwas nicht in Ordnung ist, so sind Angst und Anspannung Anzeichen dafür, daß eine wichtige emotionale Arbeit noch nicht geleistet worden ist. Wenn wir diese Angst erkennen, dann merken wir, daß es auch andere Möglichkeiten gibt, als bloß gelähmt dazusitzen und uns vor dem Tod unserer Mutter zu fürchten; unsere Angst könnte uns ja auch vorantreiben, nach Möglichkeiten zu suchen, die Barrieren zwischen unserer Mutter und uns selbst in *diesem* Leben einzureißen.

Wenn wir nicht zutiefst von einem mütterfeindlichen Klima geprägt wären, würden wir uns nicht davor *fürchten,* mit unseren Müttern verglichen zu werden; wir könnten sogar stolz darauf sein. Unseren Müttern Vorwürfe zu machen ist selbstzerstörerisch, denn *was wir unserer Mutter unterstellen, vermuten wir oft auch in uns selbst.* Es ist schwer, eine Frau zu finden, die nicht den Verdacht hat, genau wie ihre Mutter zu handeln, oder die sich für ganz anders hält als ihre Mutter, oder beides zusammen. Immer wird die Mutter zum Vergleich herangezogen – es ist also sehr wichtig, was wir von unserer Mutter halten. Selbst Frauen, die sagen, daß sie ihre Mütter über alles lieben, haben Angst, deren schlechte Eigenschaften zu übernehmen. Viele meiner Therapiepatientinnen und Freundinnen quälen sich mit dieser Sorge herum – manche bis zur Besessenheit. Hier eine typische Aussage:

»Alle liebten meine Mutter, weil sie so lieb war und so humorvoll. Es stimmt, sie war sehr nett und großzügig, und ich habe sie deshalb auch sehr gern gehabt. Aber ihr Humor war manchmal schockierend derb, und ich habe mich immer dafür geschämt. Ich erzähle selbst wahnsinnig gern Witze, aber ich erzähle nie einen Witz, der auch nur im geringsten anzüglich ist, weil ich panische Angst habe, genauso ordinär zu wirken wie sie. Ich weiß einfach nicht, wie ich zum Beispiel einen sexuellen Witz erzählen soll, ohne genauso zu wirken wie sie.«

Wenn unsere Mütter in unseren Augen masochistisch, abweisend, kritisch, fordernd, Schuldgefühle auslösend oder nur einfach peinlich sind, dann haben wir meistens den Verdacht, daß wir nicht anders sind. Die meisten Töchter strengen sich sehr an, nicht das zu wiederholen, was ihre Mütter ihrer Meinung nach an ihnen besonders falsch gemacht haben, und viele Töchter sind wild entschlossen, sich anders zu kleiden, andere Freunde zu haben, andere Werte zu vertreten als ihre Mütter. Gleichzeitig sind wir fast abergläubisch davon überzeugt, daß eine solche Wiederholung einfach *unvermeidbar* ist. Insgeheim fürchten wir, daß wir überall dort, wo es uns am meisten mißfällt, das genaue Abbild unserer Mutter sind.

Da wir dazu neigen, uns selbst ähnlich einzuschätzen wie unsere

Mutter, führt ihre Abwertung gewöhnlich auch zu einer Abwertung von uns selbst. Haß verletzt nicht nur die Person, die gehaßt wird; er wirkt auch auf den Menschen, der haßt, zerstörerisch. Am Ende fesseln uns Haß und Vorwürfe an das Objekt unserer Emotionen. Sie führen zu einer übermäßigen Beschäftigung mit dieser Person, die uns in Gedanken stets begleitet. Unser Verhalten wird vom Bedürfnis bestimmt, uns an ihr zu rächen, es ihr zu »zeigen«, auf sie zu reagieren, sie zu quälen oder ihr zu beweisen, daß sie unrecht hat. Bei einer meiner Vorlesungen sagte eine Frau:

»Früher glaubte ich, daß alles, was meine Mutter tat, auf mich zurückwirkte. Ich schämte mich wegen ihres Aussehens, wie sie sich kleidete, wie sie redete, und haßte sie dafür. Aber dann haßte ich auch mich selbst, weil ich sie haßte. Ich war nicht stolz darauf, daß die Erscheinung meiner Mutter mich so sehr störte.«

Es ist beunruhigend, wie sehr wir bestrebt sind, nicht wie unsere Mutter zu sein. Warum *sollten* wir auch werden wollen wie sie, könnten wir fragen, wo doch so viel von dem, was sie tut, ignoriert und herabgesetzt wird? Ist das nicht, als wollten wir Sozialhilfeempfängerin werden oder ein Sonderschulkind? Aber für unsere Mutter ist unser Wunsch, anders zu sein als sie, ein Zeichen mehr für die Geringschätzung ihres Lebens.

Bei ihren Interviews mit einer großen Anzahl Frauen hat Lucy Rose Fischer nur eine einzige Tochter gefunden, die »die Ähnlichkeit mit ihrer Mutter positiv sah.«[11] Töchter *glauben* oft, daß sie die Übernahme der persönlichen Eigenschaften ihrer Mutter vermeiden wollen. Aber schon bald wird klar, daß die meisten Töchter in Wirklichkeit nur die entwertete und begrenzte Stellung der Frau ablehnen: Das Körpergewicht der Mutter paßt nicht in das weibliche Schlankheitsideal; sie erfährt außerhalb des Heims keinerlei Wertschätzung; sie wird von ihrem Ehemann unterdrückt; sie hat keine Fähigkeiten, die in der öffentlichen Welt anerkannt werden.

Trauer, Gefühllosigkeit und Entfremdung

Trauer ist das vorherrschende Gefühl, das viele erwachsene Töchter für ihre Mutter empfinden. Manche sind traurig, weil es ihre Mutter nicht geschafft hat, dem idealisierten Mutterbild zu entsprechen. Eine Frau erzählte: »Ich wünsche mir immer noch, total geliebt und beschützt zu werden, und daß sie mir versichert, daß alles, was ich tue, wunderbar ist – wie sie es tat, als ich ein Kind war. Ich spüre einen großen Verlust.«

Als ich diese Frau dazu anregte, über ihre Kindheit nachzudenken, stieß sie auf Situationen, in denen ihre Mutter alles andere war als diese liebevolle, aufopfernde Person; schließlich ist auch ihre Mutter ein Mensch. Also ist die Trauer dieser Tochter nicht so sehr auf die Veränderung ihrer Mutter zurückzuführen als vielmehr auf den Widerspruch zwischen der Wirklichkeit und ihrer verzerrten Erinnerung. Und für diese Verzerrungen ist das idealisierte Mutterbild verantwortlich.

Andere Töchter sind traurig, weil sie an der emotionalen Distanz zwischen sich und ihrer Mutter leiden. Da die meisten Frauen lernen, enge Beziehungen sorgfältig zu pflegen, ist es für sie ein schmerzhafter Verlust, wenn etwas nicht mehr so ist wie früher. Etwas, das normalerweise da ist, fehlt, und dieses Etwas ist Nähe; also empfindet die Tochter Trauer und ein Gefühl der Entfremdung. Nach einer meiner Vorlesungen über Mütter und Töchter erzählte mir eine Frau folgende Geschichte:

»Während Sie heute sprachen, wurde mir bewußt, daß die Distanz zu meiner Mutter einsetzte, als ich im Kaufhaus, in dem ich acht Jahre lang gearbeitet hatte, in eine Führungsposition aufstieg. Bis dahin hatte mir meine Mutter immer gesagt, wie stolz sie auf meinen Job als Einkäuferin in der Damenabteilung sei. Aber seit ich diesen neuen Posten hatte, verstummte sie, wenn ich in ihrer Nähe war. Und erst heute habe ich begriffen, daß ich mit dieser Führungsposition in die Welt meines Vaters aufgerückt bin. Solange ich Einkäuferin von Damenbekleidung war, tat ich eine Arbeit, von der sie etwas verstand. Mein Vater aber ist leitender Angestellter, also haben wir beide jetzt etwas gemeinsam, und Mutter fühlt sich zurückgesetzt.«

Vielleicht wurden diese Mutter und diese Tochter durch den beruflichen Aufstieg der Tochter auseinandergetrieben, weil eine einflußreiche bezahlte Anstellung und die schwere unbezahlte Hausarbeit nicht denselben Wert besitzen. Oder die Mutter fühlte sich ausgeschlossen oder in Konkurrenz zu ihrer Tochter. Was immer die beiden voneinander trennte, das Ergebnis war, daß sie sich entfremdet fühlten und traurig darüber waren, einander ihre Erfahrungen nicht mehr mitteilen zu können.

Manche Töchter sind traurig aus Schmerz über den Verlust der Nähe während ihrer rebellischen Jahre. Eine kleine jugendliche Rebellion gilt normalerweise als gesund, weil sie dem heranwachsenden Sprößling ermöglicht, sich von seinen Eltern abzunabeln. Bei Söhnen wird ein gerüttelt Maß an rebellischem Geist oft gefördert, besonders dann, wenn es darum geht, von der Mutter loszukommen, die – so meinen wir oft – meterlange verknotete Schürzenbändel repräsentiert. Für Töchter ist die Rebellion schwerer durchzustehen, einerseits weil sie nicht in die anerkannte weibliche Rolle paßt und andererseits weil sich Töchter – in der idealisierten Version der Mutter-Tochter-Bilder – möglichst wenig von ihren Müttern wegbewegen sollen. Die Rebellion der Töchter ist also wahrscheinlich schmerzhafter und läuft eher als beim Sohn Gefahr, fälschlich als Betrug an der Mutter gedeutet zu werden. Und so neigen Töchter eher dazu, ihre rebellische Zeit tatsächlich für einen Betrug zu halten.

Vielleicht noch besorgniserregender als Ambivalenz, Wut, Schuldgefühle, Verzweiflung, Angst und Trauer um die Mutter ist die emotionale Stumpfheit oder das Gefühl der Entfremdung, das manche Töchter empfinden. Manchmal entstehen Stumpfheit und Fremdheit dann, wenn die anderen Gefühle zu stark werden. Wir können nur ein gewisses Maß an Wut, Schuld und Verzweiflung ertragen, dann sind wir gezwungen, uns emotional abzuschotten. Eine bekannte Politikerin, deren Besuche bei ihrer Mutter gut beginnen, dann angespannt werden und schließlich in einem Gefühl von Entfremdung münden, hat einmal gesagt, daß ihre Mutter die Idee ihres Besuches mag, nicht aber dessen Realität. Vielleicht wäre es am besten, meinte sie, sie träfe ihre Mutter direkt am Flughafen, um gleich mit dem nächsten Flug wieder heimzufliegen.

Wenn das vorherrschende Gefühl für ihre Mutter Stumpfheit und Entfremdung ist, dann sollte sich die Tochter zuerst einmal fragen, ob sie damit nicht versucht, ein Übermaß an anderen, tieferliegenden Gefühlen zuzudecken. Wenn die Antwort ja ist, dann kann sie beginnen, sich über diese anderen Gefühle Gedanken zu machen und dabei das Raster und die Methoden anwenden, die in diesem Buch vorgeschlagen werden. Eine Blockierung von Gefühlen läßt sich beseitigen, wenn auch behutsam, damit der Ansturm an gestauten Emotionen nicht zu erschreckend und überwältigend ist; schließlich waren diese Gefühle ja ursprünglich so stark, daß sie unterdrückt werden mußten. Eine Frau, die einen meiner Workshops besuchte, sagte einige Wochen später:

»Mir wurde klar, daß die Stumpfheit, die ich meiner Mutter gegenüber empfand, ein Schutz war, um mich vor dem starken Gefühl der Hilflosigkeit zu bewahren, das ich angesichts ihres elenden Lebens empfand. Sie war nie über die vierte Schulklasse hinausgekommen und hatte nicht den Mut, wieder zur Schule zurückzukehren. Die Trauer und Wut, die ich empfand, waren einfach zu groß. Sie machte mich traurig, und ich war wütend, weil ich offenbar nichts tun konnte, um ihr zu helfen. Sie sitzt den ganzen Tag zu Hause vor dem Fernseher und fühlt sich nutzlos, aber vor einer Ausbildung, mit der sie vielleicht einen Job finden könnte, schreckt sie zurück. Auch mein Angebot, sie zu begleiten, konnte an ihrer passiven Haltung nichts ändern.

Für mich war es sehr gut, daß ich während des Workshops mit anderen Frauen sprechen konnte, die sich in einer ähnlichen Lage befinden. Denn nach meinem ersten Ausbruch von Trauer und Wut spürte ich, wie sich meine alte Stumpfheit wieder einstellte. Ich merkte, wie ich mir Möglichkeiten ausdachte, meine Mutter nicht treffen zu müssen. Aber dann dachte ich an die anderen Töchter, die ebenso verzweifelt darüber waren, daß sie ihre Mütter nicht retten können, und wie unsere Gruppe beschlossen hat, daß es weder uns selbst noch unseren Müttern etwas bringt, wenn wir davonlaufen. Wir müssen einsehen, wie wenig wir dazu beitragen können, unseren Müttern zu helfen. Erst wenn wir diesen Kampf ausgestanden haben, können wir ihnen nahe bleiben und ihnen das geben, was ihnen *sehr wohl* helfen wird: unsere Zuneigung und Unterstützung. Meine Mutter braucht meine Liebe und meine Zuwendung, auch wenn sie damit nicht das anfangen kann, was ich mir wünsche.«

Manchmal wird eine Tochter emotional taub, um sich vor einer wirklich unangenehmen, bösartigen oder sehr kranken Mutter zu schützen oder aber vor einer Mutter, die von einer ganz anderen Kultur hart gemacht wurde. Das Errichten einer Mauer mag dann der einzige Weg sein, wie die Tochter ihre Selbstvorwürfe ablegen und sich selbst annehmen kann. Es kann auch die Flut an Schuldgefühlen eindämmen, die sie empfindet, weil sie ihre Mutter nicht liebt. Eine junge erwachsene Frau beschreibt ihre Erfahrung folgendermaßen:

»Meine Mutter war immer eine sehr unglückliche Person. Ihre Familie wanderte nach Amerika aus, als sie zwölf Jahre alt war – ein schreckliches Alter, um eine so große Neuanpassung zu vollziehen – und sie hat sich hier nie zu Hause gefühlt. Als ich in die Pubertät kam und anfing, alle diese typischen Teenager-Sachen zu machen, wie stundenlang am Telefon zu hängen oder mir Sorgen zu machen, welche Kleider gerade »in« sind, kehrte sie sich gegen mich und machte mich, immer sie konnte, herunter. Sie sagte zum Beispiel in anklagendem Ton: ›In meinem Land haben sich junge Mädchen mit solch oberflächlichen Sachen nicht abgegeben. Wir haben das Leben ernstgenommen und immer hart gearbeitet.‹ Ich wußte, daß sie, als ich in ihren Augen immer ›amerikanischer‹ wurde, Angst hatte, mich noch mehr zu verlieren, und ich litt darunter. Ich konnte aber ihre wirklich bösartige Kritik und ihre Demütigungen nicht ertragen. Sie gab mir das Gefühl, völlig wertlos zu sein, obwohl ich irgendwo schon wußte, daß ich ganz normal war. Die einzige Möglichkeit, damit umzugehen, war, sie für mich völlig auszublenden. Sobald sie zu reden anfing, begann ich an etwas anderes zu denken. Sie verschwand praktisch ganz aus meinem Gefühlsleben. Ich hörte auf, mit ihrer Wärme und Anerkennung zu rechnen. Ich hörte auf, irgend etwas für sie zu empfinden. Ich wollte sie nicht hassen, nichts zu spüren war deshalb die einzige Möglichkeit, die ich hatte.«

Weil es das Bild der perfekten Mutter gibt, machen sich die Töchter Vorwürfe, wenn ihre Mutter in ihren Augen nicht perfekt ist; aber wenn sie es nicht tun, wartet schon eine ganze Kultur, um sich auf sie zu stürzen und sie zu ermutigen, ihre Mutter als elende Versagerin zu verurteilen. Egal, was eine Mutter ihrer Tochter angetan hat, so ist die Wahrscheinlichkeit doch groß, daß es darunter auch etwas Gutes gab, weshalb die Tochter Schuldgefühle hat, wenn sie bei ihrer Mutter nur die Fehler sieht. Und außerdem, wie schlecht eine Mutter auch sein mag, ihre Tochter spürt gewöhnlich, daß sie, in der Familie oder außerhalb, mit ihrer Mutter verglichen wird. Wenn die Mutter also in ihren Augen total abscheulich ist, was ist dann mit ihr? Eine Gesellschaft, die uns ermutigen würde, unsere Mütter ganz einfach als Menschen zu sehen, würde das Bedürfnis nach Gefühllosigkeit reduzieren.

Aufgestaute Liebe

Wir wissen, daß aufgestaute *Feindseligkeit* gefährlich ist; aber die wahre Tragödie der Töchter ist aufgestaute *Liebe*. Wenn die allgemeine Vorwurfshaltung gegenüber den Müttern unseren Blick auf die Mutter verstellt, fällt es nur zu leicht zu glauben, daß sie unsere Vorwürfe und unseren Ärger auch wirklich verdient; wenn wir aber unsere positiven Gefühle einsperren, kommen wir uns unmenschlich, mechanisch und kalt vor. Wir fühlen uns wohler, wenn wir frei sind, Liebe, Wärme und Respekt auszudrücken. Das Freisetzen von aufgestauter Liebe und Achtung für unsere Mutter bringt uns also das zusätzliche Geschenk von Liebe und Achtung für uns selbst. Viele erfahrene Therapeutinnen und Therapeuten stimmen außerdem darin überein, daß das Durchwühlen der Vergangenheit auf der Suche nach den Ursachen für aktuelle Probleme nur bedingt sinnvoll ist. Was viel besser funktioniert – und besser vom Gefühl der Hilflosigkeit befreit (vielleicht das wichtigste Ziel von Therapie überhaupt) – ist die Konzentration auf das, was wir jetzt tun können und wie wir die Vorwurfshaltung gegenüber unserer Mutter überwinden können. Ruths Geschichte veranschaulicht diesen Prozeß. Wie die meisten Halbwüchsigen litt sie unter schweren Selbstzweifeln. Zuerst war es für sie eine Erleichterung, den Mangel bei ihrer Mutter zu suchen und nicht bei sich selbst:

»Bevor ich meiner Mutter vorwarf, mich nicht genügend zu lieben und mich auf vielfältige Weise enttäuscht zu haben, machte ich mich, glaube ich, selbst dafür verantwortlich, nicht genügend liebenswert und daher für den Mangel meiner Mutter verantwortlich zu sein.«[12]

Für Ruth war die Schuldzuweisung an ihre Mutter ein Schritt weg von Selbsthaß und Selbstvorwürfen. Als Erwachsene erkannte Ruth, daß weder sie selbst noch ihre Mutter so gräßlich waren. Seit sie eine eigene Tochter hat, hat sie gelernt, ihre Mutter mehr zu schätzen, und darüber freut sie sich.

Sue und Ellen, die Mutter und Tochter, die einander wegen Ellens Reise mit ihrem Freund in die Haare geraten waren, gelang es ebenfalls, Teile ihrer aufgestauten Liebe freizusetzen. Ellen war verzweifelt und verärgert über ihre Mutter, der sie offenbar nichts recht machen konnte: Ihre Scheidung war für ihre Mutter eine Peinlichkeit, ebenso aber ihre neue Beziehung. Ihre halbwüchsigen Kinder eine Woche lang alleine zu lassen, war für Sue unannehmbar, sie *bei ihr* zu lassen aber ebenso. Ellen fühlte sich um die Liebe ihrer Mutter betrogen – wenn ihre Mutter sie wirklich liebte, wäre sie begeistert gewesen von Ellens Perspektive, mit ihrem neuen Mann auf Reisen zu gehen.

Ellen hätte ihrer Mutter einfach ihr unvernünftiges Verhalten vorwerfen können, aber *nur* das zu tun, hätte bedeutet, ihren eigenen Wunsch nach mehr Nähe zu ihrer Mutter zu leugnen. Ellen war klug genug, Sue zu fragen, warum sie sich denn so aufregte.

Sue erklärte ihrer Tochter, daß sie große Angst hatte, ihre Freunde könnten Ellens Reise mit einem Mann, mit dem sie nicht verheiratet war, mißbilligen und sie als Mutter dafür verantwortlich machen. Schon jetzt wußte sie, daß viele ihrer Freunde es als ihr Scheitern ansahen, daß es Ellen »nicht gelungen war, ihre Ehe zusammenzuhalten«. In diesem Gespräch begriff Ellen, daß *das* der Grund war, warum Sue sich über Ellens Reisepläne nicht freuen konnte. Sie hatte Ellen helfen wollen, aber es war ihr auch peinlich, und sie machte sich Sorgen; als dann noch die Kinder schlimm waren, wuchs ihr alles über den Kopf. Außerdem hatte Sue Angst, daß Ellen so kurze Zeit nach Beendigung einer schwierigen Ehe sehr verletzbar wäre und daß ihre Hoffnungen auf ein romantisches Urlaubsabenteuer an der weniger glorreichen Realität zerschellen würden. Sue hatte Ellens Mann abgöttisch geliebt und ihn wie einen Sohn behandelt, Ellens Scheidung bedeutete also auch für sie einen menschlichen Verlust. Verständlicherweise vermied sie es jetzt, an diesen neuen Mann Hoffnungen zu knüpfen.

Während sich Sue und Ellen unterhielten, gelang es Sue – wenigstens für den Augenblick –, den Druck abzulegen, die Superoma sein zu müssen. Sie beschrieb, wie die – wohlgemeinte – Übernahme von Verantwortung für Ellens Kinder sie überfordert hatte. Während sie erzählte, merkte sie, daß ihr Versagen nicht Ellens Schuld war, und Ellen erkannte, daß ihre Mutter weder perfekt war noch eine absolut unzurechnungsfähige Person, sondern schlicht ein gewöhnlicher Mensch. Sue war erleichtert, als sie feststellte, daß ihre Tochter sie nicht verurteilte, weil sie ihren Teenagern nicht gewachsen war – wer, wenn nicht Ellen, konnte schließlich für die Frustrationen dieses Unterfangens mehr Verständnis aufbringen? Gemeinsam erkannten Ellen und Sue, daß sie beide Opfer unrealistischer Erwartungen waren: Wenn Sue eine gute Mutter wäre, würde sie sofort und von ganzem Herzen mit allem einverstanden sein, was Ellen tat, und würde die Bedürfnisse von Ellen und ihren Kindern mit Eleganz und Leichtigkeit befriedigen können. Vor allem aber ließ ihr besseres Verständnis füreinander die Barriere zwischen ihnen schwinden und ersetzte sie durch eine Brücke.

Es muß nicht so schwer sein

Mütter und Töchter waren in ihrem Verhältnis zueinander nicht immer von gigantischen Ängsten geplagt. In ihrem Artikel ›Die weibliche Welt von Liebe und Ritual. Beziehungen zwischen Frauen im Amerika des 19. Jahrhunderts‹[13] merkt die Historikerin Carroll Smith-Rosenberg an, daß weibliche Verwandte im 18. und 19. Jahrhundert »eine zentrale Rolle im Leben der anderen spielten«[14], »Feindseligkeit und Kritik unter Frauen wurden nicht ermuntert« und »Frauen, die in der großen Welt der männlichen Öffentlichkeit wenig Ansehen und Macht besaßen, genossen Ansehen und Macht sehr wohl im Leben und in der Welt der Frauen.«[15] In ihrer Abhandlung über Mutter-Tochter-Beziehungen in den letzten zwei Jahrhunderten beschreibt Smith-Rosenberg in bewegenden Worten die große Intimität, die gegenseitige Sympathie und die gemeinsame Freude der Frauen; Feindseligkeiten waren selten, nicht, so Smith-Rosenberg, weil sie unterdrückt wurden, sondern weil solche Gefühle tatsächlich unüblich waren.[16]

Schuldgefühle und Qualen haben die Mutter-Tochter-Beziehungen in der Vergangenheit nicht immer geprägt, vielleicht wären sie also auch in unseren heutigen Beziehungen nicht notwendig. Und wenn die kulturellen und sozialen Veränderungen die Mutter-

Tochter-Problematik nur noch vergrößert haben, so kann das Verstehen der Hintergründe, die zu diesen Veränderungen geführt haben, uns doch bei der Überwindung unserer Schwierigkeiten ein großes Stück voranbringen.

Um unsere Mütter so zu sehen, wie sie wirklich sind und waren, müssen wir die Struktur der Vorwurfshaltung gegenüber Müttern verstehen und die Vielfalt ihrer Ausdrucksformen im Auge behalten, um sie immer dann zu erkennen, wenn wir sie selbst praktizieren. Kapitel 3 will diese Analyse einleiten.

Drittes Kapitel
Mutter ist schuld

Wenn Sie wirklich wissen wollen, warum dieses Kind so kaputt ist, dann schauen Sie sich die Mutter an!

häufiges informelles von »Experten« und Hobbypsychologen gleicherweise geäußertes Urteil

»Schwiegermutter im Kofferraum« – gesehen an Hunderten von Aufklebern auf Autostoß-stangen

Beginnen wir mit einem Faktum: In unserer Gesellschaft ist es normal, der Mutter die Schuld zu geben. Dazu kommen die Bilder der perfekten und der schlechten Mutter, die uns dazu veranlassen, ihr Vorwürfe zu machen, wenn sie unserem idealisierten Bild nicht entspricht, und sie eines Verbrechens zu zeihen, wenn das, was sie tut, einmal nicht ganz so toll ist. Anstatt daß wir ihr erlauben, ein Mensch zu sein wie jeder andere auch. Diese Praktiken belasten die Mutter-Tochter-Beziehung.

Die meisten Frauen stecken in dem Mutter-ist-schuld-Muster fest. Die Journalistin Zenith Henkin Gross[17] befragte 121 Frauen nach ihren Mutterbildern; nur acht Frauen – kaum mehr als sechs Prozent – sahen in ihren Müttern bewundernswerte Vorbilder, denen sie nacheiferten. Dieser Prozentsatz ist erschreckend niedrig angesichts des großen sozialen Drucks auf Mädchen, »kleine Müt-ter« zu sein: Ihr wichtigstes Vorbild gilt ihnen als unwürdig.

Mütterbeschuldigung ist wie Luftverschmutzung. Ich lebe in ei-ner großen Stadt mit einer mittelmäßigen Verschmutzung, von der ich kaum Notiz nehme – bis ich auf dem Land wirklich frische Luft zu atmen bekomme. Erst dann merke ich, wie phantastisch es ist, einmal richtig durchzuatmen. Meine Studentinnen und Patien-tinnen schwören, daß sie besser durchatmen können, seit sie ihrer Mutter nicht mehr alle Schuld geben.

Die wichtigste Grundlage für eine Verbesserung unserer Mutter-Tochter-Beziehung ist das gründliche Verständnis dieser Mütter-beschuldigung. Nur wenn wir wahrhaben, wie leicht es uns ge-macht wird, unsere Mutter zu beschuldigen, haben wir eine Chance, uns auch anders zu verhalten. Erst wenn wir die Verschmutzung erkennen, können wir die Luft reinigen.

Wir müssen die Struktur unserer Vorurteile genau prüfen. Wir Töchter können nicht damit rechnen, daß es uns gelingen wird, die irritierenden und ärgerlichen Dinge zu vergessen, die wir unseren Müttern vorwerfen, um fortan nur mehr das Positive zu sehen. Aber wir müssen wahrhaben, daß unsere Kultur uns dazu ermuntert, uns *nur* auf die *Fehler* unserer Mutter zu konzentrieren und alle ihre guten Seiten außer acht zu lassen. Der Mutter die Schuld zu geben ist so naheliegend, daß wir selten auf die Idee kommen, uns zu überlegen, ob es denn nicht noch jemand anderen geben könnte, der schuld ist, oder ob vielleicht überhaupt niemand schuld hat. Diejenigen unter uns, die Mütter sind, werden sich spürbar entlastet fühlen, wenn sie die vorherrschende Mütterbeschuldigung erst einmal durchschauen. Schließlich schlummert eine Menge unangezapfter Energie nicht nur in den Vorwürfen der Tochter, sondern auch in den Selbstvorwürfen und im Selbsthaß der Mutter selbst.

Je geringer der soziale Status einer Gruppe, desto einfacher ist es, ihre Mitglieder zu Sündenböcken zu stempeln. Die Unterbewertung von Müttern wird nicht nur in Anekdoten, sondern auch anhand nackter Zahlen erkennbar. Das US-Bundesministerium für Arbeit stuft die für die Hausfrauen- und Kinderbetreuungsarbeit sowie für die Tätigkeit einer Kindergärtnerin erforderliche Qualifikation in einer Skala von 1 bis 887 bei der Ziffer 878 ein, mit 1 als der höchsten Bewertung![18] Die Arbeit eines Hundetrainers wird mit 228 bewertet. Offensichtlich haben die Qualifikationsbeurteiler noch nie versucht, ein Kind großzuziehen! (Im Zuge der wachsenden Bedeutung von Kindergärten dürften sich diese Beurteilungen ändern.)

Diese Unterbewertung ist vorwiegend ein Produkt unserer Zeit. Vor der technischen Revolution leisteten die Mütter den Großteil ihrer Arbeit zu Hause. Die Kinder konnten sie sehen: »im Garten, im Hof, bei den Hühnern, beim Putzen, Waschen, Kochen, bei der Zubereitung der Speisen, beim Stopfen, Nähen und Schleppen von Wasser und Brennholz – alles ganz offensichtlich schwere Arbeiten«, schreibt die Soziologin Jessie Bernard.[19] Heute jedoch bringen Mütter viel Zeit und Energie damit zu, den emotionalen, psychischen und schulischen Bedürfnissen ihrer Kinder nachzukommen; sie haben nichts Konkretes, Sichtbares und Unmittelbares vorzuweisen – keine gewebten Dreieckstücher, keine frischen Eier. Heute erscheinen Mütter oft als Frauen, die die meiste Zeit nichts oder nichts Folgenschweres tun.

Wie einfach war es, die Arbeit unserer Mütter unsichtbar zu machen! Wie leicht sahen sich unsere Mütter mit der vorwurfsvollen Annahme des Ehemanns konfrontiert, sie hätten den ganzen Tag nichts zu tun! »Warum steht das Essen noch nicht auf dem Tisch? Warum ist das Haus so unordentlich? Warum sind die Kinder immer noch nicht im Bett?« Die Männer erwarteten die Befriedigung ihrer Bedürfnisse und übersahen, daß die Mütter vollauf damit beschäftigt waren, die Kinder zur Schule und zu anderen Aktivitäten zu bringen und wieder abzuholen, sie zum Arzt zu begleiten, sie und ihre Freunde und Freundinnen zu bewirten und mit ihnen zu spielen, Streitigkeiten mit den Nachbarskindern zu schlichten, mit Empathie auf die kleinen und großen Tragödien im Leben eines Kindes einzugehen und sich bei anderen Frauen, die ebenfalls versuchten, phantastische Mütter zu sein, und entsetzt darüber waren, daß sie es nicht schafften, ein wenig Sympathie zu holen und ihnen ihrerseits unter die Arme zu greifen.

Für Frauen, die heute Kinder aufziehen, ist die Unterbewertung der Arbeit als Mütter komplexer geworden. Diejenigen von uns, die einen Beruf haben, bekommen am Arbeitsplatz *vielleicht* Anerkennung für ihre Erwerbsarbeit, haben aber oft das Gefühl, für die enorme Leistung der Doppelbelastung nicht hinreichend gewürdigt zu werden.[20] Schließlich herrscht immer noch die Meinung vor, daß die Tätigkeiten einer Mutter wenig oder keine Fähigkeiten und Anstrengungen erfordern. Und Hand in Hand mit der Schuldzuweisung an die Mutter werden Vorwürfe gegenüber dem Vater tabuisiert.

Meine Freundin Mary ist eine sehr beschäftigte Psychologin, ihr Mann Steve ist Chirurg. Als Mary es satt hatte, immer wieder den Familienurlaub alleine planen zu müssen, übergab sie Steve die Verantwortung für die Vorbereitung des nächsten Skiurlaubs. Er tat nichts. Als sie ihm deshalb Vorhaltungen machte, bemerkte ihr sechsjähriger Sohn wütend: »Laß doch Daddy in Frieden. Er ist Chirurg und muß sehr schwer arbeiten. Er ist so beschäftigt und wichtig, daß er eine Krankenschwester *und* eine Assistentin hat. Er hat doch keine *Zeit*, Reisepläne zu machen.« Und der andere Sohn fügte hinzu: »Ja, das stimmt. Daddy ist so wichtig, daß er sogar ein

Diktaphon hat. *Du* hast kein Diktaphon!« Viele Leute hören solche Geschichten und lachen. Sie wollen nicht wahrhaben, wie sehr Abwertungen und Vorwürfe solcher Art weh tun können.

Die Arbeit von Müttern wird nicht nur unterbewertet, sondern oft gar nicht gesehen. Sogar eine Fließbandarbeiterin in einer langweiligen Fabrik bekommt regelmäßig ihre Lohntüte und somit die Botschaft: »Deine Arbeit ist etwas wert.« Im Gegensatz dazu werden Mütter nicht nur nicht bezahlt, sondern der Großteil ihrer langweiligen und schweren Arbeit wird noch nicht einmal bemerkt oder sogar geringgeschätzt. Welcher Mutter haben Kinder oder Ehemann jemals gesagt: »Toll, wie du diese Woche abgestaubt hast! Danke!«?

Vielleicht haben Sie das Gefühl, daß *Ihre* Mutter nicht unbemerkt bleibt. In der Tat höre ich von vielen Frauen, daß ihre Mütter »sehr starke Frauen« seien, als ob das schon Anerkennung bedeuten würde. Das mag manchmal so sein, aber wenn Ihnen Ihre Mutter stark vorkommt, ist Vorsicht geboten: Dieses Bild ist oft nur ein neuerlicher Vorwand, um der Mutter ein negatives Etikett umzuhängen – »Ach, über meine Mutter brauchen Sie sich keine Sorgen zu machen. Die ist eine richtige Dampfwalze!« (Wie wir in Kapitel 5 sehen werden, gilt eine starke Mutter oft *wegen* ihrer Stärke als gefährlich.) Wenn wir Mutter gedankenlos als stark bezeichnen, bedeutet das für uns oft nur ihre Macht, uns zu zwingen, unsere Schmutzwäsche in den Wäschekorb zu geben oder uns Schuldgefühle zu vermitteln; wir sehen nicht, daß sie außerhalb des Heims keine Macht besitzt. Die Wahrscheinlichkeit ist groß, daß sie auch daheim nicht Achtung und Wertschätzung erntet, sondern bloß Spott und Angst.

Leute, denen die Tränen in die Augen steigen, wenn sie über »Mutterschaft« oder über ihre eigene Mutter reden, behandeln sie oft mit Verachtung, wenn sie von Angesicht zu Angesicht vor ihnen steht. Die Mutterschaft wird paradoxerweise *im Prinzip* und *im allgemeinen* mit glühenden Superlativen beschrieben – so daß Mütter sich schämen, sich *im Leben* und *individuell* über ihren niedrigen Status zu beklagen.[21]

Während der 50er Jahre, einer Periode, die mittlerweile wegen ihres Idylls der glücklichen kleinen Ehefrau im trauten Heim berüchtigt ist, kratzte der Autor Philip Wylie jedes nur denkbare Negativbild der Mutter zu einem häßlichen, bösartigen Gebilde zusammen. In seiner ›Generation of Vipers‹ stinkt sein Haß auf Mütter aus jeder Zeile, und obwohl dieses Buch unangenehm zu lesen ist, sollten wir wissen, daß es zu einer Zeit populär war, als Mütter Kinder großzogen, die heute in den Dreißigern und Vierzigern sind:

»... die überbordende Muttiverehrung ist außer Rand und Band geraten. Eine Landkarte unseres Landes, subjektiv entworfen, wäre von mehr Silberschnüren und Schürzenbändeln überzogen als von Eisenbahnschienen und Telefondrähten. Mutti ist überall und alles und einfach fast jeder, und von ihr hängt der ganze Rest der USA ab. Verkleidet als gute alte Mutti, als liebe alte Mutti, als süße alte Mutti, eure liebende Mutti und so weiter...

... keiner der Weisen unserer Nation, keiner der großen mutigen Männer, vom ersten Zusammentreten des Kongresses bis zum heutigen Tag, hatte den Mut, in den heiligen Hallen unseres Staates aufzustehen und die eine unanzweifelbare, meistbenötigte amerikanische Wahrheit auszusprechen: ›Meine Herren, Mutti ist eine Landplage‹.

... Mutti war so sehr mit der Aufzucht der Kinder und der Hausarbeit beschäftigt, daß sie weder ihrer Familie noch ihren ebenso beschäftigten Freunden noch sich selbst zum Problem wurde. Bis vor kurzem pflegte Mutti irgendwann in der Mitte ihres Lebens zusammenzuklappen und an Überarbeitung zu sterben.

... Heutzutage, wo sie nichts mehr zu tun hat, dafür aber Zehntausende von Männern alles tun, um sie zu erhalten, erlebt jede plappernde Nervensäge der Republik eine unglaubliche Anzahl von Jahren, um durch die Menschheit zu stapfen und vor sich hin zu schwätzen, ein lärmendes Neutrum qua Natur oder ein mit Hilfe der Medizin am Leben erhaltener wissenschaftlicher Verschnitt, ganz Zunge und Titten und Auftakelung.«[22]

Wylies Worte werden weiterhin reichlich zitiert, als Rechtfertigung, um auf Mütter loszudreschen, um Männer zu beschämen, die ihre Mutter lieben und sich weigern, sie durch den Dreck zu ziehen, um Frauen einzureden, die Liebe zu ihrer Mutter sei krankhaft, denn wer, der noch alle Tassen im Schrank hat, würde eine Kreatur lieben, die Wylie so anschaulich beschrieben hat? Selbst Leute, die Wylies Arbeiten nie gelesen haben, kennen die wesentlichen Merkmale seiner Mutterbilder.

Wylie hat den Ausdruck »Muttismus« (»momism«)[23] geprägt, der allmählich in die Sprache einging, um in verletzender und angstbesetzter Weise von Mutters angeblich maßloser Herrsch-sucht zu berichten, die Wylies Haltung zu Müttern widerspiegelt. Bis zum heutigen Tag wird »Muttismus« in einem anderen Sinn verwendet, nämlich als Ergänzung der anderen »Ismen« und diskriminierenden Einstellungen wie Sexismus, Rassismus, Klassismus und »ageism« (das Herabsetzen alter Menschen). Vielleicht ist es an der Zeit, den Ausdruck, der immer dann verwendet wird, wenn es um Mütterbeschuldigung geht, explizit zu einem diskriminierenden Vorurteil zu erklären, das ebenso schädlich ist wie die anderen berüchtigten »Ismen«.

In den darauffolgenden Jahren erschienen mütterfeindliche Bücher wie ›How To Be a Jewish Mother‹[24] und ›Portnoys Beschwerden‹.[25] Wie gut kann ich mich noch erinnern, wie ich ›Portnoys Beschwerden‹ las und in Gesprächen mit Freunden von mir erwartet wurde, das Buch komisch und glaubwürdig zu finden, wenn auch ein *bißchen* übertrieben (die meisten Mütter schwenken in Wirklichkeit kein großes *Messer* über dem Kopf ihrer Kinder, um sie zum Essen zu bringen!). Jede Person, die meinte, der Autor von ›Portnoy‹ hätte Mütter im allgemeinen und jüdische Mütter im besonderen grausam diffamiert, wurde beschuldigt, humorlos und eine Spaßverderberin zu sein. Glücklicherweise war es Ende der 60er und Anfang der 70er Jahre passé, sich in der Öffentlichkeit negativ über Schwarze zu äußern (obwohl der Rassismus selbstredend fortbestand und auch heute virulent ist); aber es blieb durchaus gesellschaftsfähig, Gift über Schwarze zu verspritzen, solange es sich um schwarze *Mütter* handelte oder um jüdische Mütter, italienische Mütter, katholische Mütter, komische alte Omas oder Schwiegermütter. Rassistische Bemerkungen über Schwarze und andere Nichtweiße ebenso wie antisemitische Bemerkungen waren also nur dann out, wenn es sich um Gruppen (ohne Geschlechtsangabe) oder um Männer handelte. Dieses Muster gibt es noch heute. Witze über Mütter und Schwiegermütter sind weit häufiger als Witze über Väter und Schwiegerväter. Und es ist schrecklich, Mutter zu sein und zu wissen, daß von dir erwartet wird, diese Witze komisch zu finden und nicht verletzt zu sein, denn bist du verletzt, giltst du als überempfindlich – oder lächerlich.

Sobald uns bewußt ist, daß Mütterbeschuldigungen so rasch bei der Hand sind und unsere Wahrnehmung verzerren, können wir uns selbst dabei ertappen. Eine Freundin, die wußte, daß ich ein Buch über dieses Thema schrieb, erzählte mir:

»Letzte Nacht konnte ich nicht schlafen. Ich dachte in einem fort an meine 85jährige Mutter. Sie ist in einem Pflegeheim. Sie ist sehr krank und wird vielleicht nicht mehr lange leben. Jedesmal, wenn ich mich mit meiner Schwester am Telefon unterhalte, stöhnen und ächzen wir und sagen einander: ›Weißt du, was sie mir heute wieder gesagt hat!? Sie fragte mich, warum ich mir das Haar so kurz schneiden lasse! Kannst du dir das vorstellen? Warum läßt sie uns nicht in Frieden?!‹

Ich dachte ständig an die Dinge, die sie mir sagt und die mich zur Weißglut bringen, und an die Dinge, die sie hätte tun sollen und nie getan hat. Dann fiel mir dein Buch ein, und ich setzte mich im Bett auf und fragte mich, warum ich mich ständig auf jene Sachen konzentriere, bei denen sie versagt hat oder die mir mißfallen. Warum denke ich nie an das Gute, das sie für mich getan hat? Und ich begann, mich daran zu erinnern, wie sie zu mir gezogen ist, nachdem ich mich von meinem Mann getrennt hatte, und wie sie sich um mich und die Kinder gekümmert hat. Ich dachte an alles, was sie im Laufe der Jahre getan hat, um mir das Leben zu erleichtern oder um mich zum Lachen zu bringen.«

Diese Frau hat damit begonnen, das Raster der Mütterbeschuldigung zu erkennen, der auch sie ihre Erfahrung untergeordnet hat, und sie begreift nun, daß sie die Liebe und den Humor ihrer Mutter im Schatten ließ und die Scheinwerfer nur auf die Schwachstellen richtete. Ob sie es nun ahnt oder nicht, aber wahrscheinlich macht sie ihrer Mutter Vorwürfe, um die Angst vor ihrem bevorstehenden Tod zu überdecken.

Mütterbeschuldigung ringsum

Wenn Sie eine Tochter sind, so glauben Sie nicht, daß nur Sie oder andere Töchter ihre Mutter verzerrt sehen. Mütterbeschuldigung durchzieht als Gewohnheit unser gesamtes Leben. Auf jeder Ebene der zwischenmenschlichen Kommunikation, in jedem erdenklichen Bereich werden Mütter ignoriert, verächtlich gemacht und mit Schuld beladen – in Witzen (die oft keineswegs komisch sind), auf Aufklebern, im Fernsehen und im Kino, in den Werken populärer Autoren, in unserer eigenen Familie, in der Forschung, in den Gerichtssälen und in den Praxen der Psychotherapeuten.

Unsere Alltagssprache ist verräterisch: Versuchen Sie, sich Ausdrücke einfallen zu lassen, die Väter ebenso abwerten wie »Hurensohn«. Selbst bei Worten, die keine Beschimpfungen sind, wie »Muttersöhnchen«, ist »Vatertochter« keine wirkliche Entsprechung. »Muttersöhnchen« beschwört das Bild einer erdrückenden, dominanten Mutter herauf, dessen »Junge« wegen seiner übermäßigen Nähe zu ihr psychisch krank erscheint oder mindestens unmännlich und lächerlich. »Vatertochter« hingegen ist die feminine Tochter, die das Glück hat, von ihrem angesehenen Elternteil auserkoren worden zu sein. Schlimmstenfalls wird sie verdächtigt, sich allzusehr auf »weibliche Schliche« zu verlassen.

Sich über Mütter lustig zu machen gehört zu den Standardeffekten der Filmindustrie. In dem überaus populären Film ›Dirty Dancing‹ erntet der Komiker Lachsalven, wenn er sagt: »Endlich habe ich ein Mädchen getroffen, das genauso ist wie meine Mutter – dieselben Kleider, dieselben Gesten. Also habe ich sie mit heimgenommen ... mein Vater mag sie nicht.«

Ruth Goodman, eine Sozialarbeiterin aus Toronto, erzählte mir folgende Geschichte: Beim »Festival of Festivals« von Toronto wurde ein Filmemacher gefragt, warum in seinem Film so viel Gewalt vorkomme. Er antwortete: »Lernen Sie meine Mutter kennen, und Sie werden es verstehen.« Das Publikum kicherte. Diese schlüpfrige Antwort ermöglichte es ihm, die Verantwortung für seine Handlungen auf seine Mutter abzuwälzen. Ironischerweise bestand die einzige Sünde der Mutter in dem Film darin, kitschige Tapeten zu haben und Muzak zu mögen, während der Vater eine sehr unangenehme Person war.

Als 1985 mein Buch ›Frauen sind keine Masochisten‹ erschien, hielt ich in den USA und Kanada eine Reihe von Vorträgen. Ich hatte mich sehr bemüht, jede Schuldzuweisung an Mütter zu vermeiden, aber viele Leserinnen lasen sie trotzdem heraus; auffallend oft sprachen mich Frauen nach meinem Vortrag an und sagten ungefähr dies: »Ich habe Ihr Buch gelesen und verstehe nun, was Sie meinen. Ich glaube jetzt auch, daß Frauen keine Masochistinnen sind, sie möchten nicht leiden. Mit einer Ausnahme: meine Mutter.« Anscheinend sind ungezählte ansonsten durchaus besonnene Frauen davon überzeugt, daß *ihre* Mutter die einzige lebende Masochistin auf der Welt sei, pervers bis auf die Knochen.

Die quälendste Art der Schuldzuweisung in der Familie ist, wenn die Mutter selbst sich für alles, was nicht klappt, die Schuld gibt. Mütter von schlimmen Kindern werfen sich vor, »nicht genügend Grenzen zu setzen«, wenn sie etwas weniger autoritär sind als der Durchschnitt, und das Kind »zu hart anzufassen«, wenn sie etwas strenger sind. Mütter, deren Kinder sich oft erkälten, werfen sich weit eher vor, sie nicht warm genug angezogen zu haben (selbst wenn das gar nicht zutrifft), als den Kinderarzt zu kritisieren, der übersehen hat, sie darauf hinzuweisen, daß Husten und triefende Nasen möglicherweise auch auf eine Nahrungsmittelallergie zurückzuführen sind, oder daß Schnupfen bei Kindern fast unumgänglich ist, wenn sie den ganzen Tag in Gruppen zubringen. Wenn wir hören, wie wir selbst und unsere Mütter von allen Seiten beschuldigt werden, fangen wir natürlich auch selbst damit an.

Immer noch wundere ich mich, wenn erfolgreiche, hochgebildete Frauen sich selbst als Mütter abwerten, auch wenn sie nicht die alleinige Verantwortung für das Leid ihrer Kinder tragen. Eine sehr erfolgreiche Frau war viel unterwegs bei Vorträgen. Als sie erfuhr, daß ihre Tochter an Bulimie litt, unterbrach sie einen Medienauftritt und stürzte heim, um ihre Tochter gesundzupflegen – und es gelang ihr! Aber sie folgerte, daß sie an der Krankheit ihrer Tochter schuld sei; sie war davon überzeugt, daß sie die emotionalen Bedürfnisse ihrer Tochter jahrelang vernachlässigt hatte, weil sie so sehr mit ihrer eigenen Karriere beschäftigt war und die Bewunderung ihrer Tochter für ihre Arbeit bereitwillig angenommen hatte.

Obwohl es normalerweise typisch für den *Vater* ist, sich vorwiegend seiner Arbeit zu widmen und den Respekt und die Anerkennung seiner Kinder einzufordern, kommt niemand auf die Idee, ihn für die Probleme der Kinder verantwortlich zu machen. Noch dazu war die Vortragsreisende vom Vater ihrer Tochter geschieden, es hätte also gut sein *können,* daß auch das Verhalten des Vaters der Tochter gegenüber vor oder nach der Scheidung zur Bulimie seines Kindes beitrug. Es hätte auch eine Menge anderer Faktoren geben können. *Nur davon sprach die Mutter in ihren Vorträgen nie.*

Mit anhören zu müssen, wie diese erfolgreiche Frau öffentlich ihre »Schuld« als Beweis für das Versagen und die Schuldhaftigkeit der Mütter anbot, war tragisch – und erschreckend. Denn nicht nur tat sie sich selbst unrecht, sondern sie bekräftigte sowohl die Vorwürfe, die gegen andere Mütter erhoben werden, als auch deren Selbstvorwürfe.

Auch wenn wir uns selbst nicht schuldig fühlen, wird es uns durch unsere Familienmitglieder doch nahegelegt. Als Anne, die sechzehnjährige Tochter der Essayistin Nancy Mairs, als freiwillige Helferin nach Mittelamerika ging, wurde Nancy von ihren Schwiegereltern gerügt, daß sie es Anne erlaubt hatte:

»Georges Eltern sprachen nie mit ihm darüber. Zuerst war ich verletzt, wütend, fühlte mich zurechtgewiesen; später begriff ich, daß es für sie ganz selbstverständlich war, ihre Verärgerung an mir abzureagieren. Man konnte doch von George nicht verlangen, daß er wußte, was Mädchen tun oder lassen sollen, und, sollte er es wissen, daß er in der Lage sei, dieses Wissen zu vermitteln. Von mir jedoch schon. Ich war Annes Mutter.«[26]

Die Vorwurfshaltung gegenüber Müttern wird bei Laien reichlich durch Aussagen von Wissenschaftlern und Psychotherapeuten vorangetrieben, die in unserer Kultur als Experten für menschliches Verhalten gelten. *Weil* wir sie für Fachleute halten, vergessen wir oft, daß ihre Theorien und Forschungen von derselben Tendenz, Mütter zu Sündenböcken zu machen, beeinflußt sind, die unsere gesamte Gesellschaft durchzieht.

Mütterbeschuldigung bei Experten

Wenn Wissenschaftler es sagen, muß es stimmen

In Kapitel 1 habe ich meine Untersuchung über die Schuldzuweisung an Mütter in der psychotherapeutischen Fachwelt erwähnt. Diese Dokumentation über Aufsätze in hochwissenschaftlichen Fachzeitschriften hat ergeben, daß die Experten kaum versuchen, ihre Vorwurfshaltung gegenüber Müttern zu verschleiern; offensichtlich finden sie das nicht notwendig.

Ian Hall-McCorquodale und ich haben 125 Artikel untersucht, die 1970, 1976 und 1982 in neun verschiedenen psychologischen Fachzeitschriften veröffentlicht wurden. Manche Artikel berichteten über Einzelfallstudien, manche hatten Forschungen über eine große Anzahl von Personen mit psychischen Problemen zum Inhalt. Wir kategorisierten jeden Artikel nach 63 verschiedenen Vorwürfen. Diese reichten von »Anzahl von Worten für Mutter« und »Anzahl von Worten für Vater« bis zum Aufgreifen früher erhobener Vorwürfe gegenüber der Mutter, ohne zu hinterfragen, ob diese für den bestimmten Fall überhaupt zutreffend seien. Wir fanden, daß die im Bereich der psychischen Gesundheit arbeitenden Fachleute unabhängig von Geschlecht und Tätigkeit als Psychoanalytiker/innen, Psychiater/innen, Psychologinnen und Psychologen oder Sozialarbeiter/innen allesamt gerne der Mutter die Schuld geben. In den 125 Artikeln wurden die Mütter für 72 verschiedene Problemfelder ihrer Sprößlinge verantwortlich gemacht, vom Bettnässen bis zur Schizophrenie, von der Unfähigkeit, mit ihrer Farbenblindheit zurechtzukommen, bis zu aggressivem Verhalten, von Lernproblemen bis zu »mörderischem Transsexualismus«.

1985 wurden zwei Artikel über unsere Ergebnisse veröffentlicht,[27] und die Reaktionen waren ermutigend. In einem typischen Brief schrieb eine Frau: »Mein Mann und ich sind beide praktizierende Psychiater, und ich versuche ihn seit Jahren davon zu überzeugen, daß Mütter für alles und jedes verantwortlich gemacht werden. Jetzt habe ich den Beweis!« Ihr Brief illustrierte einen wichtigen Punkt: Die meisten Therapeuten sind sich ebenso wie der Mann dieser Frau überhaupt nicht bewußt, wieviel Schuldzuweisung sie und ihre Kollegen betreiben. Die wenigen negativen Reaktionen, die wir erhielten, kamen alle von Leuten, die sich Sorgen machten, daß eine Verringerung der Vorwurfshaltung gegenüber Müttern zu einer Vergrößerung der Schuldzuweisung an die Väter führen könnte, eine Behauptung, die wir nie aufgestellt hatten. Die Angst vor der bloßen *Möglichkeit* der Beschuldigung von Vätern stand im scharfen Kontrast zu der Unbekümmertheit, mit der die meisten Therapeuten mit der Schuldzuweisung an Mütter umgehen.

Die Voreingenommenheit von Wissenschaft und Forschung ist nichts Neues. Sie stammt aus der Zeit, als unsere Mütter uns aufzogen. Eine 65jährige Mutter dreier Kinder erzählte mir, daß sie an der Universität gelernt hatte, die schwere psychische Störung des Autismus sei auf gefühlskalte Mütter zurückzuführen, die ihr Baby nicht annehmen (was sich später als falsch herausstellte). Sie sagte: »Jedesmal wenn ich etwas müde oder zerstreut war und eines meiner Babys im Arm hielt, war ich überzeugt davon, daß ich dabei war, es in einen Zustand von Autismus zu treiben!«

Ein vergleichbares Beispiel aus der heutigen Zeit ist die Praxis, von den Müttern zu verlangen, ihren Kindern praktische Hilfe zu geben, wenn sie Lernschwierigkeiten haben. Ich habe jahrelang mit solchen Kindern gearbeitet und über ihre Probleme geschrieben.[28] Obwohl Lernschwierigkeiten per definitionem nicht durch einen Mangel an Motivation und Zuspruch verursacht werden, habe ich oft gehört, wie Müttern die volle Verantwortung aufgebürdet wird, die Schwierigkeiten ihrer Kinder zu bewältigen. Eine Mutter erzählt:

»Ich habe alle Bücher darüber gelesen, wie man Kindern Lesen beibringt, und ich habe *versucht*, sie bei Jessica anzuwenden. Aber es hat einfach nicht geklappt. Am Ende jeder qualvollen Sitzung fühlten wir uns beide als absolute Versagerinnen. Die Lehrerin hat mir geraten weiterzumachen, aber ich weiß einfach nicht mehr, was ich tun soll.«

Wie die Soziologinnen Dorothy Smith und Alison Griffith erforscht haben,[29] verläßt sich das Schulsystem in hohem Maße auf die Mütter, die das leisten sollen, was eigentlich Aufgabe der Schule wäre. Das trifft nicht nur auf Problemkinder zu, sondern geht bis hinunter zum Kindergarten und zur ersten Klasse Volksschule, wo erwartet wird, daß die Kinder noch vor der Einschulung ihr ABC von ihren Müttern gelernt haben.

Kindesmißhandlung: ein typischer Fall

Eines der ernüchterndsten Beispiele dafür, wie Mütterbeschuldigung die Sicht auf die Wahrheit verstellen kann, ist die Kindesmißhandlung. Gute Forschung über Kindesmißhandlung ist schwer, weil sie besonders unter der wohlhabenden und gebildeten Schicht ein streng gehütetes Geheimnis bleibt. Aus diesem Grund gibt die Frage danach, *wer* Kinder mißhandelt, ein verzerrtes Bild der Wirklichkeit wieder. Viele sogenannte Autoritäten in diesem Bereich behaupten, daß es eher die Mütter sind, die ihre Kinder mißhandeln. Das überrascht jene, die in der Mutter den idealisierten »Engel des Hauses« sehen. Es paßt aber zum dunkleren kulturellen Stereotyp der Mutter als »böser Hexe«, die unfähig und unwillig ist, ihren grenzenlosen Zorn zu bezähmen.

Forscher, die solche Behauptungen aufstellen, fragen selten danach, wieviel Zeit der jeweilige Elternteil mit den Kindern verbringt. Im allgemeinen sind Mütter weit länger mit ihren Kindern zusammen als Väter, und viele der Väter, die in den Untersuchungen über Kindesmißhandlung vorkommen, leben nicht mehr bei ihrer Familie oder sind selten zu Hause.[30] Umgerechnet auf jede mit den Kindern verbrachte Stunde mißhandeln die Mütter ihre Kinder also weit *weniger* als die Väter. Aber viele »Experten« bestehen weiterhin darauf, daß es eher die Mütter sind, die ihre Kinder mißhandeln – eine schwerwiegende Verzerrung der Realität.

Diese verzerrte Wahrnehmung wirkt sich auf jede Mutter aus, denn fast jeder Mensch, der Kinder beaufsichtigt hat, ist schon einmal so frustriert, erschöpft und hilflos gewesen, daß ihm »die Hand ausgerutscht« ist oder daß er vielleicht sogar das Kind offen mißhandelt (und sich dann schrecklich dafür geschämt hat). Obwohl Kindesmißhandlung ein Unrecht ist und den Kindern Schaden zufügt, hat meine Arbeit in diesem Bereich ergeben, daß die falsche Interpretation der Forschungsergebnisse von den wichtigen Fragen ablenkt, die zu Kindesmißhandlungen führen, wie der Mangel an Unterstützung für Mütter, ihre manchmal verzweifelten Lebensumstände und so weiter. Es nährt die Angst, daß Mütter tatsächlich gefährlich sind, und kann zu einer sich selbst erfüllenden Vorhersage führen: Wenn eine Frau sich wirklich für eine schreckliche Mutter hält, dann sinkt ihre Selbstachtung und wächst ihr Gefühl der Isolation, was die Wahrscheinlichkeit erhöht, daß sie ihr Kind *tatsächlich* mißhandeln wird.

Manche Wissenschaftler, die Sozialarbeiter auffordern, mißhandelnde Eltern ausfindig zu machen, konzentrieren sich in Wirklichkeit nur auf die Mütter. Erst kürzlich hat eine Pressemitteilung einer großen Universität den Eindruck vermittelt, daß nur Mütter ihre Kinder mißhandeln. Obwohl die Mitteilung den Titel trug ›Studie über Interaktion in der Familie führt zu neuen Erkenntnissen über mißhandelnde *Eltern*‹[31] (meine Hervorhebung), war im Text nur mehr von Müttern die Rede. Die Pressemitteilung unterstellte, daß die Wissenschaftler sich mit den Profilen von mißhandelnden »Eltern« befaßt hatten, während die Studie aber in Wirklichkeit nur Mütter untersucht hatte – 100 an der Zahl! Der Forschungsbericht enthielt eine Typologie der verschiedenen Arten von mißhandelnden Müttern – streng/dominante, introvertiert/feindselige und emotional distanzierte:

»Die ›streng/dominanten‹ Mütter sind überaus schroff und keifen ihr Kind dauernd an, daß es sich anständig benehmen soll ...

Eine ›introvertiert/feindselige‹ Mutter zeigt ihrem Kind keine positiven Gefühle. Sie leistet sich brutale Übergriffe auf das Selbstwertgefühl des Kindes und verweigert ihm Zuwendung und Aufmerksamkeit ...

Eine ›emotional distanzierte‹ Mutter engagiert sich sehr wenig für ihr Kind. Sie macht einen depressiven Eindruck und interessiert sich wenig für die Aktivitäten des Kindes.«

So ist also die geistige Krankheit oder die schiere Bösartigkeit der einzelnen Mutter schuld, als ob Väter ihre Kinder niemals mißhandelten und komplexere familiäre und soziale Faktoren bei der Kindesmißhandlung keine Rolle spielten.

Oft wird die von einem Wissenschaftler aufgestellte These der mütterlichen Schuld von einem anderen als Informationsquelle benützt, wobei die zweite Person die Beschuldigung der Mutter fraglos übernimmt. In einer von einer hochgeachteten Krankenschwesternvereinigung veröffentlichten Broschüre[32] wurde Sozialarbeitern mitgeteilt, daß der sexuelle Mißbrauch von Kindern durch folgende Umstände gekennzeichnet sei: Die Mutter ist sich des Mißbrauchs bewußt, ja mag ihn sogar als Entlastung betrachten; sie richtet es zeitlich so ein, daß ihr Mann mit der Tochter alleine sein kann; vielleicht weigert sie sich, mit ihrem Mann zu schlafen; sie ist nicht bereit, das Risiko einzugehen, den Mißbrauch zu melden.

Diese Liste ist unverzeihlich angesichts dessen, was über den Vater-Tochter-Inzest bekannt ist. Wie Dr. Kathleen Coulbourn Faller von der Sozialarbeiterschule der Universität Michigan in ihrer Arbeit über dreihundert Fälle von sexuellem Mißbrauch an Kindern aufgezeigt hat, weiß die Mutter normalerweise *nicht,* was vor sich geht.[33] Erfährt sie es, meldet sie es normalerweise und unternimmt Schritte, um eine Fortsetzung zu verhindern; wenn sie es nicht meldet, fürchtet sie sich oft vor den Drohungen ihres Mannes, ihr und ihrer Tochter etwas anzutun. Außerdem hat sie gelernt, daß es die vordringlichste Aufgabe einer guten Frau sei, die Familie zusammenzuhalten (und vielleicht sogar ihrem Mann unter allen Umständen zu gehorchen). Und natürlich zerstört das Aufdecken eines sexuellen Mißbrauchs oft *tatsächlich* das Familiengefüge.

Manche Töchter, die versuchen, ihre Mütter vom sexuellen Mißbrauch zu unterrichten, tun dies auf so unbestimmte und verschleierte Art – weil sie sich fürchten oder schuldig fühlen –, daß die Mutter es nicht versteht; und da der sexuelle Mißbrauch von Kindern für die meisten Leute derart undenkbar erscheint, nimmt die Mutter oft ehrlich nicht wahr, was die Tochter ihr mitzuteilen versucht. (Das mag vor allem stimmen, wenn die mißbrauchende Person der *eigene Vater* der Tochter ist.) Eine sehr gebildete und liebevolle Mutter erzählte: »Bevor ich herausfand, daß mein Ex-Mann meine Tochter mißbrauchte, hätte ich auf eine Frage in diese Richtung geantwortet: ›Er ist eigensüchtig, rücksichtslos und hinterhältig – aber sexueller Mißbrauch? Nein, *so etwas* würde er *niemals* tun‹.«

In der Broschüre der Schwesternvereinigung hatten sich die »Indikatoren« in ungerechtfertigter Weise auf die Mütter konzentriert. Sie sprachen nicht die gut dokumentierte Heimlichtuerei der Inzest-Väter an. Normalerweise benehmen sich diese Männer wie Alkoholiker:[34] Sie leugnen auch dann noch, wenn es offensichtlich ist. Und natürlich muß eine Mutter, die es *nicht* möglich macht, daß Vater und Tochter Zeit für sich alleine haben, damit rechnen, als possessiv und dominant beschimpft zu werden.

Aber selbst bei extremen Vorwürfen gegenüber der Mutter in Fällen sexueller Belästigung von Kindern gibt es manchmal Hoffnung.

»Eine Frau in den Zwanzigern berichtete in einer Selbsthilfegruppe von Betroffenen, daß ein erwachsener Nachbar sie als kleines Kind sexuell mißbraucht hatte. Sie erzählte, daß ihre Mutter kein Wort gesagt und überhaupt nicht reagiert hatte, als sie es ihr mitteilte. Sie hatte dieses Schweigen ihrer Mutter immer als Verrat interpretiert, als ihre Unfähigkeit, ihr in dieser schwierigen Situation beizustehen. Die Gruppenleiterin drängte sie, mit ihrer Mutter darüber zu sprechen, und die Frau faßte ihren ganzen Mut zusammen und tat es. Ihre Mutter sagte: ›Als du mir das erzählt hast, hatte ich solche Angst, etwas Falsches zu sagen oder zu tun, etwas, das schlecht für dich wäre, daß ich versuchte, überhaupt nicht zu reagieren. Ich ging also zu einem Psychiater und fragte *ihn*, was ich tun sollte, und er sagte, daß es in deinem Interesse wäre, wenn ich den Vorfall niemals wieder erwähnte‹.«[35]

Natürlich hatte die Tochter ihre Mutter jahrelang deswegen verurteilt; wir lernen es ja nicht anders.

In der Zeit, als unsere Mütter uns aufzogen, begannen die Psychotherapeuten gerade, sich eine Aura von Autorität zuzulegen, die auch heute noch zum großen Teil besteht. In populärwissenschaftlichen Büchern, in Artikeln, TV-Talkshows und Radiosendungen geben die Psycho-Fachleute ihre Vorwurfshaltung gegenüber Müttern, die sie während der Ausbildung gelernt haben, an das große Publikum weiter. Als unsere Mütter ihre Kinder erzogen, hatten die Psychotherapeuten sogar noch größeren Einfluß, weil die Öffentlichkeit in den 30er, 40er und 50er Jahren den Psychiatern mehr noch als heute blind vertraute.

So mancher faire und sensible Psychotherapeut hat sich redlich angestrengt, aufgewühlten Müttern und Töchtern beizustehen. Allzu viele aber haben – wissentlich oder unwissentlich – die Mütterbeschuldigung in ihrer Eigenschaft als Therapeuten gefördert, und das hat den Müttern oft mehr geschadet als die in der Forschung übliche Mütterbeschuldigung. Eine Psychotherapie-Patientin gibt ihrem Therapeuten die intimsten Gefühle und Geheimnisse preis. Ihr Therapeut erfährt Dinge über sie, die kein anderer kennt. Sie wendet sich an einen Therapeuten, um sich besser zu fühlen und um die Wahrheit über sich selbst und ihr Leben zu erfahren. Das gibt dem Therapeuten enorme Macht über sie. Da die Therapieausbildung von Mütter- und Frauenbeschuldigung geprägt ist, können die Therapeuten, die ihren Patientinnen helfen, ihre Vorwürfe gegen die Mutter und gegen sich selbst zu überwinden, an den Fingern einer Hand abgezählt werden. Traditionelle Therapeuten glauben tatsächlich, daß die Schuldzuweisung an die Mutter der Wirklichkeit entspricht, und sie nehmen sich als Menschen wahr, die ihren Patientinnen helfen, diese Realität anzunehmen. Frauen werden also dazu getrimmt, das Bild, das sich der Therapeut von ihnen, ihren Müttern oder von ihnen *als* Mütter macht – dominant, erdrückend, indiskret, kalt, abweisend und so weiter – zu akzeptieren. Sehen wir uns doch einmal einige Beispiele an, wie Therapeuten Mütter herabsetzen.

Seit den 60er Jahren sind die Einstellungen von Therapeuten Müttern gegenüber maßgeblich von Margaret Mahlers Arbeit über die Bedeutung der psychischen »Trennung und Individuation« des Kindes von der Mutter beeinflußt. (Obwohl Mahler eine sehr wichtige Arbeit über zutiefst gestörte Kinder geleistet hat, werden ihre Schriften meistens im Sinn der Schuldzuweisung an die Mütter interpretiert.) Mahler riet den Therapeuten, genau hinzusehen, wenn eine Mutter den Raum betritt, in dem die Familiendynamik beobachtet wird.[36] Sie sollten darauf achten, ob sie das Kind »wie ein Teil ihrer selbst« trägt – was sie zu einer Mutter abstempelt, die sich von ihrem Kind nicht trennen kann – oder »wie ein lebloses Ding« –, was sie als eine kalte und abweisende Person ausweist. Stellen Sie sich vor, Sie sind eine Mutter, die von einem Therapeuten beobachtet wird, der sich eines solchen Schubladensystems bedient, bei dem jede einzelne Schublade nur ein weiteres negatives Mutterbild enthält! Noch schmerzvoller ist die Vorstellung, was ein solcher Therapeut der Mutter über ihre Beziehung zu ihrem Kind sagen wird.

Die Namen von Mahler und manchen ihrer ähnlich gesinnten Kollegen sind der großen Öffentlichkeit nie bekannt geworden, aber viele Theorien, die sich auf diese Art von Vorverurteilung der Mütter stützen, haben als angebliche Wahrheiten große Verbreitung gefunden. In einer gegenwärtig modernen Form der Psychotherapie wird den Ehefrauen von Alkoholikern, Drogenabhängigen, zwanghaften Spielern und Schürzenjägern vorgeworfen, ihren Kindern das Leben schwer zu machen, weil sie die Suchtneigungen und Obsessionen ihrer Männer fördern. Anhänger dieser Theorien gebrauchen das Wort »mit-abhängig« für die Ehefrau/Mutter, die in ihren Augen eine Fortsetzung der Probleme ihres Mannes »braucht« und »genießt«: »Sie liebt es, das Besser-als-du-Spiel mit ihm zu spielen« oder »Es befriedigt sie besonders, zu sehen, wie heruntergekommen und abstoßend er ist, wenn er sich betrinkt«.

Wenn diese Frauen aber gefragt werden, wie sie sich fühlen würden, wenn irgend jemand sie mit einem Zauberstab von dem problematischen Verhalten ihres Mannes befreien würde, seufzen sie bei dem Gedanken voller Erleichterung. Männern, die versuchen, von ihrem suchthaften Verhalten loszukommen, fällt das körperlich und/oder psychisch schwer, und nur zu viele von ihnen reagieren ihre Frustrationen an ihren Familien ab, einschließlich der Prügel- und Schimpforgien, denen sie Frau und Kinder unterziehen. Wenn die Frauen das sich ständig verschlechternde Verhalten beklagen, sagen viele Therapeuten: »Aha! sie *will* ja gar nicht, daß er zu trinken aufhört!« Sie ignorieren die Tatsache, daß die Frauen es lieber hätten, wenn die Männer *weder* trinken würden *noch* sie schlagen.

Andere Männer, die gerade dabei sind, von ihrer Abhängigkeit loszukommen, schämen sich vor ihren Frauen, die sie aus der Zeit kennen, als sie Trinker waren, und wollen sie deshalb verlassen. Kein Wunder, daß sich manche Frauen vor der Perspektive einer Heilung ihres Mannes fürchten – das ist aber weit entfernt von der Annahme, daß sie an seiner Zwanghaftigkeit hängen. Ironischerweise wird Frauen, die solche Männer *verlassen,* vorgeworfen, sie würden den Zusammenbruch der Familie in Kauf nehmen und ihren Kindern den Vater vorenthalten.[37] Frauen, die *bleiben,* bekommen andererseits aber den entwürdigenden und pathologisierenden Stempel »mit-abhängig« verpaßt und müssen sich gegen den Vorwurf verteidigen, »zu sehr zu lieben« und nicht in der Lage zu sein, ihre Kinder vor dem suchthaften Verhalten des Vaters zu retten.

Es ist nicht nötig, Expertin in Sachen psychische Gesundheit zu sein, um die Tendenz unserer Kultur zu erkennen, die Mutter für den Alkoholismus des Vaters verantwortlich zu machen. Der TV-Star Suzanne Somers beschrieb die Wut, die sie und ihre Geschwister wegen der Trunksucht ihres Vaters auf ihre Mutter hatten.[38] Da sie die Gefahr ahnten, die eine Konfrontation mit ihrem gewalttätigen alkoholisierten Vater mit sich bringen würde, aber nach einem Ausweg suchten, richteten sie ihre Enttäuschung und Wut auf ihre Mutter. Somers' Geschichte geht gut aus: Ihr Vater wird trocken, und sie und ihre Geschwister schätzen die Kraft und Liebe ihrer Mutter, die es ihnen ermöglichte, die schlimme Zeit zu überstehen.

Wie ich erwähnt habe, kennen die Beschuldigungen der Mutter keine Grenzen, wenn der Patient nicht der Ehemann, sondern ihr Kind ist. Eine Freundin beschrieb mir ihre Erfahrung mit einem Psychiater, der sie im Jahre 1987 zur Zielscheibe von Vorwürfen machte, und zwar in einer Situation, in der sie sich ohnehin schon sehr ängstigte, weil ihr Kind krank war. Die Mutter, die ich Caroline nenne, betreute ihre zehnjährige Tochter Laurel, die offenbar an einem Magenvirus litt, der Übelkeit und Erbrechen auslöste. Noch wochenlang, nachdem sie sich nicht mehr übergeben hatte, war Laurel immer noch müde und antriebslos und empfand Ekel gegenüber jeder Art von Nahrung. Caroline probierte jede nur erdenkliche sanfte Methode aus, um die Tochter dazu zu bringen, wenigstens eine Kleinigkeit zu essen, aber Antriebslosigkeit und Übelkeit blieben. Der Hausarzt ließ mehrere teure Tests durchführen, die alle kein körperliches Problem ergaben; also schickte der Arzt Caroline und Laurel auf eine dreistündige Autofahrt zur Universitätsklinik.

Auch dort konnte man keine physische Ursache für Laurels Probleme erkennen und schickte sie in die psychiatrische Abteilung. Hier wurde Caroline empfohlen, Laurel drei Wochen zur Beobachtung dazulassen und während dieser Zeit jeden Kontakt mit ihr abzubrechen. Als Laurel vor Einsamkeit weinte, schlossen die Psychiater, daß »die Beziehung zu ihrer Mutter zu eng, zu symbiotisch« sei. Am Ende der drei Wochen schickten sie das Kind, das immer noch krank und deprimiert war, nach Hause. Sowohl Caroline als auch Laurel hatten nun einen psychiatrischen Stempel, und Caroline war voller Schuldgefühle und schämte sich. Monate später gab Caroline auf Empfehlung einer Freundin Laurel eine im Handel erhältliche Medizin, die den Magen-Darm-Trakt beruhigte. Laurels Übelkeit verschwand, sie begann normal zu essen, und als sie wieder bei Kräften war, war auch von ihrer Depression nichts mehr zu merken.

Natürlich gibt es unendlich viele Varianten dieser beschränkten Auswahl von Beispielen. So etwa fand ich bei meiner Arbeit über Mütterbeschuldigung einen Artikel, in dem die Autoren danach fragten, ob die Kinder männlicher Kriegsgefangener unter den Erfahrungen ihrer Väter litten.[39] Sie beschrieben diese Väter als verquälte und emotional von ihren Familien distanzierte Menschen. Die Autoren fanden heraus, daß diese Kinder in der Tat an einer Menge emotionaler Probleme litten; aber sie machten die Mütter dafür verantwortlich! Ihr Gedankengang war: Die Frauen machten sich Sorgen wegen des Kummers ihrer Männer, und das behinderte sie in ihrer Fähigkeit, ihre Kinder, wie es sich gehört, zu erziehen! Diese Kinder sind heute erwachsen, aber die Schuldzuweisung an Mütter in ähnlichen Situationen gibt es immer noch, wie Aphrodite Matsakis in ihrem neuen Buch über die Frauen von Vietnam-Veteranen[40] berichtet: Sie werden für alle negativen Auswirkungen der psychiatrischen Symptome ihrer Männer auf die Familie verantwortlich gemacht.

Therapeuten unternehmen manchmal unverhohlene Versuche, die Töchter ihren Müttern zu entfremden. Fraydele Oysher, die Mutter der Komikerin und Mimin Marilyn Michaels, erzählte einer Interviewerin, daß sie von Marilyn nicht oft angerufen wird: »Das fing an«, berichtete Frau Oysher, »als sie begann, einen

Psychiater aufzusuchen. Sie sagte, daß der Psychiater ihr geraten habe, sie selbst zu werden. Jetzt ist sie eben die Person des Psychiaters.«[41] Fraydele Oysher sieht ganz deutlich Zusammenhänge, die sogenannten Fachleuten oft verschlossen bleiben. Sie erkannte nicht nur die gefährliche Einmischung des Psychiaters in Marilyns Gefühle für ihre Mutter, sondern auch die hinterhältige Art, wie er ihre angebliche Abhängigkeit von der Mutter in eine Abhängigkeit von sich selbst überleitete.

Frauen, denen es gelingt, ihrer Mutter keine Vorwürfe mehr zu machen, schaffen das normalerweise allein oder mit Hilfe anderer Leute, nicht aber mit der ihrer Therapeuten. Eine vierzigjährige Karrierefrau sagte mir, daß ihr Therapeut ihr zwar geholfen habe, auf ihre Mutter wütend zu sein, nicht aber, den nächsten Schritt zu tun:

»Meine Mutter wurde von meinem Vater sehr unterdrückt, und seit ich vier Jahre alt war, benutzte sie mich, um sich gegen ihn zur Wehr zu setzen. Wir wußten beide, daß ich den Mut hatte, ihm Dinge vorzuhalten, die sie nicht zu sagen wagte. Es war nicht fair, mir diese Bürde aufzuhalsen. Mein Therapeut half mir, darüber wütend zu sein, aber dann ließ er mich dort stehen. Nun war ich wütend auf meine Mutter, daß sie mich so sehr manipuliert hatte.«

Was die Meinung dieser Frau veränderte, war nicht die Arbeit mit dem Therapeuten, sondern ihre eigene spätere Erfahrung:

»Erst als ich selbst Mutter wurde, konnte ich ihre ›Manipulation‹ für mich zurechtrücken. Zuerst einmal wurde mir klar, daß sie zugegebenermaßen etwas manipulativ war, *überwiegend* aber eine wunderbare Mutter gewesen war. Und mein Therapeut wollte von mir nur, daß ich mich über ihre schlechten Seiten ausließ. Als ich selbst Kinder hatte und merkte, wie schwer es ist, diesem unmöglichen Bild der perfekten Mutter zu entsprechen, begann ich zu schätzen, was meine Mutter alles für mich getan hatte. Anstatt immer nur daran zu denken, wie sie mich dazu brachte, gegen meinen Vater Front zu machen, fielen mir ganz andere Erinnerungen ein: wie sie sich bereit erklärte, eine zweistündige Autofahrt auf sich zu nehmen, um die Pfadfinder-Kekse abzuholen, die vierhundert Pfadfinderinnen verkaufen sollten – und dann, um halb drei Uhr früh, als wir die Kekse immer noch im ganzen Haus stapelten, sagte sie: ›Nur Mut, die Nacht ist lang! Jetzt sind ja nur mehr die mit der Pfefferminzglasur übrig!‹ Sie hatte einen wunderbaren Humor und hielt immer zu mir, egal, was ich tat. Während meiner Therapie war mir das völlig entfallen.«

Wenn wir uns die zahlreichen und vielfältigen Beispiele der Mütterbeschuldigung von Therapeuten vergegenwärtigen, mag es vielleicht unbegreiflich klingen, daß sie tatsächlich passieren. Wir müssen uns aber im klaren sein, daß sie sehr häufig vorkommen, und wir sollten wissen, warum das so ist.

Therapeuten werden nicht zur Rechenschaft gezogen

Wir neigen dazu, die Meinungen von Personen, die hohes Ansehen genießen, fraglos zu übernehmen; das ist der eine äußerst wirksame Grund, warum Therapeuten keine Rechenschaft darüber ablegen müssen, daß sie in ungerechtfertigter Weise dazu beitragen, Frauen ihren Müttern zu entfremden. Therapeuten werden auch für ihre Behauptungen selten zur Verantwortung gezogen. Bei einer Konferenz über Mütter und Töchter führte eine Therapeutin ein Videoband von einem Gespräch mit einer Mutter, einem Vater und ihrer jungen erwachsenen Tochter vor. Die Therapeutin und das Publikum lachten sich halbtot über die »unbeteiligte« Mutter, die dasaß und »übergangen und bemitleidenswert wirkte«, während Vater und Tochter sich miteinander unterhielten. Aber in Wirklichkeit konnte die Tochter als die klassische »Vatertochter« bezeichnet werden, die eine ungesunde Verehrung für ihren Vater an den Tag legte, einen richtigen Mann, der in die große weite Welt hinausging und den Lebensunterhalt für die Familie verdiente! Der Vater behandelte seine Tochter wie eine verwöhnte Puppe. Weder er noch sie waren an der Mutter interessiert, vielleicht weil die Mutter ihre Fehler kannte und die beiden es offenbar nötig hatten, ihr Theater vom abgöttisch geliebten, abgöttisch liebenden perfekten Vater und der abgöttisch geliebten, abgöttisch liebenden perfekten Tochter zu spielen. Die Therapeutin schien nicht wahrzuhaben, daß die Mutter das einzige Familienmitglied war, das keine Wertschätzung genoß. Der Vater wurde respektiert, weil er ein Mann war und finanziell für die Familie sorgte. Die Tochter hatte ihren Wert, weil sie jung, attraktiv und bereit war, ihren

Vater bedenkenlos zu bewundern. Die Mutter aber war »nur« eine Hausfrau. Als eine Frau im Publikum gegen die mütterfeindlichen Interpretationen protestierte, wurde sie von der Therapeutin übergangen.

Einem weiteren Beispiel dafür, wie wenig sich Therapeuten für das verantwortlich fühlen, was sie praktizieren und predigen, begegnete ich, als ich 1987 ein Forschungsprojekt leitete. Im Rahmen dieser Arbeit baten eine Gruppe von Psychologiestudentinnen – darunter Cindy Brooks, Ilana Sunshine, Wendy Whitfield – und ich schriftlich um die Zusendung von ungefähr fünfzig Arbeiten über Psychotherapien, die 1987 anläßlich der Jahrestagung der Amerikanischen Psychiatrischen Vereinigung vorgestellt worden waren. Wir forderten diese Arbeiten an, weil wir hofften, mehr Einblick in die psychiatrischen Behandlungsmethoden von Therapiepatientinnen zu bekommen und möglicherweise etwas über die Art zu erfahren, wie Psychiater mit ihren Patientinnen über deren Mütter sprechen. Wir erhielten nur vier Referate – ganze vier Prozent des Materials, das wir angefordert hatten. Als Psychologin habe ich von anderen Psychologen, die im allgemeinen einen niedrigeren Status genießen als Psychiater, schon an die tausend Tagungsreferate angefordert; nur selten bekam ich keine Antwort.

Diese Erfahrung hat uns gelehrt, daß die neuesten Theorien der Psychiater – die Therapeuten mit den höchsten Honoraren und dem höchsten sozialen Ansehen – weder Fachleuten noch der allgemeinen Öffentlichkeit zugänglich sind, es sei denn, es besteht Gelegenheit, psychiatrische und ähnliche Tagungen persönlich zu besuchen. Solange Leute, die eine automatische Schuldzuweisung an Mütter ablehnen, nicht massenhaft auf solchen Tagungen auftauchen und ihren Einspruch anmelden, wird dieser Mangel an Verantwortlichkeit weiter dazu beitragen, die Praktiken der Psychiater vor dem Licht der Öffentlichkeit zu schützen.

Mütter vor Gericht

Im Rechtssystem werden Mütter oft zu völlig Rechtlosen. Phyllis Chesler hat dokumentiert, wie Richter schon lange vor der Zeit unserer Mütter Müttern, die durchaus annehmbare Mütter waren und manchmal sogar großartige, die Vormundschaft ihrer Kinder wegnahmen.[42] Guten Müttern wurde die Vormundschaft über ihr Kind entzogen, weil sie eine Erwerbsarbeit *haben* (»sie kümmern sich mehr um ihre Karriere als um ihre Kinder«) und weil sie *keine* Erwerbsarbeit haben (»sie lieben ihre Kinder nicht genug, um einen Beitrag für ihren Unterhalt zu leisten«), weil sie mit einem Mann *zusammenleben* (»sie sind promiskuös«) und weil sie *nicht* mit einem Mann zusammenleben (»sie sind isoliert und können ihren Kindern kein stabiles, gesundes, heterosexuelles Umfeld bieten«).

Auch heute, aber noch mehr damals, als unsere Mütter Kinder erzogen, war und ist es selten, daß ein Richter die sexuelle oder körperliche Gewalt eines Mannes gegen die Kinder oder gegen seine Frau in Gegenwart der Kinder als legitimen Grund für die Aberkennung des Sorgerechts sieht. Mütter, die mißhandelt werden oder die zusehen müssen, wie ihr Mann ihre Kinder mißhandelt, fühlen sich deshalb verständlicherweise hilflos.

Therapeuten tragen ihre Vorwurfshaltung gegenüber Müttern üblicherweise vor Gericht, wenn sie in Vormundschaftsstreitigkeiten als »Gutachter« auftreten. In diesen Fällen verbinden sich das Justizsystem und das Psycho-Gesundheitswesen zu einer unheiligen Allianz von Mütterbeschimpfung. Viele Mütter, die gehofft haben, daß ein psychiatrisches Gutachten ihnen helfen würde, die Vormundschaft für ihre Kinder zu bekommen, besonders wenn der Vater gewaltsam, verantwortungslos oder emotional gestört war, wurden bitter enttäuscht, als sie unversehens selbst pathologisiert wurden, während der Mann trotz seiner Probleme schon allein deswegen Lob erntete, weil »ihm genügend an den Kindern lag«, um die Vormundschaft zu beantragen.

Wir haben den Fall von Kindesmißhandlung herangezogen, um zu zeigen, wie Therapeuten Mütter zu Schuldigen stempeln; er zeigt aber auch, wie Psychotherapeuten und das Rechtssystem zusammenarbeiten, um Müttern die Schuld zuzuweisen. Jahrhundertelang wurden die Berichte von Kindern über sexuellen Mißbrauch ignoriert und unterdrückt. Einer der Hauptgründe ist die Tatsache, daß die meisten Täter erwachsene Männer sind. Berichte über solche Mißhandlungen blieben unbeachtet, weil die Leute nicht glauben wollten, daß erwachsene Männer zu einer solchen Tat fähig sind, weil man nicht bereit war, die Rechte des Vaters und der Autorität in der Familie anzutasten, weil das Bedürfnis des Kindes nach Schutz vor Mißhandlung und Verrat als nicht wichtig genug galt, weil die Aussage der Mutter im Gegensatz zu den »glaubwürdigen« Worten der Mißhandler als »hysterisch« diskreditiert wurde, und weil Fragen, die mit Sexualität zusammenhängen, immer schon unterdrückt wurden.

Im letzten Jahrzehnt haben sich – vor allem aufgrund der starken Frauenbewegung – Hunderttausende von erwachsenen Frauen, die Inzestopfer waren, vorgewagt, um ihre Geschichte zu erzählen – in Therapiegruppen, die sie besuchten, um ihre alten schmerzenden emotionalen Wunden zu heilen; in Familiengruppen, wo sie sich mutig den Männern entgegenstellten, als sie erfuhren, daß diese nun die Mitglieder der jüngsten Generation belästigen; in Büchern und Artikeln, die sie schrieben, um sich selbst zu heilen, aber auch um anderen Frauen mitzuteilen, daß sie nicht alleine sind; und selbst vor Gericht, das sie anriefen, um die Täter daran zu hindern, noch mehr Kindern weh zu tun. Da diese ehemaligen Opfer erwachsen waren und sich also etwas mehr Respekt verschaffen konnten als zur Zeit der Tat, hörten ihnen die Leute eine Weile zu und glaubten ihnen. Nicht immer, aber manchmal.

In den letzten Jahren ist allerdings eine gefährliche Wende eingetreten. Die Berichte von nunmehr erwachsenen Opfern werden so behandelt, als hätten sie nichts oder wenig zu tun mit den Berichten über sexuellen Mißbrauch heute. Wieder einmal werden die Aussagen von Müttern und Kindern mißachtet.[43] Heute ist es modern geworden, den Müttern zu unterstellen, sie drängten ihre Kinder dazu, falsch gegen den Ex-Ehemann auszusagen. Und das Motiv der Mütter? Sie sind bösartige, manipulative Ex-Ehefrauen, deren Absicht es ist, sich an ihren Männern zu rächen. Solche Dinge hat es in der Tat manchmal gegeben, und der zu Unrecht Beschuldigte bekam eine Menge Publizität. Einer von diesen Männern zu sein, ist gewiß schlimm. Aber leider gibt es unter jedem Gesetz einige, die falsch beschuldigt werden, und es erhebt sich kein Geschrei, das fordert, alle Gesetze aus der Welt zu schaffen, die Diebe und Mörder unter Strafandrohung stellen. Tatsächlich erwiesen sich die meisten Anzeigen, die Männer sexuellen Mißbrauch von Kindern vorwerfen, als gerechtfertigt.

Der sexuelle Mißbrauch von Töchtern durch ihre Väter schafft für die Mutter eine unlösbare Situation: Eine Mutter, die den Mißbrauch *nicht* meldet, wird zur Komplizin oder sogar zu einer, die den Mißbrauch bewußt oder unbewußt herbeiführt; einer Mutter, die den Mißbrauch *sehr wohl* meldet, wird Bösartigkeit, Männerhaß, Verlogenheit und Hysterie vorgeworfen.

Ich war schockiert darüber, wie sehr der frauenfeindliche Rollback von Richtern und Anwälten mitgetragen wird. 1986 wurde ich von einer Gruppe von Scheidungsanwälten eingeladen, um darüber zu sprechen, wie – mit den Worten des Einladenden – »Frauen von unserem Rechtswesen eingeseift werden«. Mir wurde aber bald klar, daß die Anwälte (eine Frau und ungefähr zwanzig Männer) kein Interesse daran hatten, sich einen Vortrag über die schlechte Behandlung von Frauen durch das Rechtssystem anzuhören. Sie wollten sich vielmehr über ränkeschmiedende, rachelüsterne Ex-Ehefrauen unterhalten, die sich Horrorstories über sexuellen Mißbrauch zusammenreimten, um ihre Ex-Ehemänner von den Kindern fernzuhalten.

Erfahrene und wohlgesonnene Therapeuten, wie der Direktor der Beratungsstelle für Familienrecht in London, Ontario, Dr. Peter Jaffe, wissen es besser. Dr. Jaffe berichtet, daß er sich in den vergangenen sechs Jahren mit mehr als 500 Fällen befaßt hat, bei denen es um Vormundschaft und Besuchsrecht ging; nur zweimal hatte es eine falsche Beschuldigung wegen sexuellen Mißbrauchs gegeben, und in beiden Fällen waren die Mütter ehrlich davon überzeugt gewesen, daß eine sexuelle Belästigung tatsächlich vorgefallen war.[44]

Leider kümmern sich nur wenige Leute um solche Fakten. Ein typischer Fall trug sich kürzlich zu: Ein Sozialarbeiter, der schon lange mit einer Familie zusammenarbeitete, wurde gefragt, ob der Vater seine neunjährige Tochter sexuell mißbraucht habe. Seine Antwort: »Es ist nicht klar, ob er sie sexuell mißbraucht hat oder nicht, weil diese Frage im Zusammenhang mit einem Vormundschaftsstreit aufgebracht wurde, die Motivation der Mutter könnte also auch Verbitterung über ihren Ex-Gatten sein.« Als er daran erinnert wurde, daß es gar keinen Vormundschaftsstreit gab – in den sieben Jahren seit der Scheidung der Eltern hatte die Mutter immer das Sorgerecht für das Kind gehabt, und die Frage der Vormundschaft stand auch dann nicht zur Diskussion, als die Frau ihren Ex-Mann beschuldigte, die Tochter sexuell mißbraucht zu haben –, nahm er seine Einschätzung nur geringfügig zurück. Die wesentliche Frage – der sexuelle Mißbrauch des kleinen Mädchens – ging verloren, weil der Sozialarbeiter zu sehr damit beschäftigt war, die Mutter zu beschuldigen.

Mißtrauen gegenüber Müttern verhindert in ganz Nordamerika, daß den mißbrauchten Kindern genügend Aufmerksamkeit zuteil wird, selbst dann, wenn der Mann und die Frau noch zusammenleben. Der Sprecher des Sozialministeriums eines südlichen Bundesstaats besteht darauf, daß manche Mütter schuld sind, wenn ihre Töchter vom Vater sexuell mißbraucht werden. Seine Beweise? »Eine Frau ging zurück auf die Uni, um ihr Doktorat zu machen, und bekam eine Teilzeitstelle. Ihre Tochter ließ sie allein bei ihrem Mann zurück.« Eine Frau rief mich an, nachdem sie mich in einem Fernsehprogramm gesehen hatte. Sie hatte kürzlich erfahren, daß ihr Mann ihre kleine Tochter sexuell mißbrauchte, und sich um Hilfe an die Abteilung für sexuellen Mißbrauch in ihrem örtlichen Krankenhaus gewandt. Selbst als sie erzählte, was ihre kleine Tochter gesagt hatte – »Papi steckt sein Ding in mein Lulu, und das tut sehr weh« –, fiel dem auf sexuellen Mißbrauch spezialisierten Team kein anderer Rat ein, als der Mutter zu empfehlen, sich medikamentös behandeln zu lassen, weil sie manisch-depressiv sein könnte. Punkt.

Solche Geschichten sind schwer zu glauben, aber nicht ungewöhnlich. Wie können Mitglieder eines Teams, dessen Aufgabe es ist, gegen sexuellen Mißbrauch vorzugehen, so unsensibel sein? Ein Grund ist, daß viele von ihnen trotz ihrer geschärften Aufmerksamkeit für diese Frage in traditionellen Kursen ausgebildet wurden, in denen Müttern prinzipiell immer die Schuld gegeben wird; sie und ihre Teamleiter mißtrauen oft den Berichten über sexuellen Mißbrauch. Außerdem sind auch Mitarbeiter eines solchen Teams nicht immun gegen den sozialen Druck, der von frauenfeindlichen Gruppen ausgeübt wird, die behaupten, daß sexuell mißbrauchte Kinder und deren Mütter ihre Geschichten erfinden.

Bei solchen »Experten«, die von Müttern falsche und negative Bilder entwerfen, ist es kein Wunder, daß die Beschuldigung der Mutter vielen Menschen zur zweiten Natur geworden ist. Nicht nur beruht eine solche Haltung auf falschen Informationen, sie erzeugt auch unproduktiven, fehlgeleiteten Zorn gegen Mütter.

Mütterbeschuldigung dient einem Zweck

Die Mütterbeschuldigung ist ein Eckstein unserer Gesellschaftsstruktur, weil sie die ungleiche Machtverteilung zwischen Männern und Frauen festigt. Sie bewirkt verschiedenes. Erstens verhalten sich die Frauen still, weil sie sich schämen und Angst haben; wir werden be- und verurteilt, wir urteilen nicht. Zweitens kanalisiert sie die Energien der Frauen in die Mutterarbeit und in die Sorge, diese Arbeit falsch oder schlecht zu machen; das läßt uns weniger Kraft, um für eine gerechtere Aufteilung der Macht zwischen Frauen und Männern zu kämpfen.

Warum sollten Männer etwas gegen die Macht von Frauen und Müttern haben? Darüber wäre viel zu sagen, ich will mich aber auf zwei Gründe konzentrieren: Angst und Neid.

(1) Männer fürchten, daß Frauen, wären sie erst einmal von Scham, Sorge und Angst befreit, über ein enormes Ausmaß an Macht verfügen würden. Das erschreckt viele Leute, besonders Männer, die die Macht, über die sie verfügen, nicht teilen wollen. Frauen könnten in der Tat viel *emotionale* Macht ausüben, weil sie den Kontakt zu ihren Gefühlen nicht verloren haben und nicht davor zurückschrecken, sie auszudrücken. Viele Männer haben hingegen gelernt, sich nicht für Gefühle zu interessieren oder sich vor ihrer unvertrauten Wucht zu fürchten. Sie haben also Angst vor dem Ungewissen.[45]

Außerdem fürchten viele Männer die Macht, die ihre Mütter über sie hatten, als sie Kinder waren. Als erwachsene Mitglieder des herrschenden Geschlechts, das es für unmännlich hält, von anderen Menschen kontrolliert zu werden, werden die Männer durch einen Verlust an Macht an ihre relativ wehrlose Kinderzeit erinnert. Damals hatte meistens die Mutter die tägliche Kontrolle über sie, jetzt müssen sie also unbedingt die Macht der Mutter verhindern, um ihre Männlichkeit zu beweisen.[46] Weil kleine Kinder in ihren Gefühlen so sehr von der Mutter abhängen, erscheinen sie Kindern beiderlei Geschlechts als sehr mächtig. Männer fühlen sich aber eher bemüßigt als Frauen zu beweisen, daß sie sich des Einflusses ihrer Mütter entzogen haben. Diese Unabhängigkeit gibt ihnen das Gefühl, sowohl erwachsen als auch männlich zu sein.

Obwohl geliebt zu werden – besonders von unseren Müttern – uns Kraft und Selbstvertrauen gibt, fürchten sich viele Männer so sehr davor, von der Liebe »verschlungen« zu werden, daß sie gar nicht erst so weit kommen, ihre positiven Eigenschaften kennenzulernen. Dann erscheint die größte Liebe, die es überhaupt gibt – die Mutterliebe –, plötzlich als gefährlich.

Wenn schon eine Mutter allein so mächtig erscheint, wie bedrohlich muß erst eine ganze Gruppe von Müttern sein! Niemand fühlt sich bedroht, wenn Frauen in Gruppen als Zuarbeiterinnen von Männern, als Fürsprecherinnen und Helferinnen der Armen, Kranken und Behinderten arbeiten, es sei denn diese selbst und andere Frauen. Männer, für die die emotionale Macht der Frauen eine Bedrohung ist, denken an die ökonomische, soziale und politische Macht, die Frauen darstellen, wenn wir uns zusammentun.

In jeder Gesellschaft sind jene Kräfte, die den Status quo erhalten, meistens stärker als jene, die nach Veränderung rufen. Leute, die Mütter verurteilen, gehören zur ersteren Gruppe. Leute, die es darauf abgesehen haben, Mütter an ihrem Platz festzuhalten, benützen *alles,* was Mütter tun, als »Beweis« dafür, daß sie es verdienen, schuldig gesprochen zu werden; der Mythos der perfekten Mutter und der Mythos der schlechten Mutter sind ausgezeichnete »Beweise« (siehe Kapitel 4 und 5). Wenn wir unsere Mütter nicht mehr für alle unsere Schwierigkeiten verantwortlich machen würden, müßten wir einsehen, daß unsere Gesellschaft zur Lösung der anstehenden sozialen Probleme einer gründlichen Änderung bedarf (z. B. Angleichung der Löhne und Gehälter, Wertschätzung und Renten für Hausfrauen), *und* es wäre für uns Frauen leichter, uns zu solidarisieren, um für die Erreichung solcher Veränderungen Druck auszuüben. Selbst wenn wir uns geneigt fühlen, unsere Mütter zu loben und ihre Arbeit zu schätzen, finden die Befürworter des Status quo immer noch Wege, um uns in unseren Vorwürfen zu bestätigen.

(2) Männer fürchten die Macht der Mutter, weil der Gebärneid keineswegs überwunden ist, auch wenn er oft nur in verschleierter Form auftritt. Teilweise als Gegenmittel gegen Sigmund Freuds Behauptung, alle Frauen hätten einen Penisneid, wird behauptet, Männer hätten einen Gebärneid. Vielen Leuten kommt dieser Gedanke komisch vor, aber im Zuge der neuen Offenheit unter Männern geben viele ihren Neid auf die Fähigkeit der Frauen, Kinder zu gebären und sie mit ihrer Brust zu nähren, zu. Die Begeisterung, mit der Männer bereit sind, am Geburtsvorgang teilzunehmen, darüber Bücher zu schreiben und das Ereignis auf Video festzuhalten, sprechen für die These.

Die Magie und die Macht, die mit diesen Funktionen verbunden sind, sind an sich schon gewaltig; sie werden mit der emotionalen Macht, die Frauen anhaftet, in Zusammenhang gebracht. »Gebärneid« muß dann nicht nur wörtlich verstanden werden; er bedeutet nicht nur den Wunsch, schwanger werden und ein Baby stillen zu können, sondern symbolisiert den Neid der Männer auf die

Kraft der Frauen, Nährende zu sein und über eine so große Bandbreite von Gefühlen zu verfügen. Viele sogenannte »neue Männer« schreiben lange Abhandlungen über den Schmerz, als »verweiblicht« oder »larmoyant« belächelt zu werden, wenn sie ihre zarte, empfindsame Seite zeigen. Der Großteil Nordamerikas ist noch nicht bereit für Männer, die ihre Gefühle ausdrücken. Also werden Gefühle von den meisten Männern weiterhin unterdrückt; wenn ihnen danach ist, *können* viele Männer sie allerdings sehr wohl ausdrücken; ansonsten träumen sie davon, eines Tages im Umgang mit ihren Gefühlen ebenso frei zu sein wie die Frauen.

Aus ihrer Angst vor der Macht der Frauen und ihrem Neid auf sie haben viele Männer schlechte Eigenschaften von Müttern übertrieben und Positives zu Negativem gemacht. Sie haben gesagt, daß oben unten ist, plus minus ist und Mütter schlecht sind. Es ist an der Zeit, zu erkennen, daß oben oben ist, plus plus ist und Mütter oft in Ordnung sind.

Mütterbeschuldigung verinnerlichen

Wer von uns hat es geschafft, dem sozialen Druck zu entgehen, der von uns verlangt, unseren Müttern alles anzulasten, was im Leben schiefläuft? Der Druck ist so allgegenwärtig, daß wir diese Grundhaltung und die entsprechenden Techniken nach und nach verinnerlichen. Schließlich beschuldigen wir unsere Mütter ganz von alleine, ohne auf Druck von außen zu warten, und werden von anderen darin bestätigt. So können wir einander ständig vorantreiben. Eine fünfzigjährige Freundin erzählte mir kürzlich:

»Ich kam von einem Abendessen mit drei Frauen zurück, die ich seit Jahrzehnten kenne – wir haben den ganzen Abend damit zugebracht, über unsere Mütter herzuziehen. Ich sage dir, wir haben sie in der Luft zerrissen. Als ich daheim war, verspürte ich eine seltsame Unruhe, und als ich darüber nachdachte, was wir getan hatten, bemerkte ich zu meinem Entsetzen, daß wir soeben der großen Mutterhaß-Verschwörung beigetreten waren! Und dabei sind wir alle selbst Mütter! Unsere Väter haben wir völlig unbehelligt gelassen.«

Diese Frauen handelten wie die meisten Leute in unserer Kultur: Sie stellten nicht einmal die bösartigsten und unfairsten mütterfeindlichen Bemerkungen in Frage. Aller Wahrscheinlichkeit nach waren sie in der Vergangenheit dazu ermuntert worden, ihre Mütter zu kritisieren, und so machten sie einfach weiter.

Unsere Mutter zu belasten, erleichtert uns vorübergehend von Selbstzweifeln. Wie eine meiner Studentinnen es ausdrückte: »... Ich fand einfach immer Gründe, um meine Mutter für alles verantwortlich zu machen, was mir zustieß. So vermied ich es, mal genau anzusehen, was zwischen meiner Mutter und mir los war.«[47]

Wie schmerzvoll es auch sein mag, uns über unsere Mutter zu ärgern, so ist es doch weniger bedrohlich als zuzugeben, daß wir uns einmal gründlich mit uns selbst befassen müßten. Aber langfristig ist Zorn eine destruktive Strategie: Wenn jemand stirbt, fällt die Trauerarbeit um so schwerer, wenn wir für die verstorbene Person gemischte oder zornige Gefühle empfanden, und leichter, wenn unsere Beziehung im großen und ganzen in Ordnung war. Sind sie einmal tot, ist es zu spät, Abbitte zu leisten; wir können dann unsere Schuldgefühle nie wirklich loswerden. Solange wir uns die Mühe machen zu hassen, besteht eine Verbindung zwischen uns. Schuldgefühle, Vorwürfe und Haß sind mächtige Bindemittel, die uns an das Objekt dieser Emotionen fesseln; aber von ihnen geht wenig Gutes aus. Außerdem gelingt es den wenigsten Frauen, ihre negativen Gefühle zu genießen: Sie sind nicht produktiv, wir haben gelernt, daß nette Leute (besonders Frauen) sie nicht haben dürfen, und sie setzen in unserem Körper Chemikalien frei, die bewirken, daß wir uns schlecht fühlen.

Konflikte können entweder konstruktiv oder destruktiv sein. Ein Streit kann ein ehrlich gemeintes Bemühen zweier Leute bedeuten, ihre Differenzen auszudiskutieren, die bei ihnen starke Gefühle oder Ängste auslösen, oder er kann Anlaß geben, Feindseligkeiten loszuwerden oder auf eine destruktive und demütigende Art Macht zu demonstrieren. Wenn wir über ein Problem nachdenken, können wir seinen Ursachen nachgehen oder wir können einfach *Schuld* zuweisen. In einem Fall wissen wir, wer oder was schuld ist, im anderen machen wir nur Vorwürfe. Wenn wir einer Person einen Vorwurf machen, wollen wir damit sagen: »Es ist nicht meine Schuld. Es ist *ihre*.« Wenn Sie einer Person die Schuld zuschieben, fühlen Sie sich vielleicht vorübergehend besser, weil es Sie in der Überzeugung bestärkt, Sie seien die Gute von beiden; wenn Sie aber irgendein Interesse haben, die Beziehung mit der beschuldigten Person fortzuführen oder sich selbst verändern wollen, dann müssen Sie anders vorgehen. Niemand reagiert positiv auf Vorwürfe – wenn Sie also darauf bestehen, Ihrer Mutter Vorwürfe zu machen, dann können Sie damit rechnen, daß sich Ihre Beziehung zu ihr nicht verbessern wird. Vorwürfe beenden jedes Gespräch; sie behindern die Suche nach Einsicht. Sie fördern Entfremdung und Wut und nicht gegenseitige Zuneigung und Respekt für unsere eigene Autonomie und die unserer Mutter.

Es muß nicht sein

Angesichts all dieser Mütterbeschuldigung ist es beruhigend zu erfahren, daß sie nicht unvermeidbar ist. In ›Common Differences. Conflict in Black and White Feminist Perspectives‹ schreibt Gloria Joseph:

»Schwarze Töchter lernen sehr früh, ihre Mütter nicht persönlich dafür verantwortlich zu machen, daß sie nicht in der Lage sind, ihr Leben und das Leben ihrer Kinder durch individuelle Anstrengungen grundlegend zu verändern. Diese Erkenntnis ermöglicht es den Töchtern später im Leben, ihre Mütter zu schätzen, sie zu verstehen und ihnen zu verzeihen, daß sie unfähig waren, den Erwartungen und Bedürfnissen der Tochter nach materieller und emotionaler Geborgenheit zu entsprechen.«[48]

Obwohl schwarze Frauen und Frauen anderer ethnischer Minderheiten mit der zusätzlichen Belastung fertig werden müssen, die der Rassismus den Müttern aufbürdet, ziehen doch alle Mütter in unserer Kultur ihre Kinder in einer Umwelt auf, in der die Arbeit der Mutter entwertet und herabgesetzt wird. Die folgende Geschichte handelt vom Kampf meiner Mutter gegen die Anstrengungen eines selbsternannten Experten, meine Großmutter und ihre Beziehung zu meiner Mutter zu hintertreiben.

Sich wehren: Es wagen, die eigene Mutter zu lieben

Wie wir bereits gesehen haben, werden Töchter mit Problemen oft dazu aufgefordert, sich von der angeblichen Ursache ihrer Probleme abzuschneiden – von ihren Müttern. Freunde, Verwandte, Ratgeber in den Medien und Therapeuten erteilen diesen Rat bedenkenlos, und es kann verführerisch sein, einer Empfehlung zu folgen, die als Ausweg aus allen Sorgen gepriesen wird. Es ist aber auch *möglich,* diesen Rat auszuschlagen. Auch meiner Mutter, Tac, die vor Jahren wegen einer Sache, die mit ihrer Mutter überhaupt nichts zu tun hatte, einen Psychiater aufsuchte, wurde geraten, sich so zu verhalten.

Als Tac Ende dreißig war, fühlte sie sich durch das Angebot ihrer Mutter, Esther, für sie Lebensmittel einzukaufen, belästigt. »Unter Anweisung des Therapeuten«, erzählt sie, »interpretierte ich das als Versuch meiner Mutter, mich zu kontrollieren. Ich sagte ihr: ›Du gibst mir das Gefühl, völlig unfähig zu sein und meine Familie nicht mit ordentlichem Essen versorgen zu können‹.«

Der Psychiater legte Tac nahe, ihre Mutter sechs Monate lang nicht zu treffen, um »aus ihrem Bedürfnis, Sie zu kontrollieren, auszubrechen«. In den späten 60er Jahren war das Wort eines Psychiaters vielleicht mehr noch als heute pures Gold. Meine Mutter aber war stark genug, diesen Rat nicht zu befolgen. Kürzlich sagte sie mir:

»Meine Mutter war eine sehr freundliche, herzliche Frau und immer zu Späßen aufgelegt. Grundsätzlich hatte ich ihr gegenüber ein gutes Gefühl und *wollte* sie gern haben. Unsere Beziehung war in Ordnung, und sehr oft ging es uns ausgesprochen gut miteinander.«

Deshalb war meine Mutter sicher, daß ein Abbruch der Beziehug für die Dauer von sechs Monaten eindeutig eine Überreaktion wäre. Es würde das Problem allzusehr in den Vordergrund stellen und die positive Qualität ihrer Mutter-Tochter-Beziehung ausblenden.

Meine Mutter war imstande, sich den Anweisungen des Therapeuten zu widersetzen, weil sich ihr ursprünglich geringes Selbstbewußtsein im Laufe der Jahre verbessert hatte. Sie fühlte sich wohl in ihrer Haut und traute ihrer eigenen Wahrnehmung. Sie erkannte, daß »wenn ich meine Mutter kritisierte, dann fühlte ich mich zwar kurzfristig besser, aber es funktionierte nicht wirklich. Es ging mir besser, wenn ich etwas Positives unternahm.« Diese Veränderungen ermöglichten es Tac, sich zum ersten Mal zu überlegen, ob ihre Mutter vielleicht ganz etwas anderes im Sinn hatte als sie zu verletzen.

Als sie über das Leben ihrer Mutter nachdachte – und Esther dann auch danach fragte –, wurde ihr klar, daß deren Angebot, für sie einkaufen zu gehen, überhaupt nichts mit einem Mangel an Vertrauen zu tun hatte. Ihre Mutter war vielmehr in einer Zeit erzogen worden, in der man lernte, den Wert einer Frau in erster Linie darin zu sehen, daß sie für andere sorgte. Esther hatte keine Erwerbsarbeit, ihre Kinder waren erwachsen, und wenn sie nicht für ihre Familie kochte oder sich um die Enkelkinder kümmerte, kam sie sich nutzlos vor. Für ihre Tochter einzukaufen, war ihr verzweifelter Versuch, sich innerhalb des ihr vertrauten Rahmens davon zu überzeugen, daß sie noch gebraucht wurde und deshalb als Mensch noch Wert besaß.

Da Tac zu dieser Erkenntnis völlig *ohne* die Hilfe ihres Psychiaters gelangte, entwickelte sie sich von einem Kind voller Ressentiments und ohne Selbstvertrauen zu einer mitfühlenden Erwachsenen, die fähig war, mit ihrer Mutter eine egalitäre Beziehung zu führen. Und das geschah um nichts zu früh, denn kurz danach erkrankte Esther an Krebs und starb keine sechs Monate später. Als sie im Krankenhaus war, redeten sie und Tac darüber, wie froh sie waren, daß Tac den Rat des Therapeuten nicht befolgt, sondern sich auf einen Verständigungsprozeß mit ihrer Mutter eingelassen hatte.

Meine Mutter sagte mir, daß diese Erfahrung ihr gezeigt hatte, wie sehr die Einsicht in die Ursachen von Differenzen zwischen Mutter und Tochter das Bedürfnis verringern können, ihr Vorwürfe zu machen und sich von ihr zu distanzieren; es kann die Entfremdung lindern und zu Vertrauen und Respekt auf beiden Seiten führen. Da Tac sich nicht mehr über ihre Mutter ärgerte, hatte Esther nicht mehr das Gefühl, daß die kleine Hilfe, die sie anzubieten hatte, verachtet wurde. Jede war sich der Zuneigung und der Anerkennung der anderen gewiß.

Wie viele Jahre von Mutter-Tochter-Entfremdung hätten vermieden, wie viele Abgründe hätten überbrückt werden können, wenn Töchter, anstatt ihre Mutter mit Vorwürfen zu überhäufen, imstande gewesen wären, sich zu fragen, *warum* diese so unsensibel und lieblos erschien oder sich so sehr in ihre Angelegenheiten mischte.

Wenn wir die Flut unserer Mütterfeindlichkeit eindämmen, dann versiegt ein Teil unseres Zorns auf unsere Mutter; unsere Unsicherheit und unser Selbsthaß weichen zurück, und wir erkennen, daß die enge Beziehung zu unserer Mutter nicht immer nur Sorgen machen muß, sondern auch Vergnügen bereiten kann.

Das Beschuldigen von Müttern ist so stark verbreitet in unserer Gesellschaft, daß es fast an ein Wunder grenzt, daß Frauen überhaupt noch Mütter werden und daß Töchter noch mit ihren Müttern reden. Wenn jemand Ihnen einen Job anbieten würde mit dem Zusatz »Wenn *irgend etwas* schiefgehen sollte, und sei es in sechzig oder siebzig Jahren, dann werden Sie zur Verantwortung gezogen«, dann würden sie bloß mit der Schulter zucken und ihrer Wege gehen. Aber genau das ist es, was es heißt, Mutter zu sein. Millionen von Frauen auf der ganzen Welt füttern, baden, pflegen ihre Kinder gesund, bringen ihnen Sprechen bei und sind dabei voller Sorge, Schuld und Angst. Sie wissen, daß einzig und allein sie verantwortlich sein werden, wenn irgend etwas falsch läuft.

In den nächsten beiden Kapiteln werden wir sehen, wie das allgemeine Mütterbeschuldigen die Mutter-Tochter-Beziehung mit Hilfe der Mythen von der perfekten Mutter (Kapitel 4) und der schlechten Mutter (Kapitel 5) aushöhlt, weil sie uns daran hindert, unsere Mütter (und unsere Töchter) so zu sehen, wie sie in Wirklichkeit sind. In den letzten Kapiteln werden wir dann sehen, wie wir die Mütterfeindlichkeit und die Mythen überwinden und beginnen können, unsere Beziehung zu unserer Mutter neu zu gestalten.

Viertes Kapitel
Mutter-Tochter-Barrieren:
die Mythen der perfekten Mutter

Um zu verstehen, was zwischen uns und unseren Müttern vorgefallen ist, und um die wahren Mutter-Tochter-Geschichten zu erzählen, müssen wir uns vor Augen führen, in welchem Zusammenhang unsere tiefsten Bedürfnisse und Ängste mit den Bedürfnissen und Ängsten der Gesellschaft stehen.

Als Töchter sind wir bestrebt, nett zu sein, um von allen geliebt
zu werden; das wird uns teilweise von unserer Mutter, teilweise
von der Gesellschaft vermittelt; teilweise entspricht es auch unserem ureigensten Bedürfnis nach Integrität und Ehrlichkeit. (Obwohl wir auch von unseren Vätern akzeptiert werden wollen, konzentriere ich mich auf die Mutter-Tochter-Problematik; außerdem
neigen wir weniger dazu, unseren Vater für unser geringes Selbstvertrauen verantwortlich zu machen.) Wir sehnen uns auch nach
einer engen, liebevollen Beziehung zu unserer Mutter. Wir fürchten uns davor, sowohl von der Mutter als auch von der Gesellschaft abgewiesen zu werden; weil es oft die Mutter ist, die die
Ansprüche der Gesellschaft an uns weitergibt, hoffen wir, der Gesellschaft zu gefallen, wenn wir ihr gefallen. Wenn wir uns entscheiden müssen zwischen dem Anspruch der Mutter und dem der
Gesellschaft, erleben wir einen Zwiespalt: einerseits die enorme
Kontrolle, die sie über unser tägliches Leben hat, andererseits die
Botschaft unserer Kultur, die die Meinung unserer Mutter für
nicht besonders wichtig oder wertvoll hält. (Ironischerweise lebt
die Mutter, die wir als Agentin der Gesellschaft wahrnehmen, oft
in einer stillen oder auch lautstarken Rebellion gegen die Anforderungen eben dieser Gesellschaft.)

Was will die Gesellschaft? Sie verlangt von Frauen – Müttern
und Töchtern –, daß sie dem traditionellen weiblichen Stereotyp
entsprechen; sie verlangt von Müttern, daß sie die Aufgabe übernehmen, ihre Töchter in dieses stereotype Korsett zu zwängen;
und sie fördert die Spaltung von Müttern und Töchtern, die sich
gegenseitig quälen und nicht bemerken, daß das wahre Problem
bei den gesellschaftlichen Erwartungen liegt. Statt dessen beschuldigen sie sich selbst und gegenseitig. Die Mythen über Mütter sind

dazu da, diesen Zweck zu erfüllen. So wenig Mythen per definitionem Realität sind, so real sind aber die Barrieren, die diese zwischen Müttern und Töchtern aufrichten.

Mindestens neun Mythen tragen dazu bei, die Mütterbeschuldigung lebendig zu halten. Das Auflisten der Mythen ist ein wichtiger Anfang, denn ein Problem kann erst gelöst werden, wenn es benannt wird. Wir werden sehen, wie jeder einzelne Mythos Schranken zwischen Müttern und Töchtern aufbaut – schmerzhafte Gefühle, die wir in Kapitel 2 beschrieben haben – und was wir dagegen tun können. Dieses Kapitel handelt von den Mythen der perfekten Mutter, das nächste von den Mythen der schlechten Mutter.

Jeder einzelne Mythos befindet sich jeweils in der Nähe der beiden Pole Engel und Hexe, die wir in Kapitel 1 beschrieben haben; in den Augen der Tochter bewirken die Mythen der perfekten Mutter, daß alles, was Mutter tut, unzulänglich erscheint, weil es ja nicht perfekt ist; die Mythen der schlechten Mutter konzentrieren sich ausschließlich auf die Mängel der Mutter und bewirken, daß auch ihre Stärken oder ihre neutralen Eigenschaften als schädlich wahrgenommen werden.

Wenn wir als Töchter realisieren, daß wir Motivation und Verhalten unserer Mutter vielleicht falsch verstehen und interpretieren, dann können wir erkennen, daß Mythen uns dazu verleitet haben. Wenn wir uns den Mythen mit aller Klarheit stellen, sehen wir, wie sie sowohl das Verhalten unserer Mutter als auch unser eigenes prägen; wir hören dann vielleicht auf, der Mutter zu unterstellen, uns aus purer Bosheit gekränkt, zurückgewiesen oder verwirrt zu haben.

Die meisten Mütter kennen die Mythen der perfekten Mutter nur zu gut; noch ehe ihre Kinder davon Notiz nehmen, wissen sie, wo sie den Anforderungen nicht gerecht werden können und fürchten die Enttäuschung ihrer Kinder. Sie haben ebenso Angst, den Mythen der schlechten Mutter zu entsprechen, als den Mythen der perfekten Mutter nicht zu entsprechen; in beiden Fällen fürchten sie Ablehnung und Zorn ihrer Sprößlinge (und anderer Leute).

Sie werden merken, wie wenige Mythen es für die halbwegs gute Mutter gibt (trotz der Versuche einiger Psychologen, über eine Mutter nachzudenken, die »hinreichend gut« ist). Einer Mutter ist es nicht gestattet, mit guten Absichten menschlich fehlerhaft zu sein; sie muß perfekt sein, weil so viel auf dem Spiel steht – die körperliche und geistige Gesundheit ihrer Kinder, für die sie die totale Verantwortung trägt.

Die Mythen, die in diesen Kapiteln behandelt werden, sind vielleicht nicht die einzigen, die für die Mütterbeschuldigung verantwortlich sind, Ihnen fallen vielleicht noch andere ein. Diese neun aber werden Ihnen gewiß vertraut sein, weil wir alle mit ihnen aufgewachsen sind; manche davon waren in den Jahren, als unsere Mütter ihre Kinder erzogen, noch wirksamer als heute.

Die vier Mythen der perfekten Mutter, auf die ich gestoßen bin, schaffen Normen, denen keine Mutter entsprechen kann:

– Der Maßstab für eine gute Mutter ist die »perfekte« Tochter
– Die Liebe einer Mutter ist unendlich
– Mütter wissen von Natur aus, wie Kinder zu erziehen sind
– Mütter werden nie zornig

Mythos Nummer eins:
Der Maßstab für eine gute Mutter ist die »perfekte« Tochter

> Töchter ärgern sich aus vielen Gründen über ihre Mütter: weil sie von ihnen gedrängt werden, den Ansprüchen der Gesellschaft an Mädchen und Frauen zu genügen, oder weil sie finden, daß die Mütter diese Erwartungen nicht ernst genug nehmen und die Töchter in ihren Anpassungsversuchen emotional zu wenig unterstützen. Mütter ärgern sich über ihre Töchter, weil die Töchter ihren Erwartungen nicht entsprechen oder weil ihre Töchter zu viel von ihnen erwarten.
>
> Susan Koppelman

Jede Kultur hat Formen, in die sie die neue Generation hineinpressen möchte. In unserer Kultur wird die Verantwortung für dieses Modellieren hauptsächlich an die Familie übertragen, was in der Praxis normalerweise bedeutet, daß die Mütter die Aufgabe haben, ihre Kinder an die kulturell geforderten Rollen anzupassen. Die meisten von uns wurden häufiger als von irgendeiner anderen Person von der Mutter ermahnt: »Tu das«, »Tu das nicht«, »Putz deine Zähne«, »Räum dein Spielzeug weg«, »Sprich nicht mit fremden Leuten«.

Als Tochter kennen wir noch viele zusätzliche Gebote und Verbote, von denen unsere Brüder verschont geblieben sind: »Halte deine Knie zusammen«, »Lächle«, »Sei nett«. Von Mädchen wird verlangt, daß sie *von Natur aus* ordentlich und zurückhaltend sind. Wenn sich eine Tochter anders benimmt, wird der *Mutter* die Schuld gegeben, es ihr nicht nachdrücklich genug *beigebracht* zu haben. Freilich könnten wir uns fragen: »Warum muß einem Kind etwas beigebracht werden, das doch natürlich sein sollte?« Auf dieses Muster werden wir wiederholt stoßen, wenn wir uns die Mythen der Mütterbeschuldigung genauer ansehen: Eine Kultur, in der Frauen Menschen zweiter Klasse sind, läßt die unsinnigsten Widersprüche zu, solange sie dazu beitragen, die Frauen durch Einschränkungen und Herabsetzungen klein zu halten. In diesem Fall wird das Verhalten von Frauen durch unser eifriges Bemühen, ordentlich und zurückhaltend zu sein, eingeengt, damit wir den Vorstellungen einer *natürlichen* Weiblichkeit entsprechen. Alle Frauen werden herabgesetzt, wenn auch nur eine Person glaubt, daß das Fehlen von Ordnungsliebe und Bescheidenheit bei der Tochter Schuld einer Frau ist – ihrer Mutter.

Die Gesellschaft hat sich auf die Schultern unserer Mutter gesetzt und ihr ins Ohr geraunt: »Wenn du willst, daß wir dich für eine gute Mutter halten, bring deiner Tochter bei, süß zu sein und ihre Knie zusammenzuhalten.« (Für Mütter von heute wird der zweite Teil des Satzes folgendermaßen ergänzt: »... bring deiner Tochter bei, eine gute Ausbildung zu bekommen, sich zu verwirklichen *sowie* süß zu sein und die Knie zusammenzuhalten.«)

Viele Töchter ahnen, daß das »weibliche« Rollenmuster, dem sie unter mütterlicher Anweisung folgen, schuld ist an der Unzufriedenheit ihrer Mutter; die Tochter fühlt sich also von der Mutter hintergangen, wenn diese ihr genau das Verhalten nahelegt, dem sie ihr eigenes Leid verdankt. Claudette sagte mir, daß sie es als Kind haßte, den Küchenboden zu kehren und die Badezimmer zu putzen:

»Teilweise, weil das öde Arbeiten sind, teilweise aber auch, weil meine Mutter ununterbrochen gejammert hat, wie sehr sie das Putzen unseres Hauses erschöpfte. Ich konnte nicht einsehen, warum ich Dinge machen sollte, die sie haßte. Das schien mir nicht fair.«

Die erschreckende Kehrseite des Mythos, der eine »perfekte« Tochter zum Gütesiegel ihrer Mutter macht, ist, daß eine »schlechte« (oder untypische) Tochter zum Maßstab für eine »schlechte« Mutter wird. Diese gesellschaftliche Gleichung verursacht Müttern und Töchtern eine Menge unnötiger Angst. Jede Mutter will eine gute Mutter sein. Aber nicht jede Mutter hält es für nötig, ihre Tochter in das traditionelle Weiblichkeitsideal zu pressen, noch ist jede Tochter bereit, diese vorgeschriebene Rolle zu übernehmen, besonders dann nicht, wenn ihre *Mutter* in dieser Rolle nicht besonders glücklich zu sein scheint. Sollte also eine Mutter die Gebote der Gesellschaft ausführen, um ihren Ruf als gute Mutter zu sichern, oder sollte sie im Interesse der Tochter handeln? Wie kann sich eine Mutter zwischen dem Wohlergehen der Tochter und ihrem eigenen Bedürfnis nach Anerkennung entscheiden? Und was ist im Interesse der Tochter – sich voll zu entfalten oder als »mißraten« durchs Leben zu gehen?

Wenn Töchter mir ihr Bedürfnis nach Bestätigung durch die Mutter schildern, ist ihre Anspannung oft spürbar. Manche haben nicht einmal begriffen, warum so viel auf dem Spiel stand, als sie die mütterlichen Regeln befolgten. Sehr wohl haben sie aber begriffen, daß die gesellschaftliche Beurteilung der Leistung ihrer Mutter vom richtigen Verhalten der Tochter abhängt. Egal, wie sehr wir die Begrenztheit des Lebens unserer Mutter schmähen mögen, wer von uns möchte die Last auf sich nehmen, das öffentliche Aushängeschild für ihr Scheitern zu sein?

Wenn außerdem nur eine perfekte Mutter eine gute Mutter ist, dann wird auch ein noch so strenges Befolgen der Regeln nicht ausreichen. Keine Tochter hat jemals das Gefühl, alles getan zu haben, was die Gesellschaft – vermittelt durch die Mutter – von ihr verlangt, weil es unmöglich ist, immer nur fürsorglich, aufopfernd, süß und schlank zu sein und was die Qualitätsmerkmale einer guten Tochter sonst noch alles sein mögen. Kein Wunder, daß so viele Töchter das Gefühl haben, es ihrer Mutter nie recht machen zu können.

Als Töchter nehmen wir an, daß die mütterlichen Regeln von ihr selbst auferlegt werden; nur selten wird uns bewußt, daß diese Regeln einer grundlegenden kulturellen Überzeugung entspringen und die Mutter bloß als Mittlerin fungiert – oder daß manche Regeln ein Versuch der Mutter sind, ihre Tochter vor Gewalt und Belästigungen zu schützen, der Frauen in der Gesellschaft ausgesetzt sind. Was die Tochter zu sehen glaubt, ist eine neurotische, verklemmte oder sogar herzlose Frau, die sich eine ganze Latte von Vorschriften ausgedacht hat, um sie zu quälen.

In meiner Arbeit mit Frauen finde ich oft, daß die felsenfeste Überzeugung der Tochter, von ihrer Mutter rundweg abgelehnt zu werden, nichts anderes ist als eine Fehlinterpretation der Rolle der Mutter als Durchsetzungsinstanz gesellschaftlicher Regeln. Anstatt sich zusammenzusetzen und zu erkennen, daß die Wurzel des Problems bei den unmöglichen kulturellen Werten für Mütter und Töchter zu suchen ist, die es zu verändern gilt, begibt sich die Mutter mit dem Versuch, ein perfektes Tochterexemplar (im Interesse *beider*) zu produzieren, in die Falle, und die Tochter haßt die Mutter für deren Mangel an Einsicht. Ein gigantischer Keil wird zwischen die beiden getrieben. Eine 92jährige Frau namens Betty erzählte mir von ihrem Kummer darüber, daß die Ehe ihrer Tochter nach vierzig Jahren in die Brüche gegangen war:

»Ich sagte ihr, daß ich über den jähzornigen Charakter ihres Mannes Bescheid wüßte, und auch, daß er aus jedem nur erdenklichen Grund auf sie losging. Aber ich sagte ihr auch, daß mein Mann nicht anders war und daß eine Frau lernen muß, über solche Dinge hinweg zu sehen. Als ich diese Worte aussprach, hatte ich ein schlechtes Gewissen, denn es hat mir nichts gebracht, daß ich die Launen meines Mannes nicht zur Kenntnis nahm, und ich wußte, daß es meiner Tochter genausowenig helfen würde.«

Besonders problematisch sind jene Regeln, die heranwachsenden Mädchen vorschreiben, ihre Gefühle unter Kontrolle zu halten. Einerseits redet man uns ein, wir seien von Natur aus äußerst emotional (auf jeden Fall mehr als heranwachsende Knaben), andererseits müssen wir lernen, das Wohlbefinden anderer Leute nicht mit unseren Gefühlen zu stören. Als junge Frauen sollten wir emotional genug sein, um die Bedürfnisse von Mann und Kindern nach Liebe und Zuwendung zu befriedigen, ohne sie aber mit unseren Emotionen zu »belasten«. Frauen wird unterstellt, daß sie ihre Gefühle nur mit größter Anstrengung unterdrücken können – eine Frau, die aber *tatsächlich* emotional reserviert ist, läuft Gefahr, als kalt und unweiblich abgestempelt zu werden. Von Frauen wird also erwartet, daß sie nur solche Gefühle zeigen, die Mann und Kindern nützen.

Mütter und Töchter empfinden es manchmal als peinlich, wenn sie einander sehr mögen, weil wir nie ganz sicher sind, ob das auch in Ordnung ist. Wenn wir unseren Emotionen freien Lauf lassen und uns dabei auch noch wohl fühlen, könnte es ja sein, daß wir uns – zu Mann und Kindern zurückgekehrt – »unpassend« und »aufdringlich« verhalten. Außerdem sieht so mancher Mann in einer engen Mutter-Tochter-Beziehung eine Bedrohung der Loyalität seiner Frau ihm gegenüber.

Mutter die Ordnungsmacht; Vater der Liebling

Die Tochter zürnt der Mutter, wie die meisten Menschen jenen zürnen, die Regeln durchsetzen, aber mehr noch, weil es für Töchter mehr Regeln gibt als für Söhne. Sie ist auch böse auf ihre Mutter, weil sie so streng mit ihr ist – Vater ist ganz anders. (Die vertraute Warnung der Mutter »Warte nur, bis Vati kommt« führt selten wegen dieses speziellen Regelverstoßes zu einer Bestrafung durch den Vater. Die körperliche oder sexuelle Mißhandlung der Tochter durch den Vater hat im Regelfall nichts mit dieser Art Warnung zu tun.) Die größere Nachsicht des Vaters ist im allgemeinen ein Nebeneffekt seiner geringeren Beteiligung an der Kindererziehung. Alles, was die Tochter aber weiß, ist, daß er sie besser behandelt. (Natürlich tut er das – da er nicht die Hauptverantwortung für das Kind trägt, ist es für ihn leicht, es mit der Disziplin nicht so genau zu nehmen!) Eine 30jährige Frau sagte mir kürzlich in einem Interview:

»Bis letztes Jahr dachte ich immer, mein Vater würde mich mehr lieben als meine Mutter. Das kam daher, weil er mich nie bestrafte. Wenn meine Mutter meine Bestrafung ankündigte, fiel diese wegen seines Einspruchs immer schwächer als geplant aus.

Aber letztes Jahr, als meine Kinder vier und sechs waren, erkannte ich plötzlich, daß sich jetzt in meiner Familie dasselbe abspielt: Mein Mann sagt mir, daß ich wirklich großartig mit den Kindern umgehen kann, aber das ist bloß seine Strategie, um sich aus den unangenehmen Aspekten des Lebens mit Kindern herauszuhalten. *Ich* muß immer nach dem Rechten sehen, ich bin diejenige, die die Kinder diszipliniert, und wenn das Strafen vorbei ist, kommt mein Mann hereingeschwebt und lädt sie zu einem Eis ein. Natürlich halten sie ihn für großartig und fürchten sich vor mir. Seit ich weiß, wie ich dazu gekommen bin, meinen Vater mehr zu mögen als meine Mutter, schätze ich meine Mutter ein ganzes Stück mehr!«

Hören wir jemals auf, uns vor der Mißbilligung unserer Mutter zu fürchten?

Die äußerst kompetente und versierte Moderatorin einer Radiosendung mit telefonischer Bürgerbeteiligung erzählte mir von einem kürzlichen Besuch bei ihrer Mutter. Sie war von Kalifornien nach Florida geflogen, wo ihre Mutter lebt, und sobald sie aus dem Flugzeug gestiegen war, bekam sie von der Mutter zu hören, daß die Farbe ihres Kleides überhaupt nicht zu ihr paßte:

»Da bin ich nun, 48 Jahre alt, und noch immer ist es mir so *wichtig*, was sie denkt! Ich bekomme viele Komplimente wegen meines guten Geschmacks in Sachen Kleidung, aber nicht von ihr. Und eine winzige Kritik von ihr ist in der Lage, mein ganzes Selbstvertrauen in bezug auf meine Erscheinung, an der ich jahrelang gearbeitet habe, zu zerstören.«

Was unsere Mutter von uns denkt, ist von zentraler Bedeutung; wenn sie Vorbehalte gegen uns zu haben scheint, sind wir am Boden zerstört, egal, ob wir Kinder, Halbwüchsige, junge Erwachsene, Frauen im mittleren Alter oder sogar alte Frauen sind. Die Macht unserer Mutter, uns ein Gefühl von Minderwertigkeit zu vermitteln, macht uns oft zornig – vielleicht hassen wir sie sogar dafür. Einst hatte sie auch tatsächlich enorme Macht über uns, konnte uns in unser Zimmer sperren oder durch Liebesentzug von jeder anderen Liebe abschneiden. Wenn Sie sechs Jahre alt sind, ist es schwerer, aus dem Haus zu stürzen, um bei einer Freundin oder bei Verwandten Zuflucht zu suchen, die Ihnen dann bestätigen, daß Ihre Kleider wunderbar sind, auch wenn sie Mutter nicht gefallen. Aber auch als Erwachsene können wir nicht einfach fortlaufen und unsere Mutter nie mehr anrufen oder treffen – und die meisten von uns *wollen das auch nicht*. Die wenigsten von uns wollen die Mutter vollständig aus ihrem Leben bannen, wir wollen nur ihre Macht brechen, mit der sie es zuwege bringt, daß wir uns miserabel fühlen, und wir wollen kein schlechtes Gewissen mehr haben wegen *unserer* Macht, *ihr* das Gefühl zu vermitteln, gescheitert zu sein.

Heute können wir als Erwachsene erkennen, daß unsere Mutter die Regeln nicht selbst erfunden hat, sondern sie bloß durchsetzte, und daß es sich meistens um Regeln handelte, die auch ihr eigenes Leben eingeschränkt haben. Eine meiner Studentinnen, die Ende zwanzig ist und sich auf die Beratung von Müttern und Töchtern spezialisiert hat, sagte mir, sie hätte schon als Kind gewußt, daß ihre Mutter sich in ihrer Hausfrauen- und Mutterrolle nicht wohl fühlte:

»Meine Mutter wurde gezwungen, die Schule nach der achten Klasse zu verlassen, da sie die neunte Klasse nur in einer anderen Stadt hätte besuchen können. Ihre Mutter hatte ihr gesagt, daß es viel mühsamer sei, eine Tochter großzuziehen als einen Sohn, und sie wurde in eine Art arrangierte Ehe mit dem einzigen Mitglied ihrer Kirche gedrängt, das im heiratsfähigen Alter war. Dann kamen die Kinder – acht an der Zahl, und, mein Gott, wie sehr fühlte sie sich in der Falle.«

Obgleich meine Studentin tief drinnen wußte, daß ihre Mutter in der Falle steckte, konnte sie ihr die strenge Erziehung, die sie erhielt, nicht verzeihen. Erst als sie über die enggesteckten Möglichkeiten ihrer Mutter nachdachte, änderte sich ihre Sicht:

»Mein Onkel und mein Vater schrien beide auf sie ein, weil wir Mädchen Jeans und keine Kleider trugen. *Sie* war nicht der Meinung, daß wir Kleider tragen sollten, abgesehen vom Kirchgang. Diese Weiblichkeitsregel konnten wir also durchbrechen. Aber eine Menge anderer Regeln mußten wir befolgen, denn schließlich war das einzige, was sie hatte, ihre Mutterrolle, und es war für sie unerträglich, sich von Vater und meinem Onkel immer anhören zu müssen, sie mache alles falsch.«

Töchter sollten wissen, daß die Mutter nach dem Erfolg ihrer Tochter beurteilt wird – was zum Teil von Erscheinung und Verhalten der Tochter abhängt. Die Tochter wehrt sich verständlicherweise dagegen, für die gesellschaftliche Anerkennung der Mutter verantwortlich zu sein. Von Kindesbeinen an ahnen wir die Angst der Mutter, daß jeder Fehltritt unsererseits ihr Scheitern als Mutter beweist. Wenn wir einmal wissen, daß dieses Gefühl entsteht, weil die Gesellschaft den sogenannten »unzulänglichen Müttern« die Bestätigung versagt, dann verstehen wir, daß *unsere* Kleidung nichts mit *ihrem* Scheitern als Mutter zu tun hat, sie aber aus verständlichen Gründen Angst hat, irgend jemand könnte das annehmen.

Wir beurteilen uns gegenseitig

Eine Frau zu werden bedeutet auch, daß Töchter, den Müttern gleich, zu Hüterinnen der gesellschaftlich vorgegebenen (und größtenteils von Männern gemachten) Regeln werden. Das bedeutet, daß nicht nur die Mütter Überwachungsfunktionen übernehmen; die Töchter bekommen sehr bald mit, was die Gesellschaft von Frauen erwartet, und beginnen ihrerseits das Verhalten ihrer Mütter zu kontrollieren. So werden Mutter und Tochter dazu gebracht, einander als die strengsten Richterinnen zu fürchten.

Eine heranwachsende Tochter, die ihre Mutter dabei ertappt, die Erwartungen der Gesellschaft nicht zu erfüllen, fühlt sich verraten (»Warum kannst *du* keine Kuchen für unser Klassenfest backen?«) oder ihrer Mutter überlegen (»Da *du* nicht mit Nadel und Zwirn umgehen kannst, werde eben *ich* alle Säume machen und der Familie die Knöpfe annähen!«). Beides ist nicht dazu angetan, sie bei ihrer Mutter besonders beliebt zu machen.

Wenn eine Mutter die Begeisterungsfähigkeit, Selbstbehauptung und Aggressivität ihrer Tochter einengt, vermittelt sie ihr unwissentlich die Botschaft: »Dieser Teil von dir ist nicht gut, und deshalb ist er für mich unannehmbar.« Was die Selbstachtung der Tochter verringert. Wenn die Tochter das Gefühl hat, den Anforderungen der Mutter nicht zu entsprechen, wird ein Keil von Ressentiment zwischen Mutter und Tochter getrieben.

Das Problem geht im Kreis. Viele Mütter hindern ihre Töchter mit Übereifer daran, die Regeln zu verletzen, weil sie sich erinnern, wie unglücklich sie als Kinder waren, wenn sie dafür bestraft wurden. Die 48jährige Ashley beschrieb mir in einer Therapiesitzung die Wirkung, die ein Vorfall in ihrer Kindheit auf die Behandlung ihrer Tochter hatte:

»Als ich zwölf Jahre alt war, erwischte mich eine Lehrerin beim Bäumeklettern. Mit angeekelter Stimme wies sie mich zurecht: ›Weißt du nicht, daß die Jungs dir direkt unters Kleid schauen können, wenn du auf Bäume kletterst?‹ Ich war mir nicht sicher, *warum* das so schrecklich war, aber ich schämte mich furchtbar. Ich hatte das Gefühl, eine Schlampe zu sein.

Als meine Tochter Janice in die sechste Klasse kam und sich körperlich zu entwickeln begann, wurde ich sehr angespannt. Ich wollte sie vor sexuellen Andeutungen, wie sie die Lehrerin damals gemacht hatte, schützen. Was mich aber am meisten beunruhigte, war, daß ich es nur in demselben Tonfall machen konnte wie meine Lehrerin. Zu meinem Entsetzen hörte ich mich zu Janice Dinge sagen wie ›Sprich nicht so laut‹, als ob sie ein gröberes Verbrechen begangen hätte und nicht bloß unweiblich war. Ich tat es, um sie vor der Mißbilligung anderer Leute zu schützen. Die Tragödie war, daß ich sie damit zur Zielscheibe *meiner* Mißbilligung machte, und das tat ihr wahrscheinlich viel mehr weh als eine Ablehnung durch fremde Leute.«

In einer solchen Situation spürt die Tochter meistens die Angst und Unruhe der Mutter, ganz gewiß spürt sie aber die Mißbilligung der Mutter. Da wir dazu neigen, uns von Leuten fernzuhalten, die wir ängstigen oder die mit uns nicht einverstanden sind, wächst die wehmütige Distanz zwischen Mutter und Tochter. Keine Mutter setzt ihre Tochter absichtlich dieser Beunruhigung oder Strenge aus, aber nur wenigen Töchtern gelingt es, deswegen nicht gekränkt zu sein. Diese Verletzungen aus der Kindheit können ein Leben lang weh tun, wenn wir niemals zurückgehen und unsere Mutter fragen, warum sie so gehandelt hat.

Mythos Nummer zwei:
Die Liebe einer Mutter ist unendlich

> Eine Frau muß geben. Sie kann nicht anders
> ... Dieser Fluß des Lebens gilt nicht nur ih-
> ren Kindern, sondern auch ihrem Partner ...
> Die primäre Triebkraft einer Frau ist die Lie-
> be und der Dienst an denen, die sie liebt.
>
> Irene Claremont de Castillejo

> ... dieses reflexartige mütterliche Schuldge-
> fühl ... entsteht beim ersten Schrei des Neu-
> geborenen: »Es tut mir leid. Es tut mir leid.
> Es tut mir leid, daß ich dich aus diesem war-
> men Schoß hinausgestoßen habe in die Arme
> von Fremden, darunter ich. Es tut mir leid,
> daß es mir nicht gelingt, daß du ganz satt bist,
> ganz trocken, ganz frei von Blähungen und
> Angst, ganz, ganz glücklich.«
>
> Nancy Mairs

Der Mythos Nummer zwei ist der Mythos, daß Frauen zur fürsorglichen Liebe geboren sind und die Fähigkeit besitzen, sich
unendlich zu verschenken. Eine warme, großzügige Person zu
sein, ist nicht schlecht; wo diese Liebe aber »unendlich« zu sein
hat, setzen die Probleme zwischen Mutter und Tochter ein.

Die Geschichte vom Aschenputtel ist vielleicht das bekannteste
Beispiel für dieses weibliche Ideal. Aschenputtel stellt das Gute
dar, weil es so unglücklich, leidend, aufopfernd ist und im Gegensatz zur Eigensucht ihrer Stiefschwestern für andere schuftet. Die
Lehre, die wir aus Aschenputtel ziehen sollen, ist, daß Selbstlosig-
keit, Leid und Passivität einer Frau eine gute Fee und einen Prin-
zen einbringen.

Auch die Geschichte von Schneewittchen und den sieben
Zwergen handelt von dieser Rolle. Um für die Ehe reif und bereit zu werden, muß Schneewittchen für sieben kleine Männer
sorgen. Der Umstand, daß die Zwerge sowohl klein als auch
männlich sind, bereitet sie darauf vor, Kinder und Ehemann zu
umsorgen. Sie tut das – wie die meisten Mütter – alleine und
isoliert.

Jahrhundertelang wurde von Frauen erwartet, diese fürsorgliche
Rolle zu übernehmen. In einem Buch mit dem Titel ›Letters to
Mothers‹ gab im 19. Jahrhundert die beliebte Autorin Lydia

Howard Sigourney den Müttern Ratschläge, wie sie ihre Töchter erziehen sollten:

»Sie sollte den Wunsch haben, alle Menschen um sich glücklich und entspannt zu machen. Bringen Sie ihr die Grundzüge dieser Wissenschaft bei, deren Ergebnisse so wunderschön sind. Bringen Sie ihr bei, daß nicht eigensüchtige Erfüllung, sondern das Wohl des Haushalts und die Besserung auch der einfachsten aller Dienstboten Aufgabe ihres Geschlechts sind ... besonders, wenn Sie alte Menschen besuchen oder für Kranke und Arme segensreiche Wege machen, lassen Sie sich von ihr begleiten. Erlauben Sie ihr, an der Seite der Leidenden zu sitzen und die pflegenden Handreichungen zu lernen, die den Schmerz lindern.«[49]

Das war das Erbe unserer Großmütter und Mütter. Bücher, die Mütter lasen, deren Töchter heute zwischen zwanzig und vierzig sind, erteilten ähnliche Ratschläge. Noch 1973, also auf dem Höhepunkt der neuen Frauenbewegung, wußte die Autorin eines beliebten Ratgebers mit dem Titel ›Mothers and Daughters‹, Edith Neisser, auf die Frage »Wieviel Hilfe sollte ein Mädchen sein?«[50] eine Antwort, die Sigourney mehr als ein Jahrhundert früher auch hätte einfallen können: »Eine Mutter meint, daß die beste arbeitssparende Einrichtung, die sie kennt, eine Tochter im Alter von neun bis zwölf ist ...« Neisser versucht, den Töchtern ihre Aufgaben als intellektuell anregend schmackhaft zu machen:

»Die Mini-Hausfrauen haben es verdient, einige der schöpferischen Arbeiten genauso wie die niedrigeren zugewiesen zu bekommen. Die Neunjährige, die sich eine neue, wenn auch einigermaßen bizarre Variante des immer gleichen Puddings einfallen läßt, dient der Sache des familiären Wohlbefindens ebenso treu wie das Mädchen, das die Pfannen scheuert, und sie genießt zusätzlich die Befriedigung, die jede Innovation mit sich bringt.«[51]

Zeitgenössische Theoretiker/innen der Persönlichkeitsbildung haben diesen Mythos nur noch verstärkt. So schreibt zum Beispiel die Jungianerin Irene Claremont de Castillejo, die grundlegende weibliche Eigenschaft sei »Akzeptanz«, und Frauen müßten geben, um *sich nicht leer zu fühlen*.[52] Erst kürzlich hat Tony Grant in ihrem Buch ›Being a Woman‹ ähnliches von sich gegeben.

Glücklicherweise gibt es auch Autorinnen, die auf die Gefahren dieses Mythos hinweisen. Die Psychologin Harriet Goldhor Lerner schreibt: »Frauen lernen, daß sie ungefährliche, stets hilfsbereite Partnerinnen und Ichkrücken für Männer sein müssen, weil die Männer sich sonst kastriert und entmännlicht fühlen.«[53] Und in ›Das Arrangement der Geschlechter‹ sieht Dorothy Dinnerstein die Frau als »das Wesen, das so unbedingt benötigt wird, um Wert, Macht, Bedeutung anderer zu bestätigen, und wenn sie ihnen diesen Dienst nicht erweist, ist sie ein anomales, nutzloses Ungeheuer.«[54] Die feministische Theoretikerin Sheila Rowbotham unterstreicht diese Gefahr für Frauen. Heranwachsende Mädchen, sagt sie, lernen, daß echte Frauen selbstlos sein müssen: »Nur Selbstverleugnung kann ihnen Selbstbehauptung bringen.«[55]

Forschungen haben ergeben[56], daß Frauen diesem Mythos der Fürsorglichkeit aufsitzen und weit mehr Zeit als Männer für die Betreuung der jüngeren Generation, der älteren Generation, des Ehepartners, der Geschwister und Freunde aufwenden. Der Mythos der fürsorglichen Frau ist so nachhaltig[57], daß selbst Männer, die arbeitslos werden, nicht bereit sind, Haushaltsarbeiten zu übernehmen; nach wie vor führen auch dann noch die Frauen den Haushalt neben ihrer Erwerbsarbeit weiter.

Weil der Mythos der fürsorglichen Mutter sich so tief in unsere Vorstellungen von weiblicher Identität eingegraben hat, fällt es uns schwer, uns von dem Gedanken zu verabschieden, daß die Mutter immer für uns da sein muß. Wenn wir uns fragen »Wer bin ich?«, antwortet ein Großteil der Frauen: »Helfende, Gebende, Sorgende. Wenn ich das nicht bin, dann weiß ich nicht, was ich bin.« Eine Frau erzählt:

»Ich wurde dazu erzogen, ›Entschuldigung‹ zu sagen, wenn jemand auf *meinen* Fuß trat. Und ich fühlte mich sehr fraulich und weiblich, das zu können. Mich selbst zu behaupten oder mit anzusehen, wie sich meine Mutter behauptete, machte mir angst. Es bedeutete, daß etwas mit der Welt nicht in Ordnung war – und mit uns schon überhaupt.«

Wo liegt der Schaden?

Die Fehler und Mängel unserer Mütter werden oft vergrößert wahrgenommen, weil wir so viel von ihnen erwarten. Wir erwarten weniger von unseren Vätern, weil Männer nicht fürsorglich

103

sein müssen. Manche Wissenschaftler behaupten sogar, daß Frauen fürsorglich geboren werden, Männer aber nicht. (Ironischerweise halten viele Leute Väter für fähig, ihre Kinder ebenso wie Mütter zu *lieben*, meinen aber, daß *Mütter* besser geeignet seien, die langweiligen, schwierigen Routinearbeiten der Elternschaft zu übernehmen: Windeln wechseln, Essen bereiten, Arzttermine vereinbaren und die Unterweisung in die Tatsachen des Lebens.) Wir loben die Mütter nicht für das, was sie für uns tun, aber wir werfen ihnen abweisendes und unnatürliches Verhalten vor, wenn sie unsere Bedürfnisse nicht *vollständig* befriedigen. Die Theoretikerin Mary O'Brien stellte fest: »Bist du *keine* gute Mutter, bist du abwegig. *Bist* du eine gute Mutter, bist du es, weil du nicht anders kannst.«[58]

Wegen der unterschiedlichen Erwartungen finden wir unsere Väter phantastisch, wenn sie auch nur ein klein wenig fürsorglich sind. Wenn unsere Mütter uns aber nicht alles geben, was wir wollen, fühlen wir uns verraten. Diese einfache Doppelmoral ist so verbreitet, daß wir sie gar nicht merken. »Da Mütterlichkeit verschwenderisches Geben heißt«, denken wir, daß »Mutter alle unsere emotionalen Bedürfnisse hätte befriedigen *können*«. Doch wer von uns kann ununterbrochen geben? Und von wem sollte solches verlangt werden? Wenn wir in Betracht ziehen, wie schlecht Frauen und besonders Mütter behandelt werden, ist es erstaunlich, wie viele Mütter immer noch zu geben bereit sind.

Ich erinnere mich, wie der normale Lebensmitteleinkauf zu einer Expedition wurde, als mein Sohn ein Kleinkind und meine Tochter ein Baby war und ich versuchte, ihre emotionalen Bedürfnisse zu befriedigen und gleichzeitig mit den vollen Tüten zurechtzukommen. Ich hatte jedesmal eine mittelgroße Krise, weil ich folgendes Dilemma nicht lösen konnte:

»Ich kann nicht die Lebensmittel *und* Emily tragen *und* gleichzeitig Jeremys Hand halten, wenn er die Treppe hochklettert. Wenn ich Emily im Auto zurücklasse, während ich Jeremy und die Lebensmittel hinauftrage, kann es sein, daß sie sich verlassen fühlt, auch wenn ich das Auto zusperre, damit sie nicht entführt wird. Wenn ich Jeremy angeschnallt im Auto sitzen lasse, kann es sein, daß er sich verlassen fühlt, *und* außerdem ist er schon groß genug, um unter Umständen das Auto zu öffnen und wegzulaufen, ehe ich zurückkomme.«

Erst Jahre später wurde mir bewußt, daß das ein verrücktes Leben war und es natürlich und gesund gewesen wäre, vom Vater zu verlangen, den Einkauf zu übernehmen, und daß ich keineswegs egoistisch und unzulänglich war, wenn ich es schwer fand, die totale Verantwortung für das tägliche Leben zu tragen.

Der Mythos der weiblichen Fürsorglichkeit erzeugt andere Mutter-Tochter-Probleme: Fürsorglichkeit bedeutet, das Leben einer anderen Person zu verbessern – und die Fähigkeit von Frauen, solches zu bewirken, ist so begrenzt. Unsere Mütter können mit uns sprechen und uns ihre Liebe und emotionale Unterstützung anbieten, aber sie selbst können die wenigsten Beschädigungen abwenden, die uns die ungerechte Behandlung durch Gesellschaft und Einzelpersonen – und sei es, wie so oft, durch den eigenen Ehemann – zufügt. Anstatt die Ursachen für diesen begrenzten Handlungsspielraum der Mutter in unserer Kultur zu orten (und zu versuchen, etwas dagegen zu unternehmen), tun wir so, als wäre er »schrankenlos« und werfen ihr Beschränktheit vor. Aber auch wir Töchter können unsererseits die vielen Ursachen von Leid im Leben der Mütter nicht wiedergutmachen. Mutter und Tochter stehen einander oft mit dem Wunsch gegenüber, die Wunden der anderen zu heilen, und sind frustriert und beschämt, weil es ihnen nicht gelingen kann. Und manchmal werden Frustration und Scham zu Wut.

Die tiefsten Wunden; der größte Schmerz

Ich glaube, daß es vor allem der Mythos der weiblichen Fürsorglichkeit ist, der bei den Töchtern Verletzungen und tiefen Schmerz hervorruft. Warum? Uns zu öffnen, unser Herz auszuschütten, macht uns verletzbar. Wird die Empfängerin oder der Empfänger unserer Ausschüttung uns wirklich zuhören und annehmen, was sie oder er von uns erfährt? Wenn beides eintritt, fühlen wir uns gestärkt; wenn eines von beiden oder beides nicht eintritt, werden wir an einer empfindlichen Stelle verletzt.

Wenn wir uns dem Vater öffnen, halten wir im allgemeinen Vorsicht für geboten, da wir sein volles Verständnis und seine uneingeschränkte Unterstützung nicht erwarten. Wenn wir also von ihm nicht ganz verstanden werden, haben wir unsere empfindlichsten Stellen nicht exponiert, und der Schmerz hält sich in Grenzen. Es wird weniger Blut vergossen. Da wir aber von der

Mutter vollstes Einverständnis erwarten, öffnen wir uns meistens viel mehr – das Risiko ist groß, aber wenn wir unser wirkliches Ich voll zeigen und sie uns annimmt, was für ein Glücksgefühl, was für eine Geborgenheit werden wir da empfinden! Wenn sie uns aber nicht ganz annimmt, sind die Folgen verheerend. Eine Frau Ende dreißig erzählte folgende Geschichte:

»Als ich ungefähr 35 war, verbrachte ich einige Tage bei meinen Eltern, und mein Vater kam ins Schlafzimmer, um mich zu wekken. Ich hatte soeben einen schrecklichen Alptraum gehabt, und als ich aus dem Schlaf auftauchte, erzählte ich Vati davon. Als ich fertig war, sagte er nur: ›Es ist Zeit zum Aufstehen.‹ Ich kränkte mich ein bißchen, aber in erster Linie nahm ich mir vor, es das nächste Mal erst gar nicht zu versuchen, ihn in meine Gefühle einzuweihen. Mir fiel auch ein, daß ihm viele Dinge an mir gefielen und daß er mich auf eine ganz andere Art mochte als Mutti. Ich wußte, daß Mutti wahrscheinlich viel verständnisvoller mit meinem Alptraum umgegangen wäre.

Es gab allerdings auch bei Mutti Zeiten, wo sie nicht so aufnahmebereit war wie sonst. Dann hatte ich aber das Gefühl, daß sie in das tiefste Innere meines Wesens geblickt hatte und mich deshalb nicht mehr lieben konnte. Was für eine Verzweiflung war das!«

Sich an die Tochter wenden

Der Mythos der unendlichen Fürsorglichkeit kann auch die Mutter gegen die Tochter aufbringen: Ebenso wie alle von Mädchen und Frauen Fürsorglichkeit erwarten, tut es auch die Mutter bei der Tochter. Von einer Mutter wird erwartet, daß sie ihrer Tochter die Fürsorglichkeit beibringt, die der Mythos verlangt. Die Mutter glaubt an den Mythos, der eine perfekte Tochter zum Maßstab für eine gute Mutter macht: Wie verführerisch ist es doch, mit der Fürsorglichkeitserziehung gleich damit zu beginnen, der Tochter beizubringen, sich um die Mutter zu kümmern und ihre engste Gefährtin zu sein! Eine solche Ausbildung mag goldrichtig erscheinen. Eine Tochter, die sich liebevoll um ihre Mutter kümmert, ist gut darauf vorbereitet, dem Ideal der Frau zu entsprechen, die Mann und Söhne rund um die Uhr umsorgt. Wenn die Tochter schon als Baby und in der frühen Kindheit spürt, daß ein solches Verhalten Pflicht ist, um so besser für die Gesellschaft, denn dem Mädchen wird ein solches Verhalten »natürlich« erscheinen. Wenn sie sich anders benimmt, mag sie das sogar als unangenehm und unnatürlich empfinden.

Leah, eine 43jährige geschiedene Mutter von zwei Kindern, gestand mir in einem Interview, daß sie regelmäßig am Ende ihrer Kräfte war, nachdem sie von neun bis fünf in ihrem Beruf gearbeitet, die Kinder vom Kindergarten abgeholt, ihnen das Abendessen gekocht und dann mit ihnen noch ein »Plauderstündchen« abgehalten hatte:

»Ich habe einen kranken Rücken, und es wird schlimmer, wenn ich den ganzen Tag auf den Beinen bin. Abends fragt mich meine wunderbare siebenjährige Tochter manchmal, ob sie mir den Rücken massieren soll. Ich habe immer ein schlechtes Gewissen dabei, weil es doch *meine* Aufgabe wäre, mich um *sie* zu kümmern – aber ich bin froh, daß sie lernt, anderen Gutes zu tun, und sie hilft mir wirklich gern.«

Das ist eine nette Geschichte, aber als ich Leah fragte, ob ihr neunjähriger Sohn ihr jemals den Rücken massiert, antwortete sie, daß er lieber mit seinen Freunden spielt, und sie hätte nicht das Recht, ihn dabei zu stören. Trotz der tiefgreifenden Veränderungen durch die Frauenbewegung fällt es uns immer noch leichter, uns von Töchtern als von Söhnen helfen zu lassen.

Manche Mütter wünschen sich von ihrem Baby Fürsorglichkeit: Sie hoffen, daß es brav ist und nicht weint, daß es sie endlich eine Nacht lang durchschlafen läßt, daß es sie anlächelt und kuschelig ist. Manche Frauen brauchen dieses Gefühl der Geborgenheit, weil ihr bisheriges Leben so einsam, entbehrungsreich und voller Kummer war; sie erhoffen sich endlich etwas Zärtlichkeit und Frieden. Bei anderen Müttern entsteht der Wunsch, von der Tochter umsorgt zu werden, aus den üblichen Schwierigkeiten, mit denen die meisten Frauen in unserer Kultur konfrontiert sind – die Verantwortung und Isolation der Mutterschaft, die verschiedenen Formen sexistischer Behandlung, die Frauen erleiden, und so weiter. Jede dieser Erfahrungen kann in Frauen einen Hunger nach Liebe und Hilfe erzeugen.

Wenn das weibliche Baby oder die kleine Tochter *nicht* tut, was von ihr erwartet wird, sieht eine Mutter, die keine Hilfe von anderen Leuten bekommt oder diese nicht annehmen kann, darin einen

Hinweis auf ihr Scheitern und entwickelt einen anhaltenden Groll gegen die Tochter. Maggies Baby-Tochter war äußerst anfällig für Koliken, hatte Schlafprobleme und war nicht kuschelig, »so wie man es von seinem Baby erwartet«. Maggies Mutter war eine sehr lebhafte Person, aber nicht warm und herzlich; ihr Vater war äußerst förmlich, distanziert und in erster Linie mit seinen Geschäften befaßt. Maggie sieht sich als ein Kind, dem Liebe vorenthalten wurde und das die letzten Reste elterlicher Zuneigung verlor, als ihre Zwillingsschwestern auf die Welt kamen. »Ihre Geburt hat mein Leben zerstört«, behauptet sie. Aus diesem Gefühl des Mangels heraus mißtraut sie ihrer eigenen Fähigkeit, anderen Liebe zu geben.

Maggie hatte nie ein Kind gewollt, und jetzt hatte sie eines, das nicht nur viel Fürsorge verlangte, sondern ihr auch wenig Zuneigung zurückzugeben schien. Die Unfähigkeit ihrer Tochter Sara, liebevoll und kuschelig zu sein, war für sie eine Katastrophe, sagt Maggie. Selbst heute, acht Jahre später, nachdem Sara sehr wohl bewiesen hat, daß sie herzlich und liebevoll sein *kann*, wird sie von Maggie kalt und gereizt behandelt.

Besonders schwer finden wir es, unseren Müttern zu verzeihen, wenn wir auf Zuwendung verzichten mußten, weil sie ihre Fürsorglichkeit in erster Linie unseren Brüdern, Vätern, deren Vätern und Brüdern, deren männlichen Vorgesetzten – jedem Mann – zukommen ließ. Wie ich in Kapitel 5 behandeln werde, haben die meisten von uns gelernt, Männer als Menschen zu betrachten, die unserer Fürsorge vorrangig bedürfen: »Männer sind solche Kinder. Er findet sich nicht zurecht, wenn ich zum Essen nicht zu Hause bin. Er kann nicht einmal eine Dose Bohnen öffnen. Er wird mit seinen Gefühlen nicht fertig, wenn ich ihm nicht helfe.« Alle diese weitverbreiteten Bemerkungen zeigen, wie Frauen gelernt haben, daß Männer ihrer Hilfe mehr bedürfen als Frauen und Mädchen, da diese eher in der Lage sind, Dosen zu öffnen und mit ihren Gefühlen zurechtzukommen. Aber der Mutter ihren erlernten Sexismus vorzuwerfen, ist um nichts fairer oder hilfreicher als ihr vorzuwerfen, sich nicht vollständig an uns verschenkt zu haben. Die Umsetzung ihres Sexismus ist nichts anderes, als was sie zu tun gelernt hat.

Wenn sich Töchter einmal bewußt werden, daß sie in puncto Fürsorglichkeit andere Erwartungen gegenüber der Mutter als gegenüber dem Vater haben, verringert sich meistens der Zorn auf unsere Mutter. Wir sollten die Fürsorglichkeit unseres Vaters nicht heruntermachen (manche Väter sind sehr liebevoll und fürsorglich), sondern bloß die Mutter für das, was sie für uns getan hat, genauso schätzen wie den Vater. Wenn unsere Mutter nur neunzig Prozent von sich hergibt, können wir es als achtzig Prozent oder als zehn Prozent oder als nichts bewerten, weil es nicht alles war, was wir gerne gehabt hätten. Dann schaffen wir eine unnötige Kluft zwischen der Mutter und uns; außerdem schließen wir uns gegen das Gute ab, das sie anzubieten hat.

Als Ergebnis der Doppelmoral konzentrieren wir uns oft auf das, *was* unsere Mutter falsch gemacht hat, ohne uns zu fragen, *warum* sie es falsch gemacht hat. Jede Familie hat ihre eigenen Probleme. Manchmal kann die Mutter nicht alle Bedürfnisse der Tochter befriedigen, weil sie auch von anderen Familienmitgliedern in Anspruch genommen wird. Oder die Mutter ist eine alleinerziehende Mutter, eine Immigrantin oder eine farbige Mutter, die mit den Folgen des Rassismus zu kämpfen hat; sie ist vielleicht eine behinderte Mutter, eine Sozialhilfeempfängerin, eine Mutter, die körperlich krank, depressiv oder überängstlich ist, eine Mutter, die zwischen Erwerbsarbeit und Hausarbeit hin- und hergerissen wird, eine Mutter mit einem depressiven oder gewalttätigen oder alkoholkranken Partner, eine Mutter mit vielen Kindern oder mit einem kleinen, kranken oder behinderten Kind. Und alle Mütter machen vieles falsch, ganz einfach weil wir Menschen sind. Wenn eine Mutter mit ihren Kindern nicht oft genug spielt, dann sollte sie als eine Mutter gesehen werden, die nicht oft genug mit ihren Kindern spielt, und nicht als eine, die elendiglich versagt hat, einer unmöglich hoch gesteckten Norm zu entsprechen.

Mythos Nummer drei:
Mütter wissen von Natur aus, wie Kinder zu erziehen sind

Der Mythos Nummer drei ist die allgemeine Vorstellung, daß Mütter instinktiv wissen, wie körperlich und seelisch gesunde Kinder zu erziehen sind. Dieser Mythos steht im engen Zusammenhang mit Mythos Nummer zwei, da die angeblich angeborene Befähigung der Frauen zur Fürsorglichkeit als Teil unserer natürlichen Eignung zur Kinderaufzucht gilt.

Der Mythos besagt, daß die Hormone, die während der Wehen

und der Niederkunft durch den Körper der Mutter ziehen, ihre sofortige und totale Liebe zum Neugeborenen verursachen, und plötzlich schießen ihr die millionenfachen Informationsteilchen ein, die sie benötigt, um eine ausgezeichnete Mutter zu sein. Leider ist das nicht wahr. In ihrem Buch ›Mutterliebe‹ dokumentiert die Historikerin Elisabeth Badinter mit minutiöser Genauigkeit, daß die Fähigkeit der Frauen, Kinder zu gebären, nicht identisch ist mit ihrer Fähigkeit, eine gute Mutter zu sein, und daß das eine nicht notgedrungen zum anderen führt. Überzeugende Beweise von Psychologinnen und Psychologen widersprechen der Behauptung, daß eine Mutter mit ihrem Baby automatisch eine spontane Beziehung eingeht und daß sie dies tun muß, damit das Baby normal aufwächst.[59] Aber weil Mütter gehört haben, daß dieses Verhalten von ihnen *erwartet* wird, sind wir von unserem Scheitern überzeugt, wenn wir irgend etwas anderes empfinden. Die Schriftstellerin Jain Sherrard schreibt:

»Frauen sind nicht mit einer praktischen Drüse mit dem Namen Mutter ausgestattet, die auf geheimnisvolle Weise bei der Geburt aktiviert wird. Im Gegensatz zu jedem nur erdenklichen Mythos, der uns im Laufe der Geschichte angetan worden ist, werden Frauen genausowenig automatisch gute Mütter wie Männer automatisch gute Klempner werden. Daß wir gebären *können*, befähigt uns noch lange nicht dazu, auch eine erfolgreiche Mutter zu sein.«[60]

Für das Neugeborene weniger zu empfinden als sofortige und totale Liebe, ist absolut üblich. Eine Mutter beschreibt ihre Erfahrung so:

»Endlich, nach 22 Stunden Wehen, wurde diese Tochter, die ich mir so sehr gewünscht hatte, ... geboren. Ich erinnere mich, wie ich erst sie, dann meinen Mann unter Tränen ansah und mich fragte, ob ich sie denn auch lieben könnte. Bei ihm war es eindeutig, aber nachdem alles endlich vorbei war, war ich mir selbst nicht mehr so sicher.«[61]

Wenn eine Mutter ihr Baby von der Klinik heimbringt, wird das Vergnügen an ihrem Kind durch den Mythos der unendlichen Fürsorglichkeit empfindlich gestört; da es die Norm ist, ganz natürlich glücklich zu sein und in der Mutterschaft aufzugehen, hält sich die Mutter jedesmal für unzulänglich, wenn sie müde ist oder sich von dem Ausmaß an Zuwendung, das ihr Baby beansprucht, überfordert fühlt. Eine Mutter ist von ihrem Baby entzückt, sie empfindet aber auch Panik, Angst, Wut und Verzweiflung. Manchmal erscheinen die Bedürfnisse des Babys unerfüllbar, kann sie sein Gebrüll nicht deuten, oder es fordert genau dann etwas, wenn die Eltern erschöpft sind oder es das erste Mal alleine lassen wollen. Wenn eine Frau solche normalen Gefühle empfindet, hält sie sich für eine unnatürliche Mutter.

Das Kind wächst heran, und die Mutter macht sich weiter Sorgen; ihre negativen Gefühle kommen immer wieder, und es kommt nicht oft vor, daß sie spontan und natürlich weiß, was für ihr Kind gut ist. Wenn sie nicht sofort intuitiv weiß, was ihr *Sohn* braucht, beunruhigt sie das weniger, weil er ja zum anderen Geschlecht gehört. Wenn sie nicht weiß, was sie mit ihrer *Tochter* machen soll, ist das für sie schon viel schlimmer, weil sie glaubt, dafür keine »Entschuldigung« zu haben.

Roxanne, deren Tochter heute fünfzig ist, war vor ihrer Ehe Krankenschwester in der chirurgischen Abteilung eines Krankenhauses. Ebenso wie die meisten anderen Mütter sich noch Jahrzehnte später lebhaft an die erste Zeit mit ihren Kindern erinnern, weiß auch sie noch genau, wie sie das Muttersein damals empfand:

»Man würde meinen, daß die Kombination von Mutterschaft und Krankenschwester, dem Beruf, den ich acht Jahre vor der Geburt meiner Tochter ausübte, aus mir eine perfekte Mutter gemacht hätte. Aber nein! Wenn sie weinte, tat sie mir nicht nur leid, weil ich ihr nicht helfen konnte, sondern ich schämte mich auch, weil es doch natürlich sein sollte, die eigene Tochter zu verstehen. Es war mir peinlich, mit anderen Leuten darüber zu reden, wie wenig ich davon überzeugt war, für meine Tochter auch tatsächlich das Richtige zu tun.«

Als Roxannes Tochter sechs Wochen alt war, ließ Roxanne sie zum ersten Mal bei einem Babysitter und ging in den Bridgeklub. Zwei andere Klubmitglieder hatten etwas ältere Babys, Roxanne hoffte also, sich bei ihnen Rat holen zu können:

»Ich erzählte ihnen, wie meine Tochter immer am späten Nachmittag wie am Spieß schrie. Die anderen neuen Mütter sagten, daß ihre Babys das nicht täten, und eine verkündete: ›Wenn mein Baby weint, weiß ich immer, ob es hungrig ist oder naß.‹ Ich war beschämt. Ich fühlte mich so unfähig.«

Ein paar Tage später kamen Roxannes Mutter und ihre Schwiegermutter zu Besuch. Obwohl Roxanne ihrer Mutter für die Diagnose dankbar war, daß die Schreianfälle ihres Babys auf eine Kolik zurückzuführen waren, schämte sie sich, daß sie es nicht selbst gemerkt hatte. Doch ein Anruf beruhigte sie:

»Gleich nachdem meine Besucherinnen gegangen waren, rief mich eines der Mitglieder des Bridgeklubs an und gab zu, daß auch ihr Baby jeden Tag um fünf Uhr nachmittags schrie, und sie hatte keine Ahnung, was sie tun sollte. Sie hatte es nur nicht vor den anderen Frauen zugeben wollen.«

Weder Roxanne noch die Frau, die sie anrief, wußten, daß es keiner Frau von Natur aus gegeben ist, zu wissen, wie sie sich als Mutter zu verhalten hat. Im Fernsehen wissen die Mütter immer alle Antworten und stellen eine perfekte Balance her zwischen der Stärkung der Autonomie ihrer Kinder und dem Setzen von Grenzen, zwischen Liebe und Loslassen. Wenn andere Mütter so klug sein können, fragt sich die Tochter, wieso nicht meine? Warum sagt sie oft das Falsche? Warum ärgert sie mich? Wenn Töchter heranwachsen und sich unglücklich, verängstigt und verwirrt fühlen, beschuldigen sie oft die Mutter, deren Aufgabe es sein sollte, sie vor Schmerz zu bewahren und sie zu lehren, glücklich zu sein.

Wieso trägt dieser Mythos dazu bei, eine Barriere zwischen Mutter und Tochter aufzurichten? Auf der einfachsten Ebene kann eine Tochter ihrer Mutter vorwerfen, nicht alles richtig gemacht zu haben, nicht immer instinktiv gewußt zu haben, was sie will, nicht immer die perfekte Mutter gewesen zu sein. Wie soll die Tochter schließlich wissen, daß *ihre* Mutter nicht schlechter ist als andere – die meisten Mütter bemühen sich, ihre Schwächen zu verbergen. Und ihrerseits wirft die Mutter der Tochter vor, Bedürfnisse zu haben, denen sie nicht entsprechen kann, denn diese Überforderung beweist, daß sie nicht von Natur aus eine phantastische Mutter ist.

Eben weil die Mutterschaft angeblich eine natürliche Begabung ist, erfahren wenige Töchter von ihren Müttern, wie schwierig dieser Job sein kann. Das hat mich jahrelang beschäftigt – seit ich mein erstes Kind hatte –, und ich habe mich redlich bemüht, meinen Kindern klarzumachen, daß ich nicht immer weiß, was richtig und für sie das Beste ist. Trotzdem sind sie jedesmal von neuem überrascht, wenn ich sage: »Da habe ich echt Mist gebaut. Das war eine absolut falsche Entscheidung.« In einer Kultur, in der Mutterschaft allgemein unterbewertet wird, ist es unwahrscheinlich, daß irgend jemand anderes als die Mutter selbst den Kindern beibringt, wieviel Anstrengungen und Unsicherheiten diese Aufgabe mit sich bringt. Also wachsen sowohl Töchter als auch Söhne mit der Überzeugung auf, daß Mutter zu sein leicht ist. Wir sehen nicht ihren inneren Kampf, ihre persönlichen Mängel und ihre Unsicherheiten; wir sehen bloß eine Frau, die der Norm der von Natur aus selbstlosen, ihrer selbst sicheren und weisen Mutter nicht entspricht. Und oft werfen wir ihr diesen Mangel vor.

Wenn wir erwachsen sind und unsere Mütter uns nicht alle Fragen beantworten und auch nicht »alles wieder gut« machen können, sind sie in unseren Augen entweder schändliche Mängelwesen, oder wir unterstellen, daß sie die richtige Antwort sehr wohl wissen, sie *uns* aber vorenthalten. Eine Tochter namens Cindy beschreibt das so:

»Als meine Kinder drei und vier waren, bot mir mein ehemaliger Boß an, zu meinem alten Job zurückzukehren. Ich war begeistert, aber weil es eine Ganztagsbeschäftigung war, bedeutete es, die Kinder in den Kindergarten geben zu müssen. Ich fragte meine Mutter nach ihrer Meinung und hoffte verzweifelt, daß sie mir die Entscheidung abnehmen würde.
Sie sagte: ›Du wirst glücklicher sein, wenn du arbeitest, und das ist *gut* für die Kinder. Aber vielleicht werden sie dir manchmal fehlen, wenn du acht Stunden am Tag weg bist.‹
Sie wies nur auf die Pros und Contras hin, wollte mir aber nicht sagen, was ich tun sollte. Ich war wütend auf sie. Aber dann wurde mir klar, daß ich nicht auf meinen *Mann* wütend war, der mir die Entscheidung ja auch nicht abnahm. Weil sie meine *Mutter* war, erwartete ich von ihr, die richtige Antwort zu kennen.«

Mythos Nummer vier:
Mütter (und »gute« Töchter) werden nie zornig

Zorn ist in der Beziehung zwischen Mutter und Tochter ein besonderes Problem. In jeder engen Beziehung gibt es manchmal Zorn, aber wir wissen alle, daß Zorn unweiblich ist. In anderen Worten, von Müttern und Töchtern wird erwartet, daß sie nicht zornig werden und gewiß nicht aufeinander; werden sie es trotzdem, dann ist mindestens eine von ihnen schlecht.[62] Nach dem idealisierten Bild ist die Mutter-Tochter-Beziehung liebevoll, süß und aufbauend und hat keinen Raum für Zorn. Im Gegensatz dazu sind Wutanfälle durchaus im Einklang mit der männlichen Rolle, ja unterstreichen sie sogar. Die Feindschaft zwischen Vater und Sohn gilt als gesunder Wettbewerb oder männliche Aggression, der Zorn der Tochter auf den Vater aber ist ein noch größeres Tabu. In einem Seminar erzählte die 52jährige Mary Ellen:

»Wenn ich zurückblicke, sehe ich, daß mein Mann und ich immer härter durchgriffen, wenn unsere Tochter zu mir frech war, als wenn unser Sohn zu meinem Mann frech war. Es schien so viel unangebrachter, wenn *sie* sich so verhielt.«

Die Botschaft, daß Frauen nie zornig werden, garantiert unsere Bereitschaft, andere zu versorgen: Zorn zu zeigen, baut andere nicht auf. Und wie bei den anderen Regeln der Gesellschaft ist es Aufgabe der Mutter, der Tochter beizubringen, ihren Zorn zu unterdrücken. Manchmal gibt sie explizite Befehle aus: »Halte dich zurück! Nette Mädchen dürfen nicht zornig werden.« Manchmal vermittelt sie diese Botschaft durch Lob – wenn sie die Tochter toll findet, weil sie ohne zu maulen auf die Party verzichtet, um auf ihren kleinen Bruder aufzupassen. Friedrich Nietzsche hielt Lob für aufdringlicher als Vorwürfe, und das trifft auf Mutter-Tochter-Beziehungen ganz gewiß zu: Obwohl das Lob der Mutter der Tochter vielleicht guttut, irritiert es die Tochter gleichzeitig, weil sie es sich durch die Hinnahme einer Einschränkung ihrer Freiheit verdient hat.

Während eine Tochter sich vielleicht als echte Frau empfindet, weil sie nicht böse wird und sich auf die Bedürfnisse anderer Leute einstellt, ist sie ihrer Mutter wahrscheinlich trotzdem böse, daß diese ihr die Fähigkeit genommen hat, sich zu wehren und sich, wenn nötig, durch Zorn zu schützen. Der Konflikt zwischen der Erhaltung ihrer Integrität durch den Ausdruck gerechtfertigten, sie beschützenden Zorns und dem Bedürfnis nach mütterlicher Bestätigung reißt die Tochter hin und her.

Eben weil Zorn Frauen verboten ist, wird er oft zum schmerzhaften Mittelpunkt von Mutter-Tochter-Beziehungen. Der Streit mit der Mutter rund um Kleider und Frisuren ist ein schwieriger, aber nicht unerwarteter Aspekt der Mutter-Tochter-Interaktion; unerträglich wird die Beziehung, wenn sie von heftigem Zorn belastet wird, den es eigentlich nicht geben dürfte. Mutter und Tochter haben also mit dem Schmerz zu kämpfen, den die Feindschaft zwischen ihnen auslöst, müssen aber auch mit dem sekundären Problem fertig werden, daß es sich ja um verbotene Gefühle handelt.

Die Mutter macht sich Sorgen, daß eine Tochter, die nicht lernt, ihren Ärger zu unterdrücken, als mißraten gelten und sich in der Welt nicht bewähren wird. Einer Mutter, die Jahrzehnte damit zugebracht hat, ihren eigenen Zorn zu unterdrücken, wird es Kummer bereiten, zusehen zu müssen, wie ihre Tochter damit kämpft, ähnliche Gefühle zu unterdrücken; der Ausdruck des Zorns bei ihrer Tochter verführt die Mutter, ihre eigene Wut herauszulassen. Leider neigen wir dazu, uns von einer Person fernzuhalten, die uns an verbotene Gefühle erinnert. Eine Mutter in mittleren Jahren – Judith – berichtete in einem meiner Kurse:

»Im ersten Jahr, nachdem meine Tochter sich von ihrem Mann getrennt hatte, konnte ich ihre Nähe nicht ertragen, weil sie so voller Feindseligkeit war. Ich gestand ihr zwar das Recht zu, wütend auf ihn zu sein, weil er ihr oft untreu gewesen war, aber ich hatte keine *Lust*, in ihrer Nähe zu sein. Ein Grund war, daß mich *mein* Mann mehr als sonst irritierte, wenn ich mit meiner Tochter zusammen gewesen war. Ich wurde einfach so wütend auf manche Dinge, die Männer Frauen antun, und das machte es für mich dann schwerer, über den Mangel an Wärme hinwegzusehen, unter dem ich in der Beziehung zu meinem Mann litt.«

Wenn, was in keiner Beziehung vermeidbar ist, Zorn zwischen Mutter und Tochter aufkommt, versuchen beide zu begreifen, warum sie dem Ideal nicht entsprechen können. Jede macht sich selbst Vorwürfe oder sie macht der anderen Vorwürfe. Attraktiv ist keine der Alternativen, und beide sind fehlgerichtet, denn das Problem hat wahrscheinlich gar nichts mit ihnen zu tun; es wird ihnen von der Gesellschaft auferlegt. Wenn wir glauben, Gefühle einer anderen Person gegenüber unterdrücken zu müssen, dann können wir nicht entspannt miteinander umgehen. Aber auch Spannung paßt nicht in das Bild des idealen Mutter-Tochter-Paars. Die Tochter eines solchen typischen Mutter-Tochter-Paars, die einen meiner öffentlichen Vorträge besuchte, beschrieb ihre Erfahrung so:

»Als ich zu Thanksgiving das erste Mal aus dem College zu Besuch kam, dachten Mutter und ich, daß alles glattgehen würde. In meinem letzten High School-Jahr hatten wir wie Hund und Katze gekämpft, aber wir dachten beide, daß es wegen unserer Trauer über meine bevorstehende Abreise von zu Hause war. Jetzt, da ich in einem anderen Bundesstaat lebte, dachten wir, daß die Kampfphase ausgestanden sei.

Weit gefehlt! Wir stritten wie wahnsinnig bei diesem ersten Besuch, gaben einander abwechselnd die Schuld, hatten dann ein schlechtes Gewissen und beschuldigten uns schließlich jeweils selbst. Es war so schlimm, daß ich bis Ende des nächsten Augusts, als mein Sommerjob zu Ende ging, nicht mehr versuchte, sie zu besuchen. Sie *bat* mich auch nicht, eher zu kommen!«

Wenn wir gelernt haben, ein Gefühl zu unterdrücken, erwarten wir großes Unheil, wenn wir es jemals äußern sollten. Wenn wir als Frauen zornig sind, fürchten wir nicht nur, als unweiblich zu gelten, wir halten unseren Zorn auch für überaus destruktiv: Wenn, so denken wir, nicht einmal unsere eigene Mutter unseren Zorn ertragen kann, wie gefährlich muß er dann sein!

Zu Beginn dieses Kapitels habe ich von der Befürchtung bei Müttern und Töchtern gesprochen, daß sie, wenn sie ihre Gefühle der Zuneigung füreinander voll ausdrücken, Schwierigkeiten haben werden, solche Gefühle in Anwesenheit von Männern, die uns als »exaltiert« ansehen oder auf unsere Nähe eifersüchtig sein könnten, wieder zu unterdrücken. Mutter-Tochter-Zorn gefährdet unsere Beziehungen zu Männern mindestens in zweifacher Weise:

1. Viele Männer ertragen den Anblick einer zornigen Frau nicht, auch wenn sie selbst nicht der Anlaß sind, weil das mit ihrem Ideal von Weiblichkeit nicht in Einklang zu bringen ist.

2. Wenn Mutter und Tochter aufeinander böse sind, so könnte sich diese Energie auch einmal gegen die Männer richten, von

denen sie mißhandelt werden; so mancher Mann fühlt sich in Anwesenheit einer – aus welchen Gründen auch immer – zornigen Frau daran erinnert, wie prekär seine Position wäre, wenn dieser Zorn sich gegen *ihn* richten würde.

Frauen spüren, wie unbehaglich sich die meisten Männer angesichts ihres Zorns fühlen (das ist mit ein Grund, warum Frauen so viel lächeln, auch wenn ihnen gar nicht danach ist), und deshalb mögen Frauen, denen an einer engen Beziehung zu Männern gelegen ist, sich ihrerseits unbehaglich fühlen, wenn sie gegen ihre Mutter aggressiv werden. Ein nicht untpyischer Fall ist die 30jährige Dana, die sich mit zwei Gefahren konfrontiert sah: daß sich ihr Mann wegen ihres Zorns auf ihre Mutter unwohl fühlen könnte, und daß ihr Mann und ihre Mutter sich gegen sie verbünden könnten.

»Als mein Mann und ich verlobt waren, war es mir sehr unangenehm, wenn er und meine Mutter zusammen waren, aber es dauerte eine Weile, bis ich begriff, warum. Schließlich wurde mir bewußt, daß sie so begierig war, uns verheiratet zu sehen, daß sie so richtig aufdrehte, wenn er da war, ihm immer recht gab, mich zwang, ihn bei Tisch zu bedienen und auch selbst eine Riesenshow abzog, indem sie meinen Vater von hinten und vorne bediente. Ich war wütend auf sie, daß sie sich so unterwürfig benahm, und ich habe erst kürzlich begonnen, ihr zu verzeihen, weil ich jetzt verstehe, daß sie nur das tat, was sie über die Rolle einer guten Frau gelernt hatte.
Aber ich war auch wütend auf meine Mutter, weil ich meinen Mann *nicht* von hinten und vorne bedienen wollte und er das von mir zu erwarten begann, sobald wir uns verlobten. Da war also Mutti, die tat, was George von mir gerne gehabt hätte, was ich aber zu vermeiden suchte. Es war ziemlich kompliziert, weil ich von beiden, Mutti und George, geliebt werden wollte, aber ich glaube, ich hatte das Gefühl, daß sie sich bereits gegen mich verbündet hatten. Wenn wir zu dritt zusammen waren, ging mir Mutti furchtbar auf die Nerven, und George sagte mir, ich solle sie doch in Frieden lassen. Natürlich sagte er das teilweise, weil sie und er auf eine komische Art am selben Strang zogen. Wenn ich in der Lage gewesen *wäre* auszudrücken, warum ich so verdammt böse war, hätte ich *seine* Hoffnungen auf eine gefügige Frau zerstört.«

Um die richtige Perspektive nicht aus den Augen zu verlieren, müssen wir sehen, daß die Feindschaft zwischen Mutter und Tochter oft übertrieben wird. Neuere Forschungen haben ergeben, daß in der frühen Adoleszenz die größte Abnahme von Feindseligkeit zwischen Eltern und Kindern bei der Mutter-Tochter-Beziehung festgestellt wird, und selbst vor dieser Phase der Entspannung wurden die meisten dieser Beziehungen eher als »weniger positiv« denn als offen negativ beschrieben.[63] Untersuchungen zeigen auch, daß halbwüchsige Töchter sich ihren Müttern »oft« anvertrauen und wenig oder gar nicht ihren Vätern.[64] Die Mutter-Tochter-Feindseligkeit wird häufig übertrieben, weil selbst ein winziges Stück von etwas Verbotenem schon riesig wirkt.

Wie kommen wir weiter?

Wenn wir die Mythen über Mütter und Töchter und die vielfältigen Formen, die sie in unserer Alltagskultur annehmen, wiedererkennen, sind wir in der Lage, die Beziehung zu unserer Mutter zu verbessern. Für die meisten Frauen ist es viel gesünder und positiver, zu verstehen, daß unsere Mutter ein nichtsahnendes Vehikel war, mit der Aufgabe, die kulturellen Mythen in unsere Herzen und Köpfe zu tragen, als an der Überzeugung festzuhalten, daß sich unsere Mutter bewußt, freiwillig und ohne sozialen Druck entschieden hat, uns diesen Mythen auszusetzen. Welche Mutter würde ihrer Tochter schon absichtlich solche Methoden der Selbstzerstörung beibringen? Und welche Frau würde sich vor ihrer Tochter für ein solches Vorgehen verantworten wollen? Und doch übernehmen immer noch genügend Mütter die Aufgabe, diese Mythen weiterzugeben. Daß Mütter – von denen die meisten überzeugt sind, das Richtige für ihr Kind zu tun – sich immer noch dazu hergeben, zeigt die Macht des sozialen Drucks in einer mütterfeindlichen Kultur. (Selbst wenn Mütter nur einen Bruchteil der Mythen weitergeben, wird ihnen oft das ganze Paket angelastet.)

Wenn wir sehen, wie das System funktioniert, ist es für uns als Mütter und Töchter leichter, uns zu verbünden und uns nicht mehr gegeneinander ausspielen zu lassen. Wenn wir *erkennen*, daß der Preis für die gesellschaftliche Anerkennung die Bereitschaft ist, uns gegen unsere Mutter zu kehren und sie schuldig zu sprechen, sind wir weniger geneigt, diesen Preis zu zahlen.

Fragen stellen, Antworten suchen

Wir müssen *Fragen stellen* – in unseren Köpfen, mit unseren Müttern, mit anderen Leuten.

- Hängt der Erfolg oder Mißerfolg einer Mutter eher davon ab, wie sich eine Tochter entpuppt, als von den Anstrengungen der Mutter und den Kräften, die diese hintertreiben?
- Soll eine Tochter ihre eigenen Mängel auf die Unfähigkeit der Mutter schieben, alle ihre Bedürfnisse zu befriedigen?
- Sind Mütter (oder Töchter) wirklich in der Lage, immer für andere da zu sein?
- Weiß eine Frau instinktiv und von Natur aus, was sie tun soll, um eine perfekte Mutter zu sein? Und ist es fair, so etwas von unserer Mutter und von uns selbst zu erwarten?
- Ist die Wut einer Frau nicht manchmal gesund, und sollten wir von Müttern (und Töchtern) erwarten, diese Wut zu unterdrücken?
- Können wir auch andere Faktoren berücksichtigen, die die Entwicklung einer Tochter beeinflussen und die übersehen werden, wenn Müttern die ganze Schuld zugeschoben wird?
- Wie zerstören die Mythen der perfekten Mutter die Mutter-Tochter-Beziehung? Und können diese Mythen in uns auch nützlich sein? Wenn ja, sollten wir das Kind nicht mit dem Bade ausschütten; so sollten wir zum Beispiel die Fürsorglichkeit von Müttern und Töchtern fördern, nicht aber von ihnen verlangen, ununterbrochen nur für andere da zu sein.

Die lange Geschichte und die Macht der Mythen erschweren ihre Überwindung. Mütter und Töchter sollten diese Mühe aber nicht scheuen, wenn sie erkennen, wie sehr sie sich auf ihre Beziehung auswirken. Ein Mutter-Tochter-Paar, Lydia und Shelley, die begriffen haben, wie der Mythos der unendlichen Liebe Barrieren zwischen ihnen errichtete, schrieben mir einen gemeinsamen Brief:

»Jede von uns hatte der anderen vorgeworfen, zu viel zu erwarten, aber es war uns nicht bewußt, daß jede von uns es auch selbst tat. Wenn eine von uns beiden jetzt das Gefühl hat, von der anderen vernachlässigt zu werden, halten wir inne und fragen uns – und dann einander – ›Bin ich schon wieder dabei, deine *totale* Bewunderung zu erwarten?‹ Und meistens ist die Frage berechtigt.

Schon allein die richtigen Fragen zu stellen, löst meistens einen Großteil des Problems, denn so betrachtet wird bald klar, wie unrealistisch unsere Erwartungen sind. Wir sind außerdem heute beide erwachsen und brauchen nicht mehr die totale Bestätigung durch einen anderen Menschen. Irgendwie geht es uns schon besser, wenn wir es aussprechen können: ›Ich wollte deine hundertprozentige Unterstützung.‹ Erstens kann die andere Person dir dann sagen, daß sie mit dir ja auch wirklich völlig einverstanden ist, auch wenn du deiner selbst zu unsicher warst, um es zu bemerken. Oder sie kann dir mitteilen, welche Vorbehalte sie gegen deinen Liebhaber, dein Kleid, deinen Job hat, und wir können es ausdiskutieren. Zu wissen, worüber sich die andere Person den Kopf zerbricht, ist immer besser als das vage Gefühl, daß sie dir etwas vorenthält.«

Ein weiteres Beispiel für Mutter und Tochter, deren Einsicht in einen Mythos dazu beitrug, sie einander näher zu bringen, sind die 37jährige Stephanie und ihre Mutter Ruth. Stephanie erzählte mir von einer Unterhaltung, in der die beiden über ihre Angst vor Zorn sprachen:

»Als ich meiner Mutter sagte, daß ich meine Karriere als Vollzeit-Hausfrau beenden und als Marktforscherin arbeiten würde, erstarrte sie. Ich hatte den Eindruck, daß sie wütend war. Also redete ich die ersten sechs Monate meines Jobs nicht mir ihr darüber. Schließlich fragte sie mich, wie es mir in meiner Arbeit ging, aber ich hatte solche Angst vor ihrem Zorn, daß ich kein Wort herausbrachte. Dann war sie böse, weil sie von mir keine Antwort bekam. Alles, was ich sagen konnte, war: ›Ich glaube nicht, daß dich das wirklich interessiert!‹

Sie sah mich verdutzt an. ›Wie kommst du denn darauf?‹ fragte sie. Ich sagte ihr, daß ich die letzten sechs Monate geglaubt hatte, sie wäre wütend auf mich, weil ich diesen Job angenommen hatte und nun nicht mehr zu Hause war, wenn die Kinder von der Schule kamen. Sie schaute dann schrecklich erleichtert drein und erklärte mir, daß das, was ich für ihren Zorn auf mich gehalten hatte, in Wirklichkeit ihr Zorn auf die Zeit war, die sie untätig verschwendet hatte, als mein Zwillingsbruder und ich die High School besuchten. Vater wollte nicht, daß sie arbeiten ging, und so wartete sie, bis wir ins College kamen, und als sie dann endlich zu arbeiten begann, war es für sie die schönste Zeit ihres Lebens. Sie hatte es immer bereut, diese vier Jahre zu Hause vertrödelt zu haben. Während mein Bruder, ich und mein Vater draußen in der Welt zu tun hatten, drehte sie Däumchen, fühlte sich nutzlos und übernahm caritative Aufgaben, die ihr keinen richtigen Spaß machten.«

Als Stephanie und Ruth miteinander sprachen, erkannten sie, daß die Annahme, ihre Mutter sei wütend auf sie, für Stephanie eine absolute Katastrophe war. Ruth hatte keine Ahnung gehabt, Stephanie würde glauben, sie sei wütend auf sie (wo sie doch auf ihre eigene Geschichte wütend war), und sie wußte auch nicht, daß es Stephanie so wichtig war, wenn sie es gewesen wäre. Sich über die Unannehmbarkeit von weiblichem Zorn im allgemeinen und von Stephanies spezieller Angst vor dem Zorn ihrer Mutter im besonderen zu unterhalten, nahm dem Mythos seine Macht.

Was den Müttern und Töchtern in diesen beiden Beispielen gelang, war, einander gegenseitig Menschlichkeit zuzugestehen. Das tun wir, wenn wir wissen – und anderen Leuten helfen, es ebenfalls zu begreifen –, daß niemand in der Lage ist, eine perfekte Mutter zu sein, daß auch die Kinder von phantastischen Müttern Mängel aufweisen können, daß niemand ohne Unterlaß fürsorglich sein kann und daß Mütter und Töchter über viele verschiedene Gefühle verfügen, darunter auch Zorn. Die Frauenbewegung hat einen Teil dieser Aufklärungsarbeit geleistet, indem sie die Frauen auf die Ungerechtigkeit und Unmöglichkeit hinwies, den traditionellen weiblichen Stereotypen zu entsprechen, und uns zeigte, daß wir viele legitime Gründe haben, unglücklich und wütend zu sein.[65] Obwohl viele von uns jetzt schon viel weniger schamhaft mit unserer Wut und anderen Fehlern umgehen, hat dieser realistischere Zugang zu Frauen im allgemeinen noch nicht notwendigerweise unsere Erwartungen gegenüber Müttern reduziert und das Tabu des Zorns von Müttern und Töchtern durchbrochen. Die idealisierte perfekte und ungetrübte Liebe, die wir für unsere Mütter empfinden sollen, plus dem Gebot, sie zu ehren, verbinden sich mit einer ehrlichen Wertschätzung ihrer Leistungen, und wir haben schreckliche Schuldgefühle, wenn wir dennoch wütend auf sie sind. Umgekehrt machen die idealisierte Mutterrolle plus dem Gebot, eine immer perfekte, liebevolle und freundliche Mutter zu sein, Müttern schreckliche Schuldgefühle, wenn sie meinen, »versagt« zu haben.

Töchter, die ihre Mutter realistischer sehen wollen, können sich auch damit helfen, daß sie ihre Erwartungen gegenüber der Mutter mit ihren Erwartungen gegenüber dem Vater vergleichen. Wenn sie sich dieses Unterschieds einmal bewußt werden, erkennen die meisten Töchter schnell, daß sie von ihrer Mutter mehr Fürsorglichkeit, Unterstützung, gute Ratschläge und weniger Zorn erwarten als von ihren Vätern. Die Beziehung zu unserer Mutter kann verbessert werden, sobald wir und sie die Ungerechtigkeit dieser Ungleichheit einsehen und unsere Erwartungen entsprechend modifizieren. (Diese Doppelmoral von Erwartungen gegenüber Müttern und Vätern ist Thema des 5. Kapitels.)

Als ob die Mythen der perfekten Mutter Müttern und Töchtern nicht schon genügend Ärger bereiten würden, gibt es auch noch die Mythen der schlechten Mutter, mit denen wir uns im nächsten Kapitel befassen werden und die ebenfalls durchschaut werden müssen, um die Kluft zwischen Müttern und Töchtern zu überbrücken.

Fünftes Kapitel
Die Mythen der schlechten Mutter

Während die Mythen der perfekten Mutter Normen setzen, denen keine Mutter entsprechen kann, bewirken die Mythen der schlechten Mutter, daß das normale Verhalten von Müttern schlimmer erscheint, als es in Wirklichkeit ist. Mit Hilfe der Mythen der schlechten Mutter übertreiben wir die tatsächlichen Fehler unserer Mutter und machen aus ihren neutralen oder nicht so schlimmen Eigenschaften Monstrositäten.

Zweifellos gibt es auch andere, aber die fünf wichtigsten Mythen der schlechten Mutter sind:

- Mütter sind weniger wert als Väter
- Mütter brauchen fachkundige Hilfe, um gesunde Kinder aufzuziehen
- Mütter sind unendlich bedürftig
- Nähe zwischen Mutter und Tochter ist ungesund
- Mütter sind gefährlich, wenn sie stark sind

Mythos Nummer fünf:
Mütter sind weniger wert als Väter

Der Mythos, daß Mütter weniger wert sind als Väter, ist wahrscheinlich jener Muttermythos, der am weitesten verbreitet ist. In Kapitel 4 haben wir gesehen, wie bereitwillig wir, weil die Erwartungen Müttern gegenüber so viel höher sind als Vätern gegenüber, der Mutter vorwerfen, nicht perfekt zu sein, während wir mit dem Vater schon zufrieden sind, wenn er sich nur Mühe gibt. Auch der Mythos der Minderwertigkeit der Mutter nimmt vielfache Gestalt an. So ist die traditionelle Arbeit der Mutter – Kindererziehung, Hausputz, Kochen und Koordination der Tätigkeiten der Familienmitglieder – unbezahlt und wird selten geschätzt, während die traditionelle Arbeit des Vaters der Broterwerb ist, also bezahlte Arbeit. (Wie schon erwähnt, erhält die Mutter für ihre Arbeit nur selten Respekt und Wertschätzung, die das Ausbleiben von Bezahlung kompensieren können.)

Der Mythos der Minderwertigkeit der Mutter führt dazu, daß Frauen häufig zur Zielscheibe der Gewalt von Ehemann und erwachsenen Kindern werden. Außerdem wird von weiblichen Opfern angenommen, daß sie »die Gewalt provoziert« haben, während männliche Opfer des Mitgefühls der Gesellschaft sicher sein können.[66]

Sexismus beginnt zu Hause

Der Mythos der Minderwertigkeit der Mutter bewirkt, daß Töchter sowohl ihre Mutter als auch sich selbst für minderwertig halten; und oft helfen Mütter, wie wir wissen, mit, ihren Töchtern diesen Mythos einzutrichten. Wir Töchter sind böse auf die Mutter, weil sie die Überbringerin der schlechten Nachricht über unsere (und ihre) angebliche Minderwertigkeit ist; wir wissen nicht, daß sie glaubte, keine andere Wahl zu haben. Niemand hat *ihr* jemals beigebracht, die These von der Minderwertigkeit der Frauen in Frage zu stellen. Sklaven unterweisen ihre Kinder in der Kunst, *gehorsame* Sklaven zu sein, weil sie ihnen eine Überlebenschance bieten wollen.

Wie wir in Kapitel 4 gesehen haben, werden Mütter unter Druck gesetzt, ihre Töchter so zu erziehen, daß sie ihre Minderwertigkeit akzeptieren, sich »realistisch« bescheidene Ziele setzen und genügend Demut entwickeln, um potentielle Ehemänner nicht zu verscheuchen. Bei dem Versuch, ihren Töchtern zu helfen, in einer rauhen Welt zu überleben, haben viele Mütter bewirkt, daß die Töchter an den Mythos der weiblichen Minderwertigkeit glauben und sich eher mit Männern verbünden als mit ihrer Mutter und anderen Frauen.

Wenn ich als Teenager ein moralisches Problem hatte, pflegte meine Mutter zwar mit mir darüber zu sprechen, aber dann sagte sie: »Wenn dein Vater heimkommt, frag doch ihn. Er weiß immer, was richtig ist.« Mein Vater hatte strenge moralische Vorstellungen, aber auch meine Mutter hatte strenge moralische Vorstellungen; *weil* meine Mutter immer solche Sachen sagte, vertraute ich ihm in dieser Hinsicht mehr als ihr.

Flo Kennedy macht den Männer-sind-besser-Mythos für das verantwortlich, was sie »horizontale Feindschaft« nennt:

»Wer an die eigene Wertlosigkeit glaubt, kann nicht zu jemandem aufblicken, der derselben Klasse, Rasse oder Religion angehört.

Das ist eine der Grundlagen der Pathologie von Frauen, die sagen: ›Ich komme mit Frauen nicht zurecht. Ich fühle mich wohler bei Männern; sie sind überlegen, wenn ich also mit ihnen ein gutes Verhältnis habe, dann bin auch *ich* überlegen; ich habe meine Klasse hinter mir gelassen.‹ «[67]

Weil Mutter und Tochter den Ehemann/Vater vergöttern sollen, lassen sie sich im Konkurrenzkampf um seine Zuneigung gegeneinander ausspielen und übersehen ihren eigenen Wert. In diesem Zusammenhang schrieb mir eine Frau: »Wir können alle eine gute Figur machen, wenn wir uns mit dem Vater gegen die Mutter verbünden. Der Elternteil, der weniger in die Familie investiert, setzt sich dem Urteil der Familie weniger aus.« Der typische Vater steckt weniger Zeit und emotionale Energie in die Familie, und seine Distanz verleitet Kinder und Frau dazu, ihn wehmütig und sehnsuchtsvoll zu idealisieren als den kühl denkenden Elternteil, der in die »reale«, öffentliche Welt außerhalb des Hauses gehört.

Auch in Familien mit starken Müttern lebt der Mythos der weiblichen Minderwertigkeit fort, obwohl das bisweilen einige handfeste psychische Verrenkungen erforderlich macht. Eine alte Freundin erzählte mir, wie das in ihrer Familie vor sich ging:

»Meine Mutter war eine erstaunliche Frau. Sie hat uns vier Kinder praktisch alleine großgezogen, was bedeutete, daß sie alle unsere Pullover strickte, für uns kochte und die gesamte Hausarbeit erledigte, gleichzeitig aber ein Postversandgeschäft aufbaute, das schließlich ganz gut ging. Daddy kam erst nach dem Abendessen von der Arbeit heim und arbeitete auch samstags bis Mittag. Meine Mutter selbst ist nicht unschuldig daran, daß ich ihre Arbeit nie für richtige Arbeit hielt, während sie uns klar machte, daß Daddy ein Schwerarbeiter war.

Wenn Daddy abends anrückte, mußten wir unser Gesicht waschen und still sitzen. Seine allabendliche Heimkehr war ein Ereignis – *weil sie es zu einem machte*. Aber niemand tat das für sie. Wenn Daddy beim Lesen der Abendzeitung einschlief, sagte *sie* uns, daß wir aus Respekt vor seiner schweren Arbeit ruhig sein sollten. Aber bei den seltenen Gelegenheiten, wo *sie* sich ein Schläfchen gönnte, tat er das nicht für sie.

Erst beim Begräbnis meiner Mutter – als der Pfarrer von ihrer erstaunlichen Stärke und Energie sprach – wurde mir bewußt, was für eine unausgewogene Sicht ich vom Wert meiner Eltern hatte.«

Frauen waren traditionell immer erleichtert und begeistert, wenn ihr erstes Kind ein Junge war. Es schmeichelt ihrem Selbstwertgefühl, wenn sie einem Sohn das Leben schenken können. Viele Frauen – besonders in bestimmten Subkulturen – wissen, daß ihr Mann enttäuscht sein wird, wenn das erste Kind ein Mädchen ist, das den patriarchalen Familiennamen wahrscheinlich nicht weitertragen wird und ein weniger eindrucksvoller Beweis für die Männlichkeit des Vaters ist. (Thomas Babes Stück ›A Prayer for My Daughter‹ beinhaltet eine dramatische Darstellung dieser Sorge.) Auf Geburtsanzeigen für männliche Babys finden sich Worte wie »Stolz und Freude«, während weibliche Babys sich mit »klein und süß« begnügen müssen.

Eine erfolgreiche Geschäftsfrau, die ein Einzelkind war, erzählte mir folgende Geschichte. Es war ihr niemals eingefallen, daß ihre Eltern vielleicht lieber einen Sohn gehabt hätten, dem sie mehr Wert zugemessen hätten als ihr. Als sie Anfang zwanzig war, besuchte sie mit ihrer Mutter eine Party, und das Gespräch kam auf Fehlgeburten. Eine Frau erzählte von einer Freundin, die gerade eine Fehlgeburt gehabt hatte, und die Mutter der Geschäftsfrau meinte: »Also ich kenne eine Frau, der eine *wirkliche* Tragödie passiert ist: Sie verlor ihr Baby bei einer Fehlgeburt – und es war noch dazu ein Junge!«

Die Spätfolgen sind besonders schwerwiegend, wenn die Enttäuschung der Mutter über die Geburt einer Tochter ihre Fähigkeit, das Kind zu betreuen, beeinträchtigt. Die Welt eines Babys hängt so sehr von der Behandlung ab, die ihm seine Pflegeperson zukommen läßt – und in unserer Kultur ist die »Pflegeperson« in erster Linie die Mutter. Eine Mutter, die enttäuscht darüber ist, daß sie ein Mädchen bekommen hat, wird ihr Kind weniger liebevoll und weniger lang im Arm halten, auf sein erstes Lächeln weniger begeistert reagieren und weniger geduldig sein, wenn es quengelt.[68] Bei vielen Müttern vergeht diese anfängliche Enttäuschung durch ihre Freude an der kleinen Tochter, bei manchen aber dauert sie fort.

Auch heute noch werden Söhne von beiden Eltern anders behandelt als Töchter; dem Benehmen von Söhnen werden weniger enge Grenzen gesetzt, und sie werden weniger häufig aufgefordert, sich um andere zu kümmern. Nach Judith Arcana »darf das Verhalten von Söhnen weit mehr vom normalen, angepaßten Verhalten abweichen als das von Töchtern.«[69] Wenn eine Tochter sieht, daß die Mutter den Bruder anders behandelt, glaubt sie oft, daß die Mutter sie weniger liebt. Das gibt ihr einen weiteren Grund, auf die Mutter böse zu sein und sich von ihr verraten zu fühlen.

Wenn Sie als Kind aufgrund Ihres Geschlechts minderbewertet wurden, können Sie die Ursache vielleicht später verstehen; aber bis dahin ist sehr viel Schaden angerichtet. Mit ehrfurchterregender Nachhaltigkeit wird die Saat des geringen Selbstvertrauens in den frühesten Lebensjahren ausgestreut, wenn ein weibliches Kind sich selbst als ein Mensch erlebt, *der nicht* Quelle des Stolzes ist, der *nicht* gehegt und gepflegt wird; aus Wut über dieses Gefühl der Minderwertigkeit richtet das Mädchen seinen Zorn oft gegen die Mutter, die die ganze Zeit über da war und sie nicht zu schätzen schien.

Der Film ›Nuts‹, in dem die von Barbra Streisand gespielte Heldin von ihrem Stiefvater sexuell mißbraucht wurde, zeigt, welchen Schaden der Mythos männlicher Überlegenheit anrichten kann. Der Mythos redete der Mutter ein, daß es notwendig sei, einen Mann im Hause zu haben. Der Film zeigt, daß die Mutter bis ins Erwachsenenalter der Tochter nicht erfuhr, was in ihrem Hause vor sich ging, teilweise weil ihr Mann extreme Vorsichtsmaßnahmen getroffen hatte, um die Sache geheimzuhalten. Außerdem war sie von ihrem ersten Mann verlassen worden und hatte schreckliche Angst, auch den zweiten zu verlieren. Sie sah sich selbst als wertlos, weil ihr erster Mann sie nicht gewollt hatte, und glaubte, daß ihre Tochter eine Vaterfigur im Hause brauche; um ihren neuen Mann davon zu überzeugen, bei ihnen zu bleiben, versuchte sie verzweifelt, ihm zu gefallen und ihn vor allen Spannungen und Anforderungen zu bewahren. Als ihre Tochter die Schule zu schwänzen begann, promiskuös wurde und Drogen nahm, wurde ihr nahegelegt, eine Familienberatung aufzusuchen. Aber der Stiefvater hatte Angst, daß diese Beratung sein Geheimnis aufdecken würde und ersann Ausreden, um es zu verhindern; nicht die Familie sei schuld an den Problemen der Tochter, sondern die Tochter selbst. Um ihn nicht zu verärgern, schloß sich die Mutter dieser Ansicht an.

Dieser Film ist sehr lebensecht. In inzestgeplagten Familien ist es normal, daß der Vater die Verantwortung für sein Handeln scheut und Mutter und Tochter einschüchtert. Dasselbe gilt für Väter, die ihre Familie auf andere Weise tyrannisieren. Im Zuge der Schaffung und Erhaltung der traditionellen Kernfamilie – also des Versuchs, den erwachsenen Mann im Hause zu halten und den Ruf des Vaters zu retten –, leidet die seelische und körperliche Sicherheit von Mutter und Tochter. Leider gibt das der Tochter noch mehr Grund zur Annahme, ihre Mutter hätte sie im Stich gelassen.

Eine der schwerwiegendsten Folgen des Mythos männlicher Überlegenheit ist, daß Mutter und Tochter durch die Loyalität einer von beiden oder beider gegenüber einem Mann einander entfremdet werden, egal, wie sehr dieser sich ins Unrecht gesetzt haben mag. Eine Frau, die ich Maureen nennen möchte, bemühte sich sehr, die emotionale Distanz zu ihrer verwitweten Mutter Ruth zu überwinden, und das Experiment war gerade dabei, positive Ergebnisse zu zeigen. Dann erfuhr Maureen, daß ihr Bruder Ben ein zwanghafter Spieler geworden war und die Familie in Schulden stürzte. Er erlaubte seiner Frau nicht, eine Arbeit anzunehmen, war also der einzige Erwerbstätige in der fünfköpfigen Familie.

Maureen unterstützte die Versuche ihrer Schwägerin, ihre Kinder zu nehmen und Ben zu verlassen, wo sie nur konnte, doch Ruth weigerte sich, die Wahrheit über ihren Sohn anzunehmen, und verurteilte Maureens Bemühungen. Nach Ruths Meinung war Maureen – und nicht Ben – im Unrecht. So groß war Ruths Bedürfnis, das Bild ihres Sohnes zu retten, daß sie Ben schlichtweg jede Fähigkeit absprach, irgend etwas Falsches zu tun. So tief saß der Glaube dieser Mutter an die Überlegenheit der Männer, daß sie, statt mit der Wahrheit zu leben, es vorzog, die Lügen ihres Sohnes zu glauben und Maureens Versuche, ihre Mutter-Tochter-Beziehung wiederherzustellen, zurückzuweisen. (»Er ist der einzige Mann, der mir geblieben ist«, sagte sie.)

Selbst wenn Männer eindeutig unzulänglich sind – Drogen nehmen, sich brutal verhalten oder sich emotional extrem zurückziehen –, suchen Mütter und Töchter auch dann noch deren Zustimmung, wenn sie sich gegenseitig vor dem Machtmißbrauch des Vaters schützen müssen.

In Kapitel 3 haben wir gesehen, wie die Mutterbeschuldigung durch die Wissenschaft gerechtfertigt und bestätigt wird. Sigmund Freuds Werk ist zwar genial, aber wissenschaftlich nicht überprüft; trotzdem wurde und wird seine Theorie vom »Penisneid«[70] geschickt verwendet, um den Mythos männlicher Überlegenheit abzustützen. Nach Freud wünschen sich alle Frauen einen Penis und glauben an die Überlegenheit des männlichen Genitals. Dieser Gedanke ist Teil der Alltagskultur geworden; auf Cocktailpartys reden wir so, als würde jede Frau selbstverständlich einen Penisneid haben.

Freud ist der Meinung, die Frauen würden es ihrer Mutter vorwerfen, daß sie keinen Penis haben. In den Augen der Tochter, so Freud, ist die Mutter allmächtig; die Tochter glaubt, die Mutter hätte sie mit einem Penis ausstatten können, wenn sie nur gewollt hätte. Freud meint auch, die Scham des kleinen Mädchens über ihre eigene »Minderwertigkeit« stünde in einem Zusammenhang mit ihrer Verachtung für die Mutter: »Das heißt also, daß die Entdeckung der Penislosigkeit das Weib dem Mädchen ... entwertet wird ...«[71]

Weil Freuds Einfluß so groß war, müssen wir uns den Penisneid genau ansehen. Was Freud »Penisneid« nennt, handelt nicht nur von Penissen: Die Enttäuschung der Tochter darüber, daß die Mutter sie nicht mit einem Penis ausgestattet hat, ist nichts anderes als die Enttäuschung über ihre Machtlosigkeit im Vergleich zum Vater, über die Unfähigkeit der Mutter, die Tochter (verglichen mit ihren Brüdern) mit Macht auszustatten, und Enttäuschung über die Bevorzugung der Brüder durch die Mutter.[72] Außerdem sind Töchter oft über die Begrenztheit des Lebens und der Möglichkeiten ihrer Mutter traurig und mißtrauen den kläglichen Angeboten für ihr eigenes Leben. Wie Kim Chernin in ›Reinventing Eve‹ schreibt: »Wenn die Tochter am Scheideweg sich von der Mutter abwendet und sich für den Vater entscheidet, dann tut sie das, weil sie innerhalb der Mutter-Welt nichts finden kann, was ihr ein erfülltes und einmaliges weibliches Leben versprechen würde.«[73] Aus all diesen Gründen schauen wir auf unsere Mutter und auf uns selbst herab und blicken zu unseren Vätern und Brüdern hoch.

Die Gefahr, den Penis als ein Symbol für die Unterschiede zwi-

schen Mutter und Vater, zwischen Bruder und Schwester zu benützen, ist, daß diese Ungleichheiten unvermeidbar erscheinen.
Väter und Brüder werden weiterhin Penisse haben, Mütter und
Schwestern nicht. Wenn also der Penis der zentrale Punkt ist, dann
werden wohl Männer auf alle Zeit überlegen sein und Frauen de-
fekt. Wir dürfen aber nicht vergessen, daß der Penis nur *stellver-
tretend* für die größere soziale, politische und wirtschaftliche
Macht der Männer steht, daß dieses Machtgefälle nicht die Schuld
unserer Mutter ist und daß es *verändert* werden kann.

Aber selbst wenn wir an den Penisneid in seinem buchstäblichen
Sinn denken, dann müssen wir wissen, daß nicht alle Mädchen
diesen Neid kennen. Viele empfinden das, was ich »Penismitleid«
nennen möchte. Manche Leute beiderlei Geschlechts halten Penisse für komische, seltsam aussehende, schwabbelige, unkontrollier-
bare und leicht verletzbare Dinger. In dem Alter, in dem nach
Freud der Penisneid auftritt, wenn zwei- bis vierjährige Mädchen
sich ihres körperlichen Unterschieds zu Knaben bewußt werden,
haben Kinder schwerwiegende Probleme, die zu Penismitleid führen können – Fragen der Kontrolle und Selbstkontrolle, des Schut-
zes ihres Körpers, der Intimität. Kleine Mädchen in diesem Alter
können sich glücklich schätzen: Sie brauchen weder etwas zu *bän-
digen,* das herunterhängt und unkontrolliert hin- und herbaumelt,
noch etwas Empfindsames zu *schützen,* das sich außerhalb des
Körpers befindet und leicht verletzbar ist, noch brauchen sie um
die *Wahrung von Intimität* und die *Vermeidung von Peinlichkeit*
zu kämpfen, die im Zusammenhang mit den sichtbaren und beob-
achtbaren Genitalien auftreten.

Für viele kleine Mädchen ist Penismitleid sehr real. Simone de
Beauvoir schreibt in ›Das andere Geschlecht‹: »Für viele andere ist
jenes kleine Stückchen Fleisch, das bei den Jungen zwischen den
Beinen hängt, bedeutungslos, ja lächerlich. Es ist eine Besonder-
heit wie Kleidung oder Haartracht ... Es kommt sogar vor, daß
der Penis als eine Anomalie angesehen wird, als ein Auswuchs,
etwas Unklares, das wie eine Geschwulst, wie Zitzen, Warzen
herunterhängt und Ekel erregen kann.«[74]

Wie verändert der Gedanke des Penismitleids die Perspektive
der Möglichkeiten in einer Mutter-Tochter-Beziehung? Der Glaube an den Penisneid nährt die Überzeugung, daß alle Töchter die
Mutter ablehnen, weil sie ihnen keinen Penis *oder* Zugang zu gesellschaftlicher Macht mit auf den Weg gegeben hat, daß alle

Frauen sich selbst und andere Frauen verachten, und daß das natürlich und unvermeidbar ist. Wenn wir aber erkennen, daß der Penisneid nicht unvermeidbar ist und daß kleine Mädchen erleichtert sein mögen, *keinen* Penis zu besitzen, dann ist diese Rechtfertigung für die Ablehnung unserer Mutter aus der Welt geschafft.

Wie wir schon früher gesehen haben, bildet der Mythos der Minderwertigkeit von Müttern die Grundlage für viele andere Muttermythen, und einer davon ist die Vorstellung, daß Mütter ohne den Rat von Fachleuten – viele von ihnen Männer – nicht in der Lage sind, emotional gesunde Kinder großzuziehen.

Mythos Nummer sechs:
Nur Experten wissen, wie Kinder zu erziehen sind

Die Explosion von guten Ratschlägen durch Kindererziehungsexperten hat die Mütter in diesem Jahrhundert dazu gebracht, die Wahrheit über gute Kindererziehung irgendwo außerhalb von sich selbst zu vermuten, sie muß sie nur finden und ihr folgen. Mütter lesen das neueste Buch über Kindererziehung und erfahren, daß sie ihren Achtjährigen feste Grenzen setzen sollten, weil Kinder in diesem Alter die Gewißheit brauchen, nicht allen ihren Impulsen freien Lauf lassen zu können. Frisch aus der Druckerpresse liegt schon das nächste Buch auf dem Tisch. Mütter lesen es und erfahren, daß ihre Grenzsetzung sehr flexibel sein sollte, daß Richtlinien für das Verhalten der Kinder in demokratischen Familienkonferenzen festgelegt werden und Kinder bei der Entscheidung, wie Grenzübertretungen zu ahnden seien, eine wesentliche Rolle übernehmen sollten. Dieser Experte hält seine Methode für richtungsweisend, weil das Kind eine innere Kontrollinstanz entwickelt und das Gefühl bekommt, von seiner Mutter respektiert zu werden.

Mütter wundern sich über die offensichtliche Uneinigkeit der Experten und ziehen den Schluß, daß beides irgendwie vernünftig klingt. Kinder brauchen wahrscheinlich etwas von jedem. *Aber ...* wie werden sie entscheiden, wann *ihr* Kind *wie viel* von jedem braucht? Die Antwort auf diese Fragen ist ungeheuer wichtig, denn es stehen sowohl das Glück des Kindes jetzt und in der Zukunft als auch der Erfolg der Mutter als Mutter auf dem Spiel. Wo ist der Superexperte, der ihnen sagt, auf welchen Experten sie nun hören sollen? Pflichtbewußte Mütter haben den Fehler gemacht, einem bestimmten Experten zu folgen und keinen Superexperten zur Stelle zu haben, der ihnen zuraunte »Jetzt ist es aber des Guten zuviel« oder »Jetzt ist es zuwenig« und gewiß niemals »Jetzt ist es genau richtig!«.

Die sogenannten Experten führen endlose Debatten über die Vor- und Nachteile von Fläschchen und Mutterbrust, Füttern nach Bedarf und Füttern nach Plan, ob Kindern vor der Schule das Lesen beigebracht werden soll oder nicht, ob sie geimpft werden sollen oder nicht, wie Kinder am besten diszipliniert werden sollen, ob es schlecht ist, ein Einzelkind zu haben, ob Begabtenförderungsprogramme für Kinder gut sind und so weiter. Eine Zeitgenossin meiner Mutter erzählte mir:

»Ein Experte empfahl den Müttern, bei den Kindern zu Hause zu bleiben, bis sie in das Kindergartenalter kommen, ein anderer meinte, daß auch Teenager die Mutter im Haus nötig haben, zum Beispiel, wenn sie krank werden, und wieder ein anderer schickte uns arbeiten, damit wir uns als vollwertige Menschen fühlen. Wenn sich die Obergescheiten nicht einmal einigen können und wir uns als Mütter hoffnungslos überfordert fühlen, wie können wir da jemals die richtige Entscheidung treffen?«

Wir haben in Kapitel 2 im Zusammenhang mit der Mutterbeschuldigung eine Menge über das Thema des psychischen Wohlbefindens der Kinder gesprochen. Auch wenn der Mutter kein direkter Vorwurf gemacht wird, so wird sie von den Fachleuten verfolgt, die jedes Verhalten eines Kindes als Signal für ein Problem interpretieren. (Der Kinderarzt T. Berry Brazelton ist eine glorreiche Ausnahme, weil er in seinen Büchern die große Bandbreite normalen Verhaltens betont.)[75]

Manche Erfahrungen von Müttern mit »Experten« sind besonders vernichtend. In einem Bundesstaat übergab der Richter dem Vater die Vormundschaft für ein kleines Kind mit Cerebrallähmung, weil die Mutter seiner Meinung nach nicht außer Haus arbeiten sollte und weil die Behinderung des Kindes eine Warnung Gottes sei, die sie als Aufforderung, bei ihrem Kind zu Hause zu bleiben, erkennen hätte müssen.[76] Andererseits sprechen manche Fachleute verächtlich von Müttern mit behinderten Kindern, die den ganzen Tag nichts anderes tun als mit ihrem Kind zu arbeiten; sie etikettieren solche Mütter als »überengagiert« oder »fordernd«.

Eine mir bekannte in ihrem Beruf sehr engagierte Karrierefrau ging mit ihrer vierjährigen cerebralgelähmten Tochter zur Überprüfung ihrer Lernerfolge. Der Prüfer führte eine riesige Batterie von Intelligenz- und Entwicklungstests durch und bewertete das Kind schließlich als überdurchschnittlich bis ungewöhnlich gut entwickelt. Ohne irgendwelche Hintergrundfragen zu stellen, sagte der Prüfer im anklagenden Ton: »Sie haben diesem Kind gewiß eine Menge abverlangt!« Bis dahin hatte die Mutter wegen ihrer Berufstätigkeit Schuldgefühle gehabt, weil sie nicht bei ihrer Tochter zu Hause blieb, um sie zu unterrichten. Jetzt wurde sie kritisiert, als ob sie zu Hause geblieben wäre, es aber übertrieben hätte. Müttern wird offenbar immer vorgeworfen, entweder zu viel oder zu wenig zu tun, und das wird auch nicht besser, wenn die Kinder älter werden. Hören Sie sich Alexandra an, die Mutter eines vierzehnjährigen Mädchens, deren Schulerfolge nachgelassen hatten, als sie in die High School kam:

»Mein Hausarzt sagte mir, daß ich Sally nicht genügend antreibe. ›Sie müssen klarere Strukturen für sie schaffen‹, sagte er, ›regelmäßige Zeiten für die Hausaufgaben und so weiter.‹ Weil er das Gefühl hatte, daß ich mich von Sally einschüchtern ließ, schickte er mich zu einem Psychiater, der mir beibringen sollte, eine strengere Mutter zu sein. Aber der Psychiater sagte mir: ›Sally steht wegen Ihrer extrem hohen Anforderungen unter Druck, und die schlechten Noten sind ihr Protest dagegen. Mischen Sie sich *überhaupt* nicht in ihre Schularbeiten ein. Fragen Sie nicht einmal danach, ob sie die Hausaufgaben gemacht hat.‹«

Die Widersprüche, die aus dem Mythos entstehen, daß Mütter bei der Kindererziehung fachmännische Hilfe benötigen, sind vielgestaltig. Wie wir in Kapitel 4 gesehen haben, geben erstens die meisten Fachleute, wenn sie ehrlich sind, zu, daß menschliches Verhalten komplex ist und daß sie meistens keine Erklärung dafür haben, warum sich ein Kind aus einem problemgeplagten Heim ganz normal entwickelt, während ein Kind, das scheinbar alles hat, kriminell wird.

Seite an Seite damit und im Widerspruch zum Mythos, daß nur »Experten« die richtige Antwort wissen, gibt es ja zweitens auch noch den Mythos, der besagt, daß Mütter das Erziehen von Kindern im Blut haben (Kapitel 4). In Wahrheit wissen weder Experten noch Mütter so viel, wie sie gerne wissen würden; zu einem großen Teil üben wir uns alle im Blindflug und versuchen so schnell wir können aus der Erfahrung zu lernen. Aber die rasante Verbreitung von sogenannten Experten im Bereich der Kindererziehung nährt den Mythos der schlechten Mutter, weil sie ohnehin schon verunsicherten Müttern (also fast allen Müttern) das Gefühl vermitteln, nur »Experten« wüßten, was zu tun ist.

Ironischerweise sind viele wirkliche Fehler auf schlechte »Experten«-Ratschläge oder auf die fehlgeleiteten Versuche der Mütter, den Empfehlungen der Experten zu folgen, zurückzuführen. Und doch gibt es keinen Mangel an Experten, die bereitwillig eine Mutter für alles verurteilen, was sie tut, und die Mutter selbst fühlt sich oft hoffnungslos unzulänglich. Geplagt von unmöglich hohen Anforderungen an ihr Verhalten und/oder ständig bestrebt, die »Experten«-Meinung zu befolgen, werden Mütter extrem unsicher und entwickeln Schuldgefühle. Kindern wird durch die Unsicherheit und das schlechte Gewissen ihrer Eltern *sehr wohl* Schaden zugefügt[77] – das ist eines der wenigen Prinzipien, über das sich die Gilde der Psychologen und Therapeuten *einig* ist. Die Mutter entwickelt eine übertriebene Ängstlichkeit: Anstatt ihrem Instinkt und ihrer Wahrnehmung zu trauen, macht sie sich ständig Sorgen, ob das, was sie tut, auch richtig sei. Aber Mütter können für diesen Schaden nicht allein verantwortlich gemacht werden, denn die unerreichbaren Normen wurden ja nicht von *ihnen* aufgestellt. Ronni ist eine 31jährige Mutter, die mir folgende Geschichte erzählte:

»Als meine Kinder drei und fünf waren, trennte ich mich von ihrem Vater, und weder besuchte er die Kinder oft noch rief er regelmäßig an. Mein Kinderarzt riet mir, den Kindern zu erklären, daß ›Daddy euch sehr liebt, auch wenn er nicht oft anruft‹, damit sie sich von ihm nicht zurückgestoßen fühlen. Mein Psychiater aber sagte mir: ›Ihr Ex-Mann ist sehr egoistisch und liebt niemanden außer sich selbst. Sagen Sie Ihren Kindern nicht, daß Daddy sie sehr liebt, weil sie auf diese Weise lernen würden, daß Liebe sich nicht in konkreter Fürsorge für die geliebte Person auszudrücken braucht.‹

Ich war verwirrt, weil mir beides irgendwie vernünftig vorkam. Also war ich die ganze Zeit nervös. Ich wußte einfach nicht, wie ich damit umgehen sollte, und die Kinder hatten es wegen meiner Ängstlichkeit wirklich schwer. Die Fünfjährige beschloß, sich um mich zu kümmern, und fragte mich ständig, was sie tun könne, um mich aufzumuntern. Der Dreijährige entwickelte ein richtiges Verhaltensproblem, wahrscheinlich, weil er meine Ängstlichkeit übernahm.«

Der Glaube, daß nur die Experten wüßten, wie ein Kind korrekt zu erziehen sei, schädigt die Mutter-Tochter-Beziehung, weil er die Tochter in ihrer Meinung bestärkt, die Mutter sei unzulänglich. (Dasselbe passiert bei Söhnen; dieser Mythos bezieht sich sowohl auf die Mutter-Tochter- als auch auf die Mutter-Sohn-Beziehung.) Die Angst der Frauen, nicht automatisch gute Mütter zu sein, hält sie, wie wir gesehen haben, davon ab, den Töchtern ihre Unsicherheit und Verwirrung mitzuteilen. Also beobachten viele Töchter die Fehler der Mutter, sehen aber statt ihrer Verwirrung, ihres Kampfes und ihrer guten Vorsätze bloß eine Frau, die nicht in der Lage ist, die Ratschläge der Experten zu befolgen. Manche erwachsenen Töchter, die in der Schule nicht so gut waren, wie sie es ihrer Meinung nach hätten sein können, werfen der Mutter vor, ihnen nicht mehr »Pflichtbewußtsein« beigebracht zu haben. »Sie hätte mich zwingen sollen«, sagte eine. Andere wieder sagen, ihre Mutter hätte sich an den Rat der Experten halten und ihr die alleinige Verantwortung für die Schulaufgaben überlassen sollen. Viele Frauen haben ihre Mutter schätzengelernt, als sie selbst Kinder hatten; anhand der eigenen Erfahrungen begriffen sie nicht bloß, wie schwierig, sondern wie unmöglich es sein kann zu wissen, was richtig ist.

Mütter, die meinen, den Anforderungen einer guten Erzieherin nicht entsprechen zu können, wollen ihren Kummer darüber nicht vergrößern, indem sie mit anderen Leuten über ihr »Scheitern« sprechen. Deswegen machen Mütter selten die Erfahrung der Gemeinsamkeit; sie sind alle steif vor Angst, etwas falsch zu machen, aber gleichzeitig felsenfest davon überzeugt, daß sie zum Scheitern verurteilt sind.

Töchter sollten nicht warten müssen, bis sie selbst Kinder bekommen, ehe sie beginnen, die Frustrationen der Mütter angesichts der grassierenden Experten-Verehrung zu verstehen. Wenn wir erkennen, wie mächtig dieser Mythos ist, wie verwirrend die Meinungen der Experten sein können und wie schwer es für unsere Mutter war, sich einen Weg durch diesen Morast zu bahnen, dann sind wir in unserem Bestreben, unsere Mutter zu verstehen und zu achten, schon ein gutes Stück weitergekommen.

Mythos Nummer sieben:
Mütter (und Töchter) sind unendlich bedürftig

> »Was *will* sie nur von mir?«
> Unzählige Männer über ihre
> Frauen quer durch alle Zeiten

Viele Geschichten und Bilder fördern den Mythos, daß Frauen unersättliche emotionale Bedürfnisse haben und ständig Forderungen an andere Leute stellen. Mütter, so möchte uns der Mythos weismachen, legen alle Menschen um sich herum trocken, um Liebe, Autonomie und Selbstachtung zu bekommen. Wir kennen die Geschichten von der Frau als Hexe und Verführerin, von Circe, Kleopatra, Scylla und Charybdis; die Angst vor den *unerfüllbaren* Forderungen der Frauen steht sogar in der Bibel, etwa bei Salomon im Alten Testament: »Und ich finde bitterer als den Tod die Frau, deren Herz verführt und umgarnt.« Unserer Zeit etwas näher schrieb Freud, daß Töchter ihrer Mutter gegenüber feindselig gestimmt sind, weil sie ihre »unstillbaren« und »unmäßigen« Bedürfnisse nicht befriedigt hat[78] (wie kein Mensch das könnte).

Beziehungsprobleme werden routinemäßig den angeblich unerfüllbaren Bedürfnissen der Frauen nach Zuwendung angelastet. Ja, die Frauen selbst machen ihre eigene »Bedürftigkeit« für die Probleme verantwortlich. Rosalie hatte folgendes über die Beziehung zu ihrem Mann zu sagen:

»Sam will immer, daß ich verständnisvoll und aufbauend bin, wenn *er* Kummer hat, aber wenn *ich* ein wenig Mitgefühl und Unterstützung brauche, wirft er seine Hände hoch und ruft aus: ›Was willst du nur von mir?! Du kannst nie genug kriegen! *Niemand* könnte diese Bedürfnisse befriedigen!‹«

Da Männer mit dem Mythos der weiblichen Bedürftigkeit aufwachsen und die meisten auch dazu erzogen werden, ihre Gefühle
nicht auszudrücken, machen sich viele Sorgen, daß sie nicht in der
Lage sein werden, die Fürsorglichkeit einer Frau gleichwertig zu
erwidern (oder sie meinen, daß das nicht männlich sei). Sie haben
Angst, daß die Frau sich von ihnen abwenden oder sie verlassen
wird, wenn sie auf sie nicht entsprechend reagieren können. Anstatt sich ihre Angst vor der eigenen Unzulänglichkeit einzugestehen, behaupten viele Männer, die Bedürfnisse der Frauen seien
unstillbar, wodurch sie den Mythos fortschreiben.

Ein Mann, der fürchtet, wegen seiner emotionalen Unzulänglichkeit seine Frau zu verlieren, wird diese Angst oft besänftigen
wollen, indem er von seiner Frau endlose Bekundungen von Loyalität, Zuwendung und Bestätigung verlangt. Doch die Frau, die mit
völliger Preisgabe ihrer selbst reagiert, kann durch Kritik leicht
verletzt werden. Sie wird zur erdrückenden, verschlingenden
Frau/Mutter, die Mann und Kinder mit Liebe und Fürsorglichkeit
überhäuft, wenn sie schon lange genug haben, wird zur »Verführerin«, die ihre Wärme und Sexualität einsetzt, um Mann und Kinder
zu kontrollieren und zu manipulieren. Und da Frauen und Mädchen männliche Verhaltensweisen verinnerlichen – teilweise als
Möglichkeit, den Männern zu gefallen, übernehmen –, sehen sie
sich selbst mit den Augen der Männer. Das bestärkt sie in ihrem
Glauben, die eigenen Bedürfnisse (und jene anderer Mädchen und
Frauen) seien unendlich.

Die Bedürfnisse der Frauen mögen auch aus anderen Gründen
unendlich erscheinen. Im allgemeinen werden Frauen dazu erzogen, ausdrucksvoller zu sein als Männer; wir zeigen, was wir wollen und was wir zu geben haben. Die Bedürfnisse der Männer sind
meistens besser verhüllt – und werden im Regelfall von einer Frau
erraten und befriedigt (Mutter, Ehefrau, Tochter, Freundin), noch
ehe der Mann sie ausdrücken muß. Marnie, eine frisch verheiratete
Frau, erzählt:

»Sobald Bart, mein Mann, nach der Arbeit zur Tür hereinkommt,
erwartet er von mir, daß ich weiß, ob er mit mir sprechen oder
allein gelassen werden will. Aber wenn ich ihm sage, daß ich gekränkt bin, weil er sich nicht dafür interessiert, wie *ich* mich nach
einem Tag im Büro fühle, antwortet er: ›Wie soll ich denn wissen,
wie du dich fühlst, wenn du es mir nicht *sagst*?!‹ Wenn ich ihm

aber mitteile, daß ich einen schlimmen Tag gehabt habe, bittet er mich, ihn mit meinem ›Gefühlsüberschwang‹ zu verschonen.«

Frauen werden dazu aufgefordert, hilflos, bedürftig und abhängig zu wirken, damit wir für Männer anziehend und nicht bedrohlich sind. Bei vielen Männern funktioniert das – bis die Bedürftigkeit der Frau sie in Rage bringt. Suzette schrieb mir in einem Brief:

»Allen genießt es, den starken Beschützer zu spielen, wenn ich in Tränen ausbreche. Aber er gesteht mir ungefähr dreißig Sekunden Mitgefühl zu und erwartet dann, daß ich zu weinen aufhöre. Wenn ich es nicht tue, tobt er herum und wirft mir vor, ein ›großes Baby‹ zu sein.«

Wie die Mitglieder anderer unterbewerteter und unterdrückter Gruppen brauchen Frauen manchmal tatsächlich zusätzliche Bestätigung, weil sie neben den normalen Problemen des Lebens mit vielen anderen Anstrengungen und Verletzungen zurechtkommen müssen. Unsere Kultur verstärkt die normalen Bedürfnisse von Frauen nach Anerkennung und benützt diese dann, um zu »beweisen«, daß wir einfach überemotional sind. Das beweist aber keineswegs, daß Frauen *unvermeidbar* große emotionale Bedürfnisse haben.

Ein Hauptgrund für das starke Bedürfnis mancher Frauen nach Zuwendung ist, daß sie, wie manche Männer, als Kinder nicht genug Zuwendung bekommen haben. Therapeuten berichten, daß solche Kinder mit dem Gefühl aufwachsen, niemals genügend geliebt werden zu können. Das macht es für Frauen besonders schwer, deren Aufgabe es ja ist, andere mit Zuwendung zu versorgen, obwohl sie selbst so bedürftig sind. Außerdem unterliegt das Leben von Müttern unangenehmen Beschränkungen verschiedenster Art, wie – bei den meisten – nicht wirklich wählen zu können, ob sie heiraten oder nicht, Kinder kriegen oder nicht, bei den Kindern zu Hause bleiben oder arbeiten gehen. Zusätzlich ist der Erfolg ihrer Ehe meistens ihre alleinige Verantwortung und nicht eine geteilte Aufgabe.

Die Kombination dieser Faktoren hat Millionen von Frauen unglücklich und unerfüllt gemacht. Wie Betty Friedan in ›Der Weiblichkeitswahn‹ beschrieb, hielt jede unglückliche Hausfrau der Generation unserer Mütter ihr Unglück für die Bestätigung, daß sie undankbar, egoistisch und unweiblich sei; jede war mit dieser Angst allein, weil sie dieses »Scheitern« vor anderen verheimlichen wollte.

Viele Töchter, die heute erwachsen sind, wurden in diesem Denken erzogen. Es ist also kein Wunder, wenn diese Mütter oft bei ihren Töchtern Zuwendung, Unterstützung und Freundschaft suchten und sich indirekt die Bestätigung erhofften, gute, liebenswerte Mütter zu sein. Mehr als Söhne waren Töchter bereit, diese Aufgabe zu erfüllen, weil sie ihrerseits lernten, ihre Töchter zu fürsorglichen und für die Bedürfnisse anderer Menschen empfänglichen Müttern zu erziehen. Larissa, deren Tochter heute erwachsen ist, erzählt:

»Meine Tochter war immer meine beste Freundin. Sie war eine so gute, teilnehmende Zuhörerin – schon als sie klein war. Während sie mir beim Wachsen des Fußbodens oder beim Einkochen der Marmelade half, führten wir lange Gespräche. Ich weiß nicht, was ich ohne sie getan hätte.«

In einer solchen Situation kann die Tochter beginnen, ihre eigenen Bedürfnisse nach Zuwendung zu unterdrücken, um die Bedürfnisse der Mutter befriedigen zu können; da ihre eigenen Bedürfnisse dann unsichtbar sind, werden sie auch kaum befriedigt, und sie erleidet einen Mangel. Wenn die Tochter erwachsen ist, wird sie vielleicht auch eine Mutter, die sich um Trost an ihre Tochter wendet.

Mütter und Töchter beschreiben diese Entwicklung oft als »Meine Mutter ist für mich mehr eine Freundin als eine Mutter«. Eine solche Beziehung kann viel echte Nähe und Gemeinsamkeit herstellen, wird aber zum Problem, wenn sie eine totale Rollenumkehr bedeutet, so daß die Tochter sich um die Mutter kümmert und nicht umgekehrt. Was aber gefährlicher ist als ein begrenztes Maß an Rollenumkehr, ist die Behauptung von Psycho-Experten, daß jede Fürsorglichkeit der Tochter der Mutter gegenüber ein Anzeichen von »Verschmelzung« sei, also pathologisch. Diese Meinung beschmutzt das liebevolle Geben und Nehmen, das in solchen Mutter-Tochter-Beziehungen bestimmend sein kann. (Dieser Punkt ist Thema von Mythos Nummer acht.)

Die Mutter-Tochter-Rollenumkehr tritt teilweise ein, weil sich die Tochter um die Mutter kümmert, teilweise weil Mütter dazu neigen, ihre Söhne mehr zu umsorgen als ihre Töchter. Die Psychologin Elena Belotti interpretiert die Botschaft der Mutter an die Tochter so: »Alles ist in Ordnung, solange ich für dich so wenig wie möglich tun muß, beeile dich also, damit du möglichst rasch auf eigenen Beinen stehst.«[79] Obwohl Renate jetzt Ende zwanzig ist, ist es für sie immer noch schmerzhaft, sich an diesen Aspekt ihrer Erziehung zu erinnern:

»Als ich sieben Jahre alt war und mein Bruder neun, bekam er von Mama mehr Aufmerksamkeit als ich – sogar, wenn ich krank war! Wenn *er krank* war, legte sie alles andere beiseite, kochte ihm Hühnersuppe, saß an seinem Bett und spielte Brettspiele und Karten mit ihm. Wenn *ich* krank war, bekam ich nur Suppe. Sie sagte: ›Wenn Renate krank ist, kommt sie so gut alleine zurecht.‹ Ich hatte aber keine andere Wahl, weil sie sich niemals die Mühe machte, mich zu unterhalten.

Ich weiß, daß Mama mich gern hatte, das wußte ich auch damals. Was weh tat, war nicht die Angst, von ihr nicht geliebt zu werden, sondern das Wissen, daß ich von ihr Zuwendung benötigte, während sie stolz auf mich war, weil ich angeblich so *bedürfnislos* war – doch machte es ihr offensichtlich viel Spaß, diese Zuwendung meinem Bruder zu geben.

Und immer, wenn Mama krank war, war mein Bruder nirgends zu finden. Es wurde von mir erwartet, daß ich mich um Mama kümmerte, aber ich wurde niemals dafür gelobt. Sie sagte zu Papa: ›Du brauchst dich nicht um mich zu kümmern. Renate ist meine Tochter: Sie *sollte* meine rechte Hand sein – und das ist sie auch.‹ Sie strahlte vor Stolz, wenn sie das sagte, und ich war froh zu tun, was sie wollte, froh, ihre ›rechte Hand‹ zu sein, aber auch wehmütig, weil ich die ganze Zeit so erwachsen sein mußte. Niemals war es für *mich* okay, umsorgt werden zu wollen, und es kränkte mich, weil sie kein besonderes Interesse zu haben schien, sich um mich zu kümmern.«

In der Zeit, in der die Tochter andere emotional versorgt, bekommt sie selbst keine Fürsorge. Das kann das Gefühl hinterlassen, ihre eigenen Bedürfnisse seien unstillbar. Dann wird sie selbst Mutter und soll nun ihrer Tochter jene Zuwendung geben, von der sie selbst immer zu wenig bekommen hat. Es ist, als ob eine hungernde Frau aufgefordert wird, ein Festessen zu bereiten. Die

Tochter macht die Mutter dafür verantwortlich, ihr etwas vorenthalten zu haben.

Außerdem erinnert die Gegenwart ihrer Babytochter die Mutter bewußt oder unbewußt an ihren eigenen Mangel, so daß ihr Gefühl von Einsamkeit gerade dann verstärkt auftaucht, wenn sie dabei ist, die Verantwortung für ihr Neugeborenes zu übernehmen. Die Verbindung dieser Gefühle kann es ihr schwer machen, sich zu entspannen und ihr Baby zu lieben. Wenn das Baby nicht genügend Liebe bekommt, geht der Kreislauf weiter. Eine Frau nach der anderen wächst mit dem Gefühl heran, niemals genügend geliebt werden zu können.

Wenn Mutter und Tochter verstehen, warum ihre Bedürfnisse grenzenlos *scheinen,* wird uns diese Angst nicht voneinander entfernen. Aber wenn Mutter und Tochter dem Mythos der weiblichen Bedürftigkeit aufsitzen, wird eine Barriere zwischen ihnen errichtet; wenn sie an den Mythos glauben, dann hat jede Angst davor, von den scheinbar grenzenlosen Bedürfnissen der anderen ausgelaugt und aufgebraucht zu werden. Jede kapituliert vor der Vorstellung, die andere ausreichend mit Liebe versorgen zu müssen; und jede neigt dazu, ein *bestimmtes* Bedürfnis bei der anderen zu einem *grenzenlosen* Bedürfnis hochzustilisieren. Diane und Marie, eine Mutter und eine Tochter, die ich interviewte, beschreiben, wie diese Dynamik ihre Beziehung bestimmte:

»*Diane:* Als Marie fünfzehn war und ihr erster richtiger Freund sich von ihr trennte, dachte ich, sie würde nie mehr aufhören zu weinen. Zuerst hielt ich sie und klopfte ihr auf den Rücken, aber nach einer Stunde schluchzte sie immer noch. Ich fühlte mich so hilflos. Ich wußte einfach nicht, was ich tun sollte. Sie schien so viel mehr zu wollen, als ich zu geben imstande war. Aber sie war ja immer so gewesen, brauchte mich so sehr, daß ich mich der Aufgabe nie gewachsen fühlte. Manchmal lief ich einfach in mein Zimmer und schloß die Tür. Ich konnte ihren Anblick nicht ertragen, wenn sie so liebebedürftig war.

Marie: Ich hatte dasselbe Gefühl ihr gegenüber. Eines Abends – ich muß ungefähr sieben gewesen sein – sah ich Mama an Papa lehnen und weinen. Sie sagte: ›Ich bin eine so elende, unglückliche Person.‹ Ich weiß nicht, was los war, und sie bat mich auch nicht um Hilfe. Aber sie sagte mir immer, was für eine große Hilfe ich für sie bedeute, wie liebevoll und sensibel ich sei. Ich hatte den Eindruck, ich *sollte* in der Lage sein, sie glücklich zu machen.«

Beide, Diane und Marie, begaben sich in die verbreitete Falle, zu glauben, *etwas tun* zu müssen, wenn jemand, der uns nahe steht, Kummer hat. Oft ist es aber das beste, einfach da zu sein und zuzuhören oder einfühlsam und liebevoll abzuwarten. Wir fühlen uns hilf- und nutzlos, wenn wir uns verpflichtet fühlen, ihren Schmerz zu vertreiben. Marie hatte ein zusätzliches Problem: Niemand, auch nicht ihre Mutter, hatte ihr beigebracht, daß es nicht Aufgabe der Kinder ist, die Probleme der Erwachsenen zu lösen.

Die Leere weitergeben

Eine Fallbesprechung, an der ich teilnahm, bezog sich auf vier Generationen von Frauen und zeigt, wie die Leere weitergegeben wird und wie die Mütter und nicht die Väter dafür verantwortlich gemacht werden. Die Familie kam in die Klinik, weil die achtjährige Tochter depressiv war. Der Cheftherapeut wollte Geschichte und Dynamik der Familie kennenlernen, ehe er sich für eine Behandlung entschied.

Ich nenne die Großmutter Bree, die Mutter Resa und die Tochter Rosemary. Der Mutter und Großmutter zufolge war der Urgroßvater (Brees Vater) ein jovialer Mensch gewesen, die Urgroßmutter aber eine kalte und harte Person. Bree heiratete Cesar, einen freundlichen, aber zutiefst depressiven Mann. Als sie Kinder bekamen, war Bree entschlossen, ihnen nicht das Gefühl zu vermitteln, von ihr nicht angenommen zu sein, wie ihre Mutter es bei ihr getan hatte; aber es stellte sich heraus, daß sie nicht in der Lage war, auf die Bedürfnisse der Kinder nach Wärme einzugehen, da sie sich an ihrem Vater orientierte und jovial und kumpelhaft agierte, nicht aber Zärtlichkeit ausdrückte. Als ihre Tochter Resa erwachsen war, wollte sie niemals Kinder haben, weil sie spürte, daß sie, wie ihre Mutter, wenig Liebe anzubieten hatte.

Resa bekam aber eine Tochter und empfand das Kind eindeutig als Belastung und Störung ihrer eigenen Bedürfnisse. Sie erledigte das Allernötigste, machte auch ein paar »richtige Sachen«, wie mit Rosemary zum Friseur zu gehen oder ihr Kleider zu kaufen; aber die Beziehung zwischen Mutter und Tochter war grundsätzlich leer, durchsetzt von häufigen Wutanfällen auf beiden Seiten.

In der Besprechung sah der Chefpsychiater die Ursache von

Rosemarys Depression bei den unbefriedigten emotionalen Bedürfnissen aufeinanderfolgender Frauengenerationen, von denen jede sich mehr auf ihre eigenen Bedürfnisse denn auf die ihrer Kinder konzentrierte. Weder der Psychiater noch die Frauen in der Familie fragten: »Wo war die Wärme von Brees Vater? Hatte er jemals Zeit für seine Familie?« Erinnerte man sich an ihn einfach als jovial anstatt als jovial-aber-distanziert, weil von ihm als Mann nicht mehr erwartet wurde? Und sind Cesars Passivität und Depression nicht ebenso verantwortlich für Resas Härte wie Brees frenetische Fröhlichkeit? Eine Depression ist doch eine schwerwiegende Einschränkung der emotionalen Ressourcen, über die ein Mensch verfügt. Bree und Resa hegen beide massiven Groll gegen ihre Mutter wegen ihrer »unstillbaren Bedürfnisse« und idealisieren ihren Vater.

Als Rosemary begann, mehr Zeit mit *ihrem* Vater zu verbringen, der ein äußerst liebevoller Mensch war, ließ ihre Depression nach. Ihre Augen begannen zu glänzen, und sie wurde offener und extravertierter. Was ein/e Therapeut/in von einer solchen Fallstudie lernen kann, ist, daß die Bedürftigkeit von Mutter *oder* Vater einem Kind schaden, die Fähigkeit der Mutter *oder* des Vaters, Liebe zu geben, ihm helfen kann. Das ist eine wichtige Lektion, vor allem, wenn wir bedenken, daß Therapeuten sich in einer Therapie meistens mit der Mutter, selten aber mit dem Vater befassen. Dieser traditionelle Zugang übertreibt die Bedürftigkeit der Mutter und übersieht das Potential an Zuwendung, das liebevolle Väter für ihre Kinder bereithalten.

Mythos Nummer acht:
Nähe zwischen Mutter und Tochter ist ungesund

Frauen lieben Nähe. Aber in einer Gesellschaft, die eine Phobie vor Intimität hat und die Tugend der Unabhängigkeit als oberstes Ziel hochhält, mißverstehen wir Nähe und Eingehen aufeinander als »Abhängigkeit« und »Symbiose«. Die meisten Mütter machen sich also Sorgen, daß sie ihre Kinder in zu großer Abhängigkeit halten. Weint das Kind, wenn es zum ersten Mal im Kindergarten oder in einem Feriencamp alleine gelassen wird, hat die Mutter gleich Angst, etwas falsch gemacht zu haben; sie schämt sich wegen der »Abhängigkeit« des Kindes von ihr und ihrem »Bedürfnis, das Kind an sich zu binden«.

Wir leben in einer Kultur, die Unabhängigkeit und Rationalität höher schätzt als Nähe und Gefühlsreichtum. Außerdem gelten Männer meistens als unabhängig und rational, Frauen als abhängig, begierig nach Nähe und gefühlsbetont.

Ausgehend von diesen Annahmen, werden Beziehungen zwischen zwei Frauen oft als übermäßig abhängig angesehen, weil beiden Personen unterstellt wird, auf ungesunde Weise an Nähe interessiert zu sein. Mutter-Tochter-Beziehungen sind noch mehr gefährdet, als »abhängig« abgestempelt zu werden. Ein Kleinkind oder eine kleine Tochter kann gar nicht anders, als von der Mutter abhängig zu sein. Obwohl Mütter und Töchter meistens mit dem Heranwachsen der Tochter selbständiger werden, glauben sie dem Mythos und haben Angst davor, als »zu abhängig« kritisiert oder lächerlich gemacht zu werden. Die Mutter einer Studentin im ersten College-Jahr erzählt:

»Laura und ich hatten immer eine sehr innige Beziehung. Seit sie letzten Monat ins College gefahren ist, werde ich immer ganz rührselig, wenn ich an ihrem Zimmer vorbeigehe. Ich weiß, daß das nicht recht ist – ich sollte mich nicht so erregen. Wahrscheinlich waren wir einander *zu* nahe.«

Leider hat niemand dieser Mutter versichert, daß ihr Verhalten eine normale menschliche Reaktion auf die Trennung von einer geliebten Person war und keineswegs ein Zeichen »allzu großer« Nähe.

In ähnlicher Weise erinnert sich eine Mutter, deren Kind am ersten Schultag weint, an ihren eigenen Kummer am ersten Schultag und glaubt, die Fehler ihrer Mutter zu wiederholen: »Wenn meine Mutter *mich* nur unabhängiger gemacht hätte«, denkt sie, »dann wüßte ich, wie ich es bei *meinem* Kind richtig machen sollte.« Sie beschuldigt also sowohl ihre Mutter als auch sich selbst.

Aber dieses Denken ist destruktiv, denn weit mehr im Verhalten von Müttern und Kindern liegt innerhalb des Normalen, als wir anzunehmen wagen. Die Trauer über die Trennung am ersten Schultag ist für gewöhnlich das Zeichen für eine liebevolle Mutter-Kind-Beziehung, an der es festzuhalten lohnt, ein Signal dafür, daß das Kind sich bei der Mutter geborgen fühlt und eine berechtigte Angst vor dem Unbekannten hat. Wie anders würden wir uns fühlen, wenn wir in einer Gesellschaft lebten, die uns beim Anblick eines weinenden Kindes am ersten Schultag ermutigen würde zu denken: »Wie traurig für Mutter und Kind – aber wie wunderbar, daß sie so sehr aneinander hängen!« Glauben wir wirklich, daß der Kummer über die Trennung von Mutter und Kind pathologisch ist, die Trauer über den Verlust eines Ehepartners aber normal?

Obwohl die Beschreibung der meisten Mutter-Tochter-Beziehungen als »übermäßig abhängig«, »symbiotisch« oder »verschlingend« unvernünftig ist, hält sich der Glaube hartnäckig, daß Mütter und Töchter sich nicht als getrennt voneinander wahrnehmen können.[80] Viele Mütter und Töchter haben diese Beschreibung ihrer Beziehung als zutreffend akzeptiert. Wir machen uns Sorgen, daß jede Nähe zwischen uns unsere Symbiose bestätigt, andererseits aber ist jede Distanz zwischen uns oder jede Störung unserer Nähe unweiblich, weil Frauen ja immer liebevoll sein sollen. In dem Roman von Sue Miller ›The Good Mother‹ fragt sich die Hauptfigur: »Wie kann ich sie lieben, ohne sie zu beschädigen, fragte ich mich. Nicht zu viel und nicht zu wenig. Gibt es solche Liebe?«[81]

In unserer Kultur werden heranwachsende Knaben aufgefordert, sich zunehmend von ihrer Mutter zu unterscheiden; erwachsen werden bedeutet für männliche Kinder, die von der Mutter vertretene Welt und die weibliche Kultur zu verlassen. Ein Mann, der seiner Mutter nahe bleibt, ist kein richtiger Mann. Eine Frau, die ihrer Mutter nahe bleibt, wird vielleicht als »zu« abhängig angesehen werden, aber wenigstens wird ihr dafür nicht vorgeworfen, unweiblich zu sein. Töchter erhalten also die Botschaft, daß wir sowohl »zu abhängig« von unseren Müttern sind als auch, daß wir ihnen verbunden bleiben sollen, doch das heißt dann wieder »Abhängigkeit«. Mutter und Tochter können es nie richtig machen. Es gibt keinen Raum, wo unser Verhalten als gesund gilt.

Dann verfestigt sich der Mythos, daß – anders als Söhne, die sich schließlich von ihren Müttern trennen und in die »wirkliche« Welt eintreten – Töchter und Mütter diese Trennung nie vollziehen.[82] Die Experten halten eine solche Abhängigkeit für ungesund. Sie glauben, daß die Tochter ihre Abhängigkeit so sehr genießt, daß sie nicht erwachsen werden kann, und daß die Mutter ihre Tochter an sich binden will, um *ihre* enormen Bedürfnisse zu befriedigen. Frauen, die Patientinnen von Therapeuten mit solchen Ansichten sind, leiden unmittelbar unter einer solchen Haltung, aber den wenigsten Frauen gelingt es, den Auswirkungen dieses Mythos ganz zu entgehen; sie lernen das Konzept von Freundinnen und Freunden, die eine Therapie besuchen, oder sie übernehmen es von den Massenmedien.

Stimmt es, daß Mütter und Töchter sich nicht voneinander trennen können? Im allgemeinen nein. Es ist äußerst selten, daß eine Person unfähig ist, die selbständige Existenz einer anderen Person anzuerkennen; das ist in der Tat ein schwerwiegendes Problem und eine ernsthafte psychische Störung. Es ist *nicht* typisch für die meisten Mutter-Tochter-Beziehungen.

Wenn Fachleute – oder wir selbst – über »die Unfähigkeit der Mutter, ihre Tochter als eigenständige Person zu akzeptieren«, sprechen und dieses Phänomen abwechselnd »Mutter-Tochter-Symbiose«, »Verschmelzung«, »Verstrickung« oder »Verschlingung« nennen, meinen wir meistens, daß die Mutter ihre eigenen Bedürfnisse unterdrückt, um sich anderen Menschen zu widmen.[83] Um das aber tun zu können, *muß* eine Frau wissen, daß sie eine eigene Person ist; sonst verwechselt sie irrtümlich die Bedürfnisse der anderen Person mit ihren eigenen.[84] Erfolgreiche Fürsorglichkeit erfordert also eine beträchtliche psychische Trennung zwischen dem Ich und der anderen Person. Manchmal wird das »Reife« genannt. Wenn eine Mutter ihre eigenen Gefühle unterdrückt, kann das zu Problemen führen, aber es verringert nicht notwendigerweise ihre Empfänglichkeit für die Bedürfnisse ihrer Kinder, wenn diese sich von ihren eigenen unterscheiden.

Eine neue Sicht

Die Therapeutinnengruppe des Wellesley College Stone Center (mit Judith Jordan, Alexandra Kaplan, Jean Baker Miller, Irene Stiver und Janet Surrey) und die Sozialarbeiterin Rachel Josefowitz Siegel bemühen sich um eine genauere und positivere Beschreibung weiblichen Verhaltens.[85] Sie stellen fest, daß die klassischen und einflußreichen Theorien über kindliche Entwicklung Unabhängigkeit und Getrenntsein als Ziele emotionaler Reife definieren. Obwohl etwas Unabhängigkeit notwendig ist (wir müssen lernen, uns selbst zu ernähren und zu kleiden oder den eigenen Körper vor Schaden zu bewahren), wird ein anderer wichtiger Strang der Entwicklung fast völlig vernachlässigt. Die wachsende Fähigkeit, Beziehungen mit anderen Leuten einzugehen und aufrechtzuerhalten, ist sowohl notwendig, um zu überleben (z. B. muß ein Baby lernen, einem Erwachsenen zu signalisieren, daß es Hunger hat und gefüttert werden will), als auch, um das Leben zu genießen. Die Psychologin Janet Surrey[86] nennt das »Beziehungsfähigkeit«. Trotz der Bedeutung von Beziehungsfähigkeit gilt jede Abweichung von der Unabhängigkeit in unserer Kultur als alarmierende Verirrung anstatt als ein wichtiger Schritt zur Vertiefung zwischenmenschlicher Beziehungen.

Die Wellesley-Gruppe hat herausgefunden, daß Frauen sich von ihrer Mutter nicht trennen wollen: »Sie wollen diese Beziehung als eine authentische beibehalten und ihr andere starke und intime Beziehungen hinzufügen.«[87] Surrey nennt diese Einstellung ein »Wachstumsmodell durch Hinzufügung und Erweiterung von Beziehungen.«

Frauen, die von Siegel, der Wellesley-Gruppe oder anderen mit ähnlichem Zugang veranstaltete Seminare besuchen, berichten, daß sie danach ihre Beziehung zu ihrer Mutter und anderen Frauen optimistischer einschätzen. Vielen von uns wird gesagt, daß unsere Probleme mit unserer Mutter aus allzu großer Nähe entstehen, weshalb wir emotional von ihr abrücken sollten; dies widerspricht den Prinzipien, nach denen wir erzogen wurden – Beziehungen herstellen und sie erhalten. Nicht immer wird uns dieser Widerspruch bewußt; unter dem Einfluß des Mythos männlicher Überlegenheit reagieren wir auf den Vorwurf, unserer Mutter zu nahe zu stehen, zuerst einmal mit betretener Zustimmung. Dann versuchen wir vielleicht, uns Lob zu verdienen, indem wir uns von Frauen entfernen und emotional distanzierter werden. Die meisten Mütter stecken eine Menge Mühe in die Bereicherung der Beziehung zu ihrer Tochter. Wenn Töchter diese Mühe zu einem Problem machen, neigen sie dazu, ihren Müttern gegenüber auf Distanz zu gehen.

Ironischerweise sprechen sich viele Therapeuten und Freunde, die uns »zu viel Nähe« zur Mutter vorwerfen, für eine totale Hingabe zu den Männern in unserem Leben aus. Einen Mann in den Mittelpunkt des eigenen Lebens zu stellen, ist keine pathologische Entscheidung, die es um jeden Preis zu vermeiden gilt (trotz des unentrinnbaren Dilemmas, daß von einer durchschnittlichen Frau erwartet wird, von einem Mann abhängig zu sein, Abhängigkeit aber als krank gilt, also die durchschnittliche Frau krank ist), der eigenen Mutter aber verbunden zu sein, ist gefährlich.

Hinter der Ablehnung von Intimität zwischen Mutter und Tochter steckt auch Homophobie, die Angst vor Homosexualität. Mütter haben oft körperlichen Kontakt zu ihren Kindern, besonders solange sie klein sind; die meisten Frauen genießen diesen Kontakt. Für die meisten Nordamerikaner/innen ist aber Körperkontakt zwischen zwei Menschen eine sehr konfliktreiche Angelegenheit. Frauen, die sich ohnehin schon über die Maßlosigkeit ihrer Bedürfnisse Sorgen machen, zerbrechen sich dann noch zusätzlich den Kopf: »Wann überschreitet die Berührung die Linie zwischen Zuneigung und Sexualität? Gibt es eine solche Grenzlinie? Wenn ich Wärme oder Lust beim Berühren meines Babys empfinde, ist das schlecht, egoistisch, sündhaft? Sollte ich es lieber nicht berühren?«

Manche Mütter fürchten sich vor ihren eigenen lesbischen Anteilen und glauben, sie an ihre Töchter weiterzugeben, wenn es irgendein körperliches Vergnügen zwischen ihnen geben sollte. Aus diesem Grund zwingen sich viele Mütter, ihren körperlichen und emotionalen Kontakt mit ihren Töchtern erheblich einzuschränken. Eine Frau berichtet:

»Als ich gerade alt genug war, um zu verstehen, was sie sagte, verkündete mir meine Mutter, daß sie mich nicht mehr im Arm halten und küssen würde, weil es an der Zeit für mich sei, von der Welt keine Wärme zu erwarten.«

Diese Frau meinte, ihre Mutter hätte die Söhne nicht so behandelt, wohl aber die beiden anderen Töchter. Eine meiner Studentinnen beschreibt eine frühe Erinnerung, die ihr scharf im Gedächtnis geblieben ist:

»Ich war fünf, und meine Familie war beim Picknick ... Wir hatten soeben das Essen beendet und legten uns zu einem Schläfchen hin. Ich kuschelte mich an meine Mutter und wollte meinen Kopf an ihre Brust legen. Sie stieß mich unsanft beiseite und sagte, ich sei zu alt für solche Sachen. Gekränkt und wütend rückte ich weg.«[88]

Ihre Kränkung und Wut beginnen erst seit kurzer Zeit zu vergehen. Sie erkennt nun, daß ihre Mutter sie um nichts weniger liebte, sondern nur versuchte, sich durch körperliche Distanzierung richtig zu verhalten.

In manchen Fällen ist es eine andere Person, die die Grenzen zieht. Manche Väter mischen sich ein, weil sie auf die körperliche Nähe zwischen Mutter und Tochter eifersüchtig sind. Egal, wie viel oder wenig sich die Mutter zurückzieht, ihre Tochter ist meistens davon überzeugt, daß die Mutter diese Distanz aus freien Stücken herbeigeführt hat. Da die Tochter das Homosexualitäts-Tabu der Gesellschaft nicht versteht, weiß sie nur, daß ihre Mutter sie zurückgewiesen hat. Kinder reagieren auf Zurückweisungen, indem sie die Ursache bei sich selbst suchen. »Was habe ich getan, daß sie mich jetzt weniger liebt?« fragen sie sich. Da es nicht angenehm ist, mit Menschen zusammen zu sein, die uns das Gefühl vermitteln, ungeliebt zu sein (obwohl wir vielleicht weiterhin versuchen, ihre Zuneigung zu gewinnen), rücken wir von unserer Mutter ab.

Im Gegensatz dazu werden Mütter und Söhne angeregt, ein gewisses Maß an sinnlicher/sexueller Spannung zwischen sich aufrechtzuerhalten, weil unsere Gesellschaft heterosexuell orientiert ist. Weil Männer außerdem dazu neigen, Frauen als minderwertig zu betrachten, sehnen sich viele Frauen nach einer engen Beziehung zu einem Mann, durch die sie an der männlichen Macht teilhaben können. Die Beziehung einer Mutter zu ihrem Sohn macht das möglich. Ihr Bedürfnis, von ihm gebraucht zu werden, mag sie dazu verleiten, ihre Fürsorglichkeit zu intensivieren und sogar damit zu prahlen, daß ihr Sohn im Haus »nie einen Finger gerührt« hat. Die französische Schriftstellerin Colette schreibt in ihrem Roman ›Sido‹, daß ihre Mutter folgendes über ihre Tochter und ihren Sohn sagte: »Ja, ja, freilich liebst du mich, aber du bist ein Mädchen, ein weibliches Wesen meiner eigenen Art, meine Rivalin. In seinem Herzen aber hatte ich nie eine Rivalin.«

Der Mythos, daß die Nähe zwischen Mutter und Tochter ungesund sei, ist ungeheuer destruktiv, weil er pathologisiert, was wahrscheinlich die größte Kraftquelle einer Frau ist – ihre Fähigkeit, liebevolle, aufbauende Beziehungen einzugehen.

Mythos Nummer neun:
Die Stärke der Frauen ist gefährlich

Allgemein gilt Stärke bei Frauen als gefährlich, bei Männern aber nicht. Das ist eine Ironie. Während die Macht der meisten Frauen zum Vorteil anderer Menschen eingesetzt wird – um sie zu umsorgen, zu schützen und zu unterrichten –, wird ein Großteil männlicher Macht zum eigenen Vorteil in Postenschacher, Firmenpolitik, Kriegsspiele und Gewalt an Frauen kanalisiert. Weil Frauen so viel Kontrolle über uns haben, wenn wir klein sind,[89] und weil die Mutterbeschuldigung gefördert wird, glauben viele Menschen, daß Frauen über die Macht verfügen, unser Leben auf zerstörerische und schädliche Weise zu lenken. Außerdem besteht die Neigung, *jeden* Ausdruck von Macht von seiten einer Gruppe mit geringem sozialen Status als »zu viel« Macht zu diskreditieren.

Die Macht der Mutter ist fast ausschließlich auf die Familie beschränkt. In dieser Sphäre werden Mütter im allgemeinen als *mächtiger* wahrgenommen als Väter. Die Psychiaterin Teresa Bernardez meint:

»... die Realität, daß die Ehe der psychischen Gesundheit von Männern wohltut, nicht aber jener von Frauen, daß Frauen und Mädchen immer häufiger Opfer physischer und sexueller Mißhandlung werden und oft zu den Ärmsten einer Bevölkerungsgruppe gehören, steht im scharfen Kontrast zur mythischen Macht, die den Frauen in der Familie angedichtet wird.«[90]

Mütter gehören zu den machtlosesten Menschen in der Gesellschaft; sie wissen, daß der Großteil ihrer Arbeit mißachtet oder nicht bemerkt wird. Wenn wir erst einmal begreifen, wie ohnmächtig unsere Mütter in Wirklichkeit sind, dann erscheint ihre Macht über uns in einem anderen Licht.

Bei den seltenen Gelegenheiten, bei denen Mütter sich wirklich mächtig fühlen, haben sie meistens entsetzliche Angst vor der möglichen Destruktivität dieser Macht. Töchter nehmen die Macht der Mutter oft negativ wahr: »Sie hat die Macht, mir das Gefühl völliger Wertlosigkeit zu vermitteln, einfach indem sie mich falsch sieht.« Weil Mütter in der Welt außerhalb des Heims so wenig Macht haben und die Mutterarbeit so wenig geachtet wird, kommt uns der positive Einfluß, den Mutter auf uns hat –

die Stütze, Fürsorge und Bestätigung, die sie uns bietet –, erst gar nicht in den Sinn.

Frauen, die sich in einer Therapie befinden, halten die Macht ihrer Mutter oft für gefährlich. Die 53jährige Margo schrieb mir in einem Brief:

»Jedesmal, wenn ich eine wichtige Entscheidung traf, hatte ich Angst, es meiner Mutter zu sagen. Das macht keinen Sinn, denn sie hat mich *immer* unterstützt – und ich hatte keine Angst, es Vater zu sagen, obwohl der meinen Meinungen oft skeptisch gegenüberstand. Ich weiß nicht genau, was mir bei meiner Mutter so sehr Angst einjagte. Es war nicht bloß die Angst vor der Enttäuschung im Fall, daß sie mit mir nicht einverstanden sein sollte. Das ging viel tiefer. Ich hatte irgendwie das Gefühl, sie hätte die Macht, mich zu zerstören.«

Wir fürchten die Macht der Mutter, unter anderem weil wir uns an die Zeit erinnern, als sie wirklich Macht über uns hatte. Diese Angst wird aber auch genährt von dem Bild der Mutter als Trägerin des Lebens und der hergestellten Verbindung zwischen der Macht, Leben zu geben, und der Macht, es zu nehmen. Wenn Mutter mit uns schimpfte, weil wir etwas falsch gemacht hatten, waren wir ziemlich hilflos: Wir konnten ihr nichts entgegenhalten, wir konnten uns nicht daran erinnern, daß sie einfach bestimmte moralische Werte vertrat, mit denen andere nicht einverstanden sein mochten. Ihre Worte waren Gesetz. Als wir klein waren, hatte sie uns *so* viele Informationen voraus, nach denen wir uns sehnten. Schließlich führte uns Mutter, als wir sehr klein waren, in die große Welt ein. Und das meiste, was sie uns sagte, war wahr (»Das ist ein Hund«), wichtig (»Geh nicht über die Straße, wenn die Ampel rot ist«) oder interessant (»Es gibt keine zwei Schneeflokken, die einander gleichen«). Bis zu einem gewissen Grad hat sie immer noch die Macht des Wissens, weil sie manche Dinge durchlebt hat, die wir nicht kennen – das leere Nest, eine vierzigjährige Ehe, Älterwerden usw.

Erwachsene Töchter reagieren auf ihre Mütter oft, als wären sie (die Töchter) immer noch hilflos: »Wenn ich sie besuche, bekomme ich das Gefühl, wieder ein Teenager zu sein!« Wir müssen uns in bestimmten Situationen immer wieder daran erinnern, daß wir keine Kinder mehr sind – wir können uns selbst ernähren und anziehen, wir können uns um Liebe, Zuspruch und Anerkennung anderswo umschauen, wenn wir sie von der Mutter nicht bekommen.

Eine Methode, die Macht unserer Mutter realistisch einzuschätzen, ist die Einsicht, daß ihre Wut und ihre Spannungen nicht immer etwas mit uns zu tun haben. Solange wir glauben, die Hauptquelle ihrer Wut und Spannungen zu sein, behält sie die Macht, uns das Gefühl zu vermitteln, *wir* seien zutiefst böse. Kinder glauben im allgemeinen, daß sie die Behandlung, die sie bekommen, verdienen. Vor einigen Jahren, als ich auf eine Benachrichtigung wartete, ob ich eine bestimmte Stelle bekommen würde oder nicht, hatte ich das Gefühl, Jeremy und Emily ständig anzubrüllen. Ich versuchte verzweifelt, die Auswirkungen meiner Wut wiedergutzumachen, indem ich ihnen sagte: »Ach, Kinder, es hat nichts mit euch zu tun. Ich mache mir nur Sorgen wegen des Jobs.« Wenn die Mutter uns anbrüllt, ist es schwer zu begreifen, daß sie nicht uns meint, daß wir nichts falsch gemacht haben; das fällt noch schwerer, wenn wir Kinder sind.

Wenn eine Mutter übermäßige Macht über ihre Tochter auszuüben scheint, dann bleibt der wahre Grund oft unsichtbar. Es mag fehlgeleitete Wut sein, die eigentlich dem Ehemann gilt; viele Frauen unterdrücken solchen Zorn, um weiblich zu wirken oder um männliche Gewalt zu vermeiden oder weil sie nicht sicher sind, ob ihre Wut gerechtfertigt ist (»Habe ich das Recht, böse zu sein, wenn er *nie* mit den Kindern zum Arzt geht?«). Manchmal reagiert eine Mutter ihre Frustration über die unzähligen Beschränkungen ihres Lebens als Frau an der Tochter ab. Aber nur wenige Mütter sind sich dessen bewußt, solange es ihnen niemand sagt. In vielen meiner Workshops frage ich Mütter, wie es ihnen geht, wenn sie ihren Töchtern »weibliches« Verhalten beibringen; und heraus strömen Geschichten von Ambivalenz und Schmerz. »Jedesmal, wenn ich ihr sage, daß sie vor Männern verheimlichen soll, wieviel sie verdient, fühle ich mich unwohl. Ich will nicht, daß sie Männer abschreckt, aber es kommt mir einfach nicht richtig vor, daß sie ihr Licht unter den Scheffel stellen muß. Ich selbst habe nie einen Job gehabt – mein Mann wollte es nicht –, und *ich* schämte mich dafür, daß ich kein eigenes Geld verdiente.« Was der Tochter dieser Frau vielleicht als übermäßige Machtausübung vorkam, war in Wirklichkeit nichts anderes als der verzweifelte Versuch, soziale Erfahrungen an sie weiterzugeben.

Wie seltsam es klingen mag, aber Mütter fürchten auch oft die Macht ihrer Töchter. Die 41jährige Mutter eines Teenagers sagte mir kürzlich: »Ich weiß, daß sie alles an mir bemerkt, alle meine Fehler. Niemand weiß besser als Bonnie, wo meine Schwachstellen sind, und niemand kann so grausam den Finger in die Wunde legen.« Unsere Kultur betraut sowohl Frauen als auch Mädchen mit der Aufgabe, gesellschaftliche Regeln durchzusetzen (wie in Kapitel 4 behandelt); das stattet Mütter wie Töchter mit der gefährlichen Macht aus, Abweichungen feststellen und die Abweichende beschämen zu können. Mütter und Töchter fürchten die Macht der anderen, weil jede Generation über Wissen verfügt, das der anderen nicht zugänglich ist. Eine Tochter kann der Mutter das Gefühl vermitteln, dumm zu sein – »Was, davon hast du noch nichts gehört?!« Andererseits verfügt die Mutter über Weisheit und Wissen, das sich die Tochter noch nicht aneignen konnte, was das Ressentiment der Tochter gegen die Macht der Mutter nur noch steigert. Wissen gibt jeder etwas Macht über die andere.

Als meine Tochter Emily neun war und mein Sohn Jeremy elf, machte ich eine Erfahrung, die mir zeigte, wie wenig ich mir meiner Macht bewußt war, den Kindern eine positive Einstellung zu sich selbst zu vermitteln (obwohl ich mir ständig über meine Macht, ihnen Kummer zu bereiten, Gedanken machte). Ich begleitete Emily und Jeremy zu ihrer wöchentlichen Tennisstunde. Da ich von Tennis nichts verstehe, fragte ich den Lehrer nach den Fortschritten der beiden; er antwortete, daß es bei beiden gut voranging, daß aber Emilys Erfolgen durch ihr Alter und ihre Größe noch Grenzen gesetzt seien. »Machen Sie sich keine Sorgen«, sagte er, »wenn sie älter wird, wird sie mehr schaffen, und dann wird es für sie weniger frustrierend sein.«

Diese Information ließ meine Bewunderung für Emily größer werden. Als ich ihr zusah, wie sie tapfer Dinge tat, die, so wußte ich nun, für sie äußerst anstrengend waren, war ich sehr stolz auf ihr Durchhaltevermögen. In der nächsten Pause sagte ich ihr: »Emily, dein Lehrer hat gesagt, daß das, was du tust, sehr schwer für eine Neunjährige ist. Ich finde es toll, daß du dich so anstrengst, wo es doch für dich schwerer ist als für die anderen Kinder.« Ich war nicht sicher, ob sie mir zugehört hatte. Einige Tage später kam Emily zu mir und fragte: »Findest du es *wirklich* toll, daß ich mich beim Tennis so bemühe?« Als ich meine Bewunderung noch einmal bekräftigte, strahlte sie über das ganze Gesicht.

Dieser Vorfall führte mir unsere Macht vor Augen, den Kindern *Gutes zu tun.* Emily hatte sich meine Bemerkung lange Zeit gemerkt. Sie war ihr wirklich wichtig gewesen. Wir Mütter sind manchmal überrascht, unsere Kinder positiv berühren zu können, weil unsere Arbeit so selten wahrgenommen wird – bis wir sie einmal *vergessen.*

Wie die meisten Mütter hatte ich die Macht von Frauen für gefährlich gehalten; selbst nach dem Vorfall mit Emily konnte ich mich nicht einfach entspannen und mich über diese positive Wirkung auf sie freuen. Es erschreckte mich zu Tode, meine eigene Macht wahrzunehmen, weil ich, wie die meisten Mütter, der Meinung war, es meistens bei der Kindererziehung gerade noch zu schaffen; wenn ich Emily und Jeremy nicht völlig verdarb, war ich schon froh. Es erschien mir also höchst wahrscheinlich, daß meine Macht irgendwelche schädlichen Folgen haben würde.

Von einer Frau wird erwartet, daß sie fürsorglich ist (Mythos Nummer zwei) und ihrer Rolle als Geberin und Beschützerin des Lebens entspricht. Aber jede Person, die viel zu geben hat, kann in den Menschen, für die sie sorgt, Angst auslösen; wenn sie die Macht hat, ihnen Sicherheit zu geben, kann sie ihnen auch den Teppich unter den Füßen wegziehen. Wenn sie ihnen die Fürsorge vorenthält, kann ihr Gefühl von Sicherheit zusammenbrechen.

Wenn wir erkennen, daß die Macht unserer Mutter weniger Gefahren und mehr Bestätigung in sich birgt, als wir angenommen hatten, können wir Verbündete werden. Wenn wir unsere Einschätzung von der Macht der Mutter verändern, kann sich das auch positiv auf die Wahrnehmung unserer eigenen Macht auswirken. Nach einem Workshop über Mütter und Töchter sagte mir die 25jährige Lillian:

»Nachdem ich jetzt Gelegenheit hatte, darüber nachzudenken, wie meine Mutter immer wieder geschickt ihre Macht einsetzte, um uns vor unserem brutalen Vater zu schützen, sehe ich meine eigene Macht mit anderen Augen. Die Vorstellung, eine starke Frau zu sein, schreckt mich nicht mehr.«

Unsere größere Angst vor weiblicher als vor männlicher Macht ist unberechtigt, rechtfertigen doch die Häufigkeit gewaltsamer Handlungen von Männern an Frauen und ihre größere ökonomische und politische Macht mit Sicherheit ein gewisses Maß an

Furcht vor *ihrer* Macht. Wir halten die Macht der Mutter für böse, vermuten aber in der Macht des Vaters nichts Dämonisches – es sei denn, er ist körperlich und sexuell gewaltsam (obwohl es Töchtern solcher Väter auch dann noch gelingt, ihrem Vater zu verzeihen und die Mutter an seiner statt zu beschuldigen).

Je mehr Selbstvertrauen wir haben und je mehr wir uns von anderen Leuten geliebt und unterstützt fühlen, desto weniger werden wir uns vor der Macht irgendeines Menschen fürchten und desto stärker können wir andere dazu drängen, ihre Macht nutzbringend einzusetzen. Wenn wir also die Beziehung zu unserer Mutter verbessern, wird auch die Angst vor ihrer Macht und vor der irgendeiner anderen Person wahrscheinlich geringer werden.

Die Mythen der schlechten Mutter in Frage stellen

Wenn Sie darüber nachdenken, was in Ihrer Mutter-Tochter-Beziehung vorgefallen ist, und versuchen zu verstehen, was jetzt gerade passiert, dann stellen Sie sich diese wichtigen Fragen:

- Wie können wir die Barrieren zwischen uns niedriger machen, solange wir glauben, Männer seien besser als Frauen, nur Experten wüßten wirklich, wie Kinder zu erziehen sind, Mütter und Töchter seien bodenlose Fässer emotionaler Bedürfnisse, die Nähe zwischen Mutter und Tochter sei ungesund und die Macht von Mutter und Tochter gefährlich?
- Können wir einfach damit aufhören, Frauen automatisch abzuwerten? Diese Art von Vorurteil ist ebenso schlimm wie alle anderen.

Ein sorgfältiges Überdenken der Mythen ermöglicht uns, das Verhalten unserer Mutter (oder Tochter) neu und realistischer einzuschätzen. Wenn wir zum Beispiel glauben, daß unsere Mutter es nicht zuläßt, daß wir uns von ihr lösen, und versucht, mit uns zu verschmelzen oder uns in Abhängigkeit zu halten (Mythos Nummer acht), dann neigen wir dazu, ihr Vorwürfe zu machen. Wenn wir aber erkennen, daß sie bloß versucht, *eine enge Beziehung* zu uns aufrechtzuerhalten, dann ergibt sich die Möglichkeit eines Bündnisses, und wir verstehen, daß wir beide dazu erzogen wurden, unsere Interaktion negativ zu sehen und uns selbst wie uns gegenseitig abzuwerten. Als Bündnispartnerinnen und nicht als Feindinnen können wir besser mit Aspekten der Beziehung umgehen, die frustrierend sind oder uns in der Entwicklung behindern, indem wir uns der subtilen Fähigkeit der Empathie und der Kommunikation bedienen, die bei Frauen so gut ausgebildet ist.

In gewisser Weise machen es uns die Mythen der schlechten Mutter noch schwerer als die Mythen der perfekten Mutter, die Menschlichkeit unserer Mutter wahrzunehmen. Aber sobald wir uns auch nur ansatzweise klarwerden über die weite Verbreitung und die Macht der Mythen der schlechten Mutter beginnen wir, deren Lächerlichkeit zu durchschauen. Wenn Sie zum Anfang dieses Kapitels zurückblättern und sich die fünf Mythen hintereinander laut vorlesen, ist der Anfang schon gemacht. Sie werden erkennen, daß nur wenige Menschen derart abscheulich sind.

Nehmen Sie sich dann jeweils einen Mythos vor und denken Sie daran, daß die meisten Mütter bloß Menschen sind. Was den Mythos der männlichen Überlegenheit angeht, so kann es doch nicht wirklich stimmen, daß die meisten Mütter den Vätern so sehr unterlegen sind. Es kann doch nicht stimmen, daß nur Experten wissen, wie Kinder zu erziehen sind – hat Ihre Mutter nicht manche Dinge durchaus gut gemacht, vielleicht sogar *entgegen* dem Rat von Experten? Der Mythos besagt, daß Mütter und Töchter grenzenlose emotionale Bedürfnisse haben, aber haben nicht auch wir den Fehler gemacht, die normalen menschlichen Bedürfnisse von uns selbst und unserer Mutter für ein Faß ohne Boden zu halten?

Wenn wir uns an Zeiten erinnern, als wir uns Mutter innig verbunden fühlten, war da nicht auch etwas dabei, das unserer Entwicklung genützt und uns nicht nur noch enger an sie gebunden hat? Und ist es nicht auch vorgekommen, daß die konstruktiven, liebevollen Aspekte der Macht der Mutter (oder der Tochter) klarer sichtbar waren als die destruktiven?

Ich schlage nicht vor, eine pessimistische, aber realistische Sicht von Mutter-Tochter-Beziehungen durch eine blind optimistische zu ersetzen. Ich schlage nur vor, den Blick auf jene Aspekte zu lenken, die *geeignet* erscheinen, die Mutter-Tochter-Barrieren niederzureißen. Die mütterfeindlichen und frauenhasserischen Botschaften tun uns nichts Gutes. Sie verführen Frauen durch das Versprechen, dem Frauenlos zu entgehen, wenn wir uns von anderen Frauen absetzen. Wir kennen nun zur Genüge die deprimierenden Mechanismen, die Frauen spalten. Sie sind gefährlich. Sie fördern Mutterbeschuldigung und Selbsthaß und unterscheiden sich dramatisch von der Kraftquelle, die ein positives Denken über Frauen für uns bedeuten könnte.

Es ist nicht immer leicht, klar zu unterscheiden, ob eine Mutter oder Tochter etwas falsch oder schlecht gemacht hat oder ob wir nur dem Mythos auf den Leim gegangen sind. Die beste Antwort ist die *Frage,* ob ein oder mehrere Mythen unsere Sicht vielleicht verzerren, das führt uns mindestens näher an die Wahrheit heran. Weil es für die Mutter-Tochter-Beziehung und für das Selbstwertgefühl von beiden so destruktiv ist, eine schlechte Meinung voneinander zu haben, tun wir gut daran, uns andersrum zu irren, uns also gegenseitig die Unschuldsvermutung zu gewähren.

Der Entweder-Oder-Balanceakt

Die Koexistenz des Mythos, daß Mütter über unendliche emotionale Ressourcen verfügen (Mythos Nummer zwei), *und* des Mythos, daß Mütter unendlich bedürftig und fordernd sind (Mythos Nummer sieben), illustriert in dramatischer Weise die schmale Bandbreite des Verhaltens, das für Mütter akzeptabel ist; gemeinsam bewirken diese Mythen, daß wir auch bescheidene Bedürfnisse von Müttern und Töchtern für unstillbar halten und alles, was nicht totale Bestätigung ist, als emotionalen Geiz oder sogar Verrat interpretieren. Jede Einschränkung der Bereitschaft der Mutter, emotional alles zu geben, wird zum Signal für einen Mangel an Natürlichkeit und Weiblichkeit; umgekehrt werden auch die normalen Bedürfnisse der Mutter zum Beweis für die Uferlosigkeit ihrer Gefühle. Gemeinsam setzen die beiden Mythen Frauen unter Druck, ununterbrochen zu geben und nichts für sich selbst zu fordern.

Die schmale Bandbreite akzeptablen Verhaltens für Mütter ist Teil des schmalen Handlungsspielraums, den Frauen im allgemeinen genießen. Frauen stehen vor dem Dilemma, daß ihnen die Gesellschaft zwei verschiedene Frauenrollen anbietet: die verführerische-unterwürfige-bewundernde-willfährige Rolle (die ich Typ Nummer eins nennen möchte) und die starke-dominante-keifende-kalte-kastrierende Rolle (Typ Nummer zwei). Wer will schon einem der beiden Bilder entsprechen? Mütter, die versuchen, dem Mythos der perfekten Mutter gerecht zu werden, halten sich eher an den Typ Nummer eins; wenn sie allerdings versuchen, völlig aufopfernd und süß zu sein, werden sie als überemotional, überengagiert und erstickend klassifiziert. Mütter, die sich nicht so benehmen, werden wahrscheinlich dem Typ Nummer zwei zugeordnet werden: abweisende Mütter. Es ist schwer, sich ein Verhalten von Müttern vorzustellen, das einfach so, wie es ist, angenommen wird.

Mütter neigen aus mehreren Gründen dazu, sich in Übereinstimmung mit Typ Nummer eins zu verhalten. Erstens gilt dieses Verhalten als »weiblich«. Zweitens *kann es* in seiner milderen Ausprägung mit Wärme und Liebe gleichgesetzt werden. Drittens ist das Verhalten von Typ Nummer eins eher geeignet, den Menschen, mit denen wir leben und arbeiten, zu gefallen als bei Typ Nummer zwei.

Das wesentliche Problem ist nicht, ob Mütter mehr Zeit damit zubringen, sich wie Typ Nummer eins oder Typ Nummer zwei zu verhalten; es besteht vielmehr darin, daß die meisten Frauen ihr Verhalten ständig überwachen, weil sie fürchten, mit ihren Kindern entweder zu warm oder zu kühl, zu zudringlich oder zu laisser-faire zu sein. Jede einzelne Mutter, die ich interviewt habe, vollführt, was ich einen Entweder-Oder-Balanceakt nennen möchte: einen Seiltanz zwischen dem Gefühl, ihrer Tochter zuviel Liebe und Emotionen zu zeigen und zuwenig davon. Wenn sie ihre Tochter liebt, ist sie ihr »zu nah« (Mythos Nummer acht); ist sie eher reserviert, bietet sie zu wenig Nähe an (Mythos Nummer zwei). Trotz der Frauenproteste gegen diesen Druck haben die Psychotherapeuten von Müttern, die Familien und die Freunde nicht viel getan, um diesen Entweder-Oder-Wahn zu reduzieren.

Ich habe nie eine Mutter getroffen – egal, wie sehr sie von anderen bewundert wurde –, die mit ihrer Mutterarbeit immer zufrieden war. Auch ich habe als Mutter dieselbe Erfahrung gemacht. »Ihr Kind hat Asthma? Sie wissen wohl, daß Asthma von überfürsorglichen Müttern verursacht wird«, sagte ein Kollege, der Psychologe ist. »Du läßt deine Zwölfjährige *alleine* in der U-Bahn fahren?! Machst du dir denn keine Sorgen um sie?« fragte eine wohlmeinende Freundin.

Die 30jährige Susannah kam zu mir in die Psychotherapie, weil sie überzeugt war, eine gräßliche Mutter zu sein, denn sie schwankte hin und her zwischen der Tendenz, »die Kinder zu ignorieren und sie vor Liebe zu erdrücken«. Wie bei vielen meiner Patientinnen stellte sich heraus, daß ihr größtes Problem ihr strenges Urteil über sich selbst war: Die Kinder dazu anzuhalten, auch mal alleine zu spielen, ist keine Zurückweisung, und sie zu vermissen, wenn sie beim Ex-Ehemann auf Besuch sind, kein Zeichen für gefährlich übertriebene Mutterliebe.

Töchter begreifen schnell, wie das Entweder-Oder-Dilemma die Interaktion mit ihrer Mutter beeinflußt: Wenn alles, was eine Mutter tut, so oder so negativ interpretiert werden kann, dann geht sie dasselbe Risiko ein, ob sie ihre Tochter so oder so behandelt. Mütter vollführen einen Balanceakt: Wenn die Tochter die traditionellen, weiblichen, hauswirtschaftlichen Aufgaben nicht übernimmt, war die Mutter nicht streng genug; wenn aber die Tochter bei diesen Tätigkeiten bereitwillig mithilft, nimmt sich die Mutter als *zu* streng und egoistisch wahr. Viele Töchter klagen:

»Wenn ich *nicht* vorschlage, nach dem Thanksgiving-Dinner bei Mutti das Geschirr zu spülen, hält sie mich für unweiblich und undankbar. Biete ich aber meine Hilfe an, sagt sie mir, das sei schon in Ordnung, sie mache es ja gern, und Geschirrspülen sei ohnehin eine Arbeit, die am besten von einer Frau alleine geleistet wird.«

Wir haben gelernt, Mutter-Tochter-Beziehungen hauptsächlich im Rahmen von Mythen zu sehen. Nach unserer Reise durch einige der wichtigsten Mythen sind Sie mit den Grundbegriffen eines neuen Vokabulars vertraut, mit einem Angebot an weniger vorwurfsvollen Interpretationen des Verhaltens Ihrer Mutter (oder Ihrer Tochter). Vielleicht wollen Sie dieses neue Vokabular nicht immer verwenden, aber Sie wissen jetzt, daß Sie die Wahl haben.

Nachdem Sie nun über die Auswirkungen von Mütterbeschuldigung und Mythen auf die Beziehung zu Ihrer Mutter nachgedacht
haben, empfinden Sie ihr gegenüber vielleicht schon weniger Zorn
und Frustration. Aber die richtige Erleichterung hat sich wohl
noch nicht eingestellt, weil das intellektuelle Begreifen der Mythen nicht ausreicht, um die intensiven negativen Gefühle zu verändern, die sich in all den miteinander verbrachten Jahrzehnten
zusammengebraut haben. Es kann verdammt schwer sein, die
Folgen jahrelanger Konflikte, von Entfremdung, Angst und
Schuldgefühlen zu überwinden, Sie würden also vielleicht immer
noch am liebsten Tausende Kilometer von Ihrer Mutter entfernt
leben. Gedanken zu begreifen, ist eine Sache; sie in die Praxis
umzusetzen eine andere. Eine meiner Studentinnen – Karen – erzählt:

»Ich weiß jetzt, wie ich Mama automatisch für Dinge verantwortlich mache, und wenn ich an sie *denke,* empfinde ich mehr Mitgefühl und weniger Zorn als früher. Aber wenn ich sie *sehe,* ist es wie
eh und je. Ich brause immer noch auf, wenn sie bestimmte Sachen
sagt oder mich auf eine gewisse Art ansieht.«

Wenn Sie, seit Sie dieses Buch lesen, erfolglos versucht haben, sich
Ihrer Mutter gegenüber anders zu verhalten oder auch nur anders
über sie zu denken, ist das kein Grund zur Verzweiflung. Dieses
Kapitel und die nächsten beiden werden Ihnen helfen, Ihre Einsicht in die Mechanismen von Mütterbeschuldigung und Mythen
in die Praxis umzusetzen.

Zuerst werden wir darüber nachdenken, was auf dem Spiel steht:
wie Ihr Leben reicher werden kann, wenn Sie eine Brücke zwischen sich und Ihrer Mutter spannen, und was Sie versäumen,
wenn Sie es nicht tun. Dann werden Sie lernen, Ihre Mutter-Tochter-Beziehung in aller Ruhe und Sicherheit zu überdenken und
möglicherweise zu versuchen, Veränderungen gemeinsam mit Ihrer Mutter herbeizuführen. Danach werden wir einige allgemeine
Schritte in Angriff nehmen, die jeder Frau, die ihre Mutter-Toch-

ter-Barrieren überwinden will, zugemutet werden können; darunter ist das Gefühl gegenseitigen Vertrauens und der Sicherheit, die Tochter und Mutter bei ihrer gemeinsamen Arbeit benötigen, wenn die Tochter das Bild, das sie sich von der Mutter macht, vermenschlichen und ein Bündnis mit ihr eingehen will. Und schließlich werden wir spezifische Probleme herausfiltern, die bearbeitet werden müssen, und entscheiden, wie wir an diese Arbeit herangehen sollen.

Niemand behauptet, daß es leicht sein wird; aber wenn Sie bewußt einige Schritte aufnehmen, die ich vorschlage und die anderen Frauen geholfen haben, dann stehen Ihre Chancen voranzukommen, nicht schlecht.

Mein Sohn Jeremy hat sich sein eigenes Motto zurechtgelegt: »Eine Treppe hat nur eine wirkliche Stufe. Die anderen sind bloß dazu da, um dir auf dem weiteren Weg zu helfen.« Die eine große Stufe, die Sie überwinden wollen, ist die Verbesserung der Beziehung zu Ihrer Mutter, Sie können aber nicht erwarten, daß Sie es in einem Sprung schaffen.

Wenn Sie also Ihre Mutter direkt auf die Probleme zwischen Ihnen beiden ansprechen, darf keine von beiden erwarten, stets sofort eine Antwort bereit zu haben. Denken Sie an den Wert von Stille und Zeit: Räumen Sie sowohl ihr als auch sich selbst Perioden des Schweigens ein, in denen Sie überdenken, was Sie gehört haben, wie Sie sich fühlen und was Sie damit anfangen wollen. Viele unnötige Probleme entstehen, weil wir glauben, auf Kritik oder Forderungen von anderen Leuten ganz rasch reagieren zu müssen. Sowohl Töchter als auch Mütter müssen sich Zeiten der Ruhe ausbedingen, Zeiten des Wartens, Zeiten, um Dinge emotional und geistig einwirken zu lassen, ehe sie reagieren. Die Forderung nach Schweigen oder Zeit ist ein Zeichen von gegenseitigem Respekt, denn Sie sagen damit: »Die Verbesserung unserer Beziehung ist mir so wichtig, daß ich Zeit und Energie darauf verwenden möchte.« Da wir in einer Kultur leben, die sofortigen Schlagabtausch und zackige Mundfertigkeit honoriert, fällt es uns oft nicht ein, um Zeit zu bitten, aber genau das kann für die Bearbeitung von Beziehungsproblemen von unschätzbarem Wert sein.

Manchen Töchtern mag Lesen und Denken schon als hinreichende Vorbereitung für ein direktes Gespräch mit der Mutter erscheinen. Viele Töchter müssen aber erst einmal mit anderen

Frauen sprechen, um zu proben, was sie ihre Mutter fragen oder ihr sagen wollen, um zu erleben, daß ihre Gefühle nicht einzigartig oder abstrus sind, und um Anregungen zu sammeln. Von anderen Frauen lernen wir, was sie für ihre Mütter empfinden, wie sich diese Gefühle verändert haben und was sie verändert hat, wir erfahren aber auch, wie es anderen Frauen geht, die Mütter *sind*.

Grundsätzlich haben die meisten von uns das Bedürfnis, weniger wütend zu sein und sich in der Beziehung zur Mutter entspannen zu können. Das Leben ist leichter, wenn unsere Beziehungen glatt verlaufen. Manchmal verlieren wir dieses Ziel aber aus den Augen, weil wir uns in Schuldzuweisungen und Rückzugsstrategien verstricken.

Die meisten Töchter werden sagen: »Sie kennen *meine* Mutter nicht. Sie ist unglaublich manipulativ, dominierend, abhängig, kalt, kritisch usw.« Die meisten Töchter werden auch erzählen, daß sie schon seit Jahren ergebnislos versuchen, »große Aussprachen« herbeizuführen. Wenn Sie diese Töchter auffordern, die »großen Aussprachen« zu beschreiben, sagen sie meistens, sie hätten die Mutter aufgefordert, sie »endlich loszulassen«, »sich nicht in ihr Leben einzumischen«, »nicht so kritisch« zu sein und so fort. Selten öffnet eine Tochter (oder eine Mutter) das Visier und sagt: »Ich möchte den Zaun niederreißen, die Kluft zwischen uns überbrücken. Ich möchte, daß wir einander näher kommen ... zu bestimmten Bedingungen, ja, aber mein Hauptwunsch ist, daß wir persönlicher und entspannter miteinander umgehen können.« Dieses Zugeständnis ist eine zentrale Voraussetzung, weil Sie und Ihre Mutter so zum gleichen Team gehören.

Warum ist es so wichtig, zu wissen, daß Sie auf derselben Seite stehen? Weil wir defensiv und paranoid werden, wenn wir meinen, die andere Person möchte uns kränken und sich *selbst* um jeden Preis schützen. Läßt sich eine Tochter auf den Wunsch ein, die Beziehung zu ihrer Mutter zu verbessern, wird die Mutter diesen Wunsch wahrscheinlich spüren, noch ehe die Tochter ein Wort darüber verloren hat. Wenn Mutter und Tochter beide ihre Beziehung verbessern wollen, dann können sie mit ihrer gemeinsamen Perspektive einer besseren Zukunft weit vorankommen. Der Weg zu einer besseren Beziehung ist nicht immer eben und von Dauer. Es wird Kämpfe und Rückschläge geben. Die Entschlossenheit, Ihr Ziel weiter zu verfolgen, wird Ihnen helfen, diese rauhen Zeiten zu überstehen, und Sie davor bewahren aufzugeben und das gewonnene Terrain wieder zu verlieren.

Was steht auf dem Spiel?

Wenn ein Teil Ihrer selbst danach trachtet, nicht an Ihre Mutter-Tochter-Beziehung zu denken und schon gar nicht, an ihr zu arbeiten, überlegen Sie sich diese wichtigen Punkte:

- Sie haben viel zu verlieren, wenn Sie aufgeben.
- Sie haben viel zu gewinnen, wenn Sie nicht aufgeben.

Wenn Sie aufgeben, werden Sie auch jene Fragmente – große oder kleine – der guten Zeiten verlieren, die es zwischen Ihnen und Ihrer Mutter gegeben hat. Sie werden vielleicht sogar die Gelegenheit verpassen, Ihre eigenen guten Seiten, die jenen Ihrer Mutter ähneln, zu verstehen und anzunehmen. *Legen Sie sich in ein ruhiges Zimmer und stellen Sie sich die Folgen vor, die eintreten, wenn Sie aufgeben. Versuchen Sie, sie sich so lebendig wie möglich vor Augen zu führen.* Stellen Sie sich den nächsten Urlaub oder das nächste Familientreffen vor – registrieren Sie den Knoten, der sich in Ihrem Bauch bildet, wenn Sie an den Zorn, die Trauer und die Fremdheit denken, die Sie in Anwesenheit Ihrer Mutter empfinden. Erinnern Sie sich daran, wie frustriert Sie waren, als Sie glaubten, diesem Gefühl hoffnungslos ausgeliefert zu sein. Fragen Sie sich, ob Sie dieses Gefühl des Unbehagens und der Ohnmacht wieder empfinden wollen.

Vielleicht sind Sie auch bereit, sich der allerletzten Frage zu stellen: Wie werden Sie sich fühlen, wenn Ihre Mutter stirbt? Spätestens dann bekommen die meisten Töchter, die aufgegeben haben, schreckliche Schuldgefühle, und viele sind frustriert und wütend, weil sie nun keine Gelegenheit mehr haben, die Beziehung zu ändern. Diese verlorene Chance ist besonders schmerzhaft, weil nach dem Tod eines Menschen meistens die warmen und positiven Erinnerungen an ihn zurückkehren. Eine Frau Mitte sechzig beschreibt diesen Prozeß:

»Meine Mutter starb nach dreijähriger Krankheit, die sie allmählich ausgehöhlt und ihre ganze Persönlichkeit verändert hatte. Sie, die einmal herzlich und energiegeladen gewesen war, wurde scharf, gereizt und passiv. In diesen drei Jahren hatte ich Mühe, mich an die Veränderungen anzupassen, die sich in ihr vollzogen. Aber nachdem sie gestorben war, kamen wunderbare Erinnerungen an jene Mutter hoch, die ich mehr als 55 Jahre gekannt hatte.«

Das Wichtigste, was mir die Frauen, deren Mütter tot waren, mitgeteilt haben, ist, daß schon der *Versuch*, die verbliebenen Probleme zu lösen, von Bedeutung ist. Kenna erzählt:

»Als meine Mutter mir mitteilte, sie hätte nur mehr sechs Monate zu leben, nützten wir diese Zeit gut. Unsere Beziehung war immer stürmisch gewesen, und wir konnten uns über kein einziges moralisches oder politisches Problem einigen. Aber während der letzten Monate ihres Lebens empfanden wir füreinander in erster Linie Liebe und Respekt, auch wenn wir nicht alle Probleme zwischen uns lösen konnten. Nachdem sie gestorben war, war es für mich sehr wichtig zu wissen, daß wir unser Bestes getan hatten, um einander näherzukommen. Wir hatten es wirklich versucht.«

Wenn Sie versuchen, die Beziehung zu Ihrer Mutter zu reparieren – oder Ihre Wahrnehmung von ihr zu revidieren –, werden Sie eher in der Lage sein, die herzlichen, komischen oder zärtlichen Aspekte der Beziehung in Erinnerung zu behalten. Es wird Ihnen dann gewiß besser gehen.

Weniger dramatisch zugespitzt hatte ich eine ähnliche Erfahrung mit meiner Mutter. Vor fünfzehn Jahren waren wir beide ungewöhnlich zurückhaltend, was zu einer unnötigen emotionalen Distanz zwischen uns führte. Als mein erstes Kind geboren wurde, kamen meine Eltern, die tausend Meilen von uns entfernt lebten, einige Wochen nach meiner Niederkunft zu Besuch. Jahre später sagte ich meiner Mutter, daß sie mich gekränkt hatte, weil sie nicht gleich nach Jeremys Geburt gekommen war. Sie erklärte mir, daß sie ihren Besuch absichtlich verzögert hatte, um sich nicht dem Vorwurf auszusetzen, zudringlich und überbesorgt zu sein; sie wollte auch nicht den Eindruck erwecken, sie mißtraue meinen Fähigkeiten als Mutter, also beschloß sie, zu warten, bis ich sie um einen Besuch bat. Ich hatte sie nicht gebeten, sofort zu kommen, weil ich einerseits nicht emotional bedürftig erscheinen wollte und andererseits der Meinung war, das mütterliche Wissen müsse ganz von alleine kommen, ich würde also niemanden brauchen.

Wenn uns die Mythen über die Bedürftigkeit der Frauen, die Macht der Frauen und die Natürlichkeit von Mütterlichkeit nicht in die Quere gekommen wären und wir über diesen Vorfall nicht so viele Jahre geschwiegen hätten, hätten wir uns eine Menge Mißverständnisse erspart. Wenn wir unsere Befürchtungen sofort ausgesprochen hätten, hätten wir unsere Entscheidungen auf der Grundlage *realer* Erwägungen treffen können anstatt aufgrund von Ängsten über eine mögliche falsche Interpretation unseres Verhaltens.

Wenn Sie nicht aufgeben, an Ihrer Mutter-Tochter-Beziehung zu arbeiten, werden Sie dafür reichlich belohnt werden: Sie gewinnen jene Wärme und Befriedigung, die aus dem Versuch, Beziehungen zu verbessern, entstehen. Wenn Sie bei Ihrer Mutter Qualitäten entdecken, die Sie respektieren und lieben können, heben Sie Ihre eigene Selbstachtung. Da wir bei uns selbst oft Ähnlichkeiten mit unserer Mutter feststellen, bekommen wir auch mehr Achtung vor uns *selbst*, wenn wir bei unserer Mutter Züge entdecken, die wir schätzen. Wir dürfen auch nicht vergessen, daß wir durch die Verbesserung der Beziehung zu unserer Mutter uns selbst die Kompetenz zugestehen, die Welt zu verändern; wenn es uns gelingt, in dieser Beziehung reale Veränderungen zu bewirken, egal, wie verschwindend klein, dann fühlen wir uns auch befähigt, andere Herausforderungen anzunehmen. Wir verbessern unseren Umgang mit anderen Frauen, einschließlich den mit *unserer* Tochter. Wenn Sie zögern, sich auf die Bewältigung der Beziehung zu Ihrer Mutter einzulassen, fragen Sie sich, welches Bild einer Mutter-Tochter-Beziehung Sie an Ihre Tochter weitergeben. Und überlegen Sie sich, ob es Ihnen recht wäre, daß Ihre Tochter aufgibt, wenn sie mit Ihnen Probleme hat.

Wenn Sie in Ihrem ruhigen Zimmer liegen, stellen Sie sich die positiven Folgen vor, die sich daraus ergeben, daß Sie es noch einmal versuchen. Führen Sie sich zum Beispiel in lebhaftem Detail die wärmste und wunderbarste Zeit vor Augen, die Sie mit Ihrer Mutter verbracht haben – den Ort, wo Sie waren, die Bilder, die Geräusche, die Gerüche. Wenn Sie einmal glücklich waren, vielleicht könnten Sie es wieder werden. Die 20jährige Molly versuchte diese Übung zu einer Zeit, als sie und ihre Mutter einander wegen ihres Bruders in die Haare geraten waren, weil er außerhalb ihrer Religionsgemeinschaft heiratete:

»Mutter hielt das, was mein Bruder tat, für schrecklich; für mich war es nicht so schlimm. Monatelang überschattete diese Frage unsere Beziehung. Immer, wenn ich an Mutter dachte, war ich frustriert und verärgert, weil die Familie wegen ihrer Einstellung auseinandergerissen wurde. Wenn ich mich hinlegte und mir unsere schönste Zeit zusammen vorstellte, erinnerte ich mich an die Vorbereitung eines Familientreffens, als ich zwölf war. Wir kauften gemeinsam die Dekorationen ein, kochten und machten eine Collage aus Familienfotos. Die ganze Zeit über fühlte ich mich warm und glücklich und innig mit ihr vereint. Wir hatten so viele Gemeinsamkeiten. Diese Erinnerung ermahnte mich, daß Mutter viel mehr war als die-Frau-die-die-Familie-nervt.«

Manche Töchter haben wenige schöne Erinnerungen, aus denen sie schöpfen können. Wenn Sie eine von diesen Töchtern sind, kann es trotzdem nützlich sein, Züge an Ihrer Mutter zu suchen, die nicht ganz so schlimm sind. Eine Studentin, die ich Nora nennen möchte, beschreibt ihren schwierigen Versuch, über das Verständnis für ihre Mutter sich selbst näherzukommen. In einer Seminararbeit schrieb sie: »Für mich war meine Mutter immer eine zornige Frau gewesen, und das ängstigte mich. Würde auch ich eine zornige Frau werden?« Nora machte sich selbst dafür verantwortlich, daß sie von ihrer Mutter geschlagen und von einem Nachbarjungen im Alter von vier Jahren sexuell mißbraucht worden war. Noras Bemühen, mehr über das Leben ihrer Mutter und über die Umstände zu erfahren, die sie dazu gebracht hatten, ihre Tochter zu mißhandeln, lohnten sich.

Als sie ihre eigene Erinnerung sorgfältig durchforstete und Geschichten über mißhandelnde Mütter studierte, erfuhr sie, daß ihre Mutter sehr gelitten hatte: unter der großen Zahl ihrer Kinder, unter ihrer mangelhaften Schulbildung (sie wurde gezwungen, die Schule nach der sechsten Klasse zu verlassen), unter dem Elend ihrer arrangierten Ehe mit einem gewaltsamen Ehemann und unter dem Entsetzen, der Verwirrung und dem Gefühl von Ohnmacht, als sie von Noras sexueller Mißhandlung erfuhr.

Noras Einsichten brachten sie nicht dazu, die Taten ihrer Mutter zu rechtfertigen, aber mindestens konnte sie ihre Mutter als eine Frau wahrnehmen, die Nora ohne Absicht verletzt hatte, weil der Druck, der auf ihr lastete, so groß war. Und was noch wichtiger war, Nora erkannte, daß weder die sexuelle noch die körperliche

Mißhandlung ihre Schuld gewesen waren, und daß sie keines von beiden verdient hatte.

Wenn sich eine Frau, die wie Nora Extreme durchlitten hat, durch eine Analyse der Erfahrungen ihrer Mutter wohler fühlen kann, dann bedeutet das für jene, deren Schicksal weit weniger tragisch ist, gewiß eine Quelle der Hoffnung.

Wenn Sie sich an gute Zeiten mit Ihrer Mutter erinnern und mehr über sie in Erfahrung bringen, werden Sie merken, daß Sie durch die Bearbeitung Ihrer Mutter-Tochter-Beziehung nur gewinnen können.

Sicherheit

Wenn Sie sich erst einmal überlegt haben, was Sie durch eine Revidierung Ihres Mutterbildes oder durch eine Neuaufnahme des Kontakts mit Ihrer Mutter gewinnen könnten und was verlieren, wenn Sie es nicht versuchen, müssen Sie einen Weg finden, sich ein Maximum an Sicherheit zu verschaffen. Denn egal, mit wieviel Begeisterung und Optimismus wir die vor uns liegende Aufgabe in Angriff nehmen, neigen wir Frauen doch gerne dazu, unsere Befürchtungen zu überspielen, besonders wenn es um die Mutter geht. Doch Leugnen kann keine Zweifel und Ängste beseitigen, sie werden leichter überwunden, wenn wir uns ihnen stellen.

Ihr Sicherheitsgefühl können Sie in dreifacher Weise herstellen:

(1) *Vermenschlichen Sie das Bild Ihrer Mutter.* Reduzieren Sie sie vom perfekten Engel oder der bösen Hexe auf einen normalen Menschen. Es ist immer leichter, mit einer realen Person fertig zu werden als mit einem überlebensgroßen Wesen. Um diese Vermenschlichung Ihrer Mutter zu erreichen, gibt es viele Techniken: Nicht alle mögen sich in Ihrem Fall bewähren; manche sind Ihnen angenehmer als andere; und vielleicht brauchen Sie gar nicht alle. Lesen Sie den Abschnitt »Vermenschlichen Sie das Bild Ihrer Mutter« in Kapitel 7 und entscheiden Sie sich für jene Methoden, die Ihnen am meisten zusagen.

(2) *Wenn Sie in sich einen Widerstand gegen einen neuerlichen Anlauf verspüren, versuchen Sie herauszufinden, was die Ursache sein könnte.* Sind Sie so böse, daß Sie Angst haben, die Kontrolle zu verlieren und etwas absolut Schreckliches zu tun? Wenn das der Fall ist, lesen Sie sich nochmals den Abschnitt über Zorn in Kapitel 2

durch, und bemühen Sie sich herauszufinden, welche Gefühle Ihrer Wut zugrunde liegen. Das wird Sie aller Wahrscheinlichkeit nach produktiver machen. Vielleicht wird es nötig sein, Ihrem Zorn erst einmal an einem sicheren Ort mit einer neutralen und Müttern nicht negativ eingestellten Person Luft zu machen, damit Ihr erster Versuch, Ihre Mutter zu erreichen, nicht von Ihrer Wut überschattet ist.

Vielleicht kommt Ihre Blockierung aus der Angst vor weiteren Enttäuschungen. Sie haben es so oft versucht, und es hat nicht funktioniert. Wenn dies der Fall ist, lesen Sie sich den Anfang dieses Kapitels mehrmals durch. Fragen Sie sich, ob Sie sich wirklich bemüht haben, sich selbst und Ihre Mutter auf die gleiche Ebene zu stellen, ehe Sie die Probleme zur Sprache brachten, die zwischen Ihnen bestehen. (Diese Frage wird im nächsten Abschnitt dieses Kapitels ausführlicher behandelt.)

Vielleicht fühlen Sie sich durch Ihre Mutter zu eingeschüchtert, um einen neuerlichen Annäherungsversuch zu wagen. Wenn das der Fall ist, wenden Sie doch die vom Psychologen Dr. Albert Ellis mit großem Erfolg angewandten Techniken an.[91] Er schlägt vor, sich die Frage zu stellen, was schlimmstenfalls passieren könnte und diesen Fall dann wie folgt zu kommentieren: »Wenn das *tatsächlich* einträte, wäre es schmerzhaft, demütigend, deprimierend – *Aber* – davon geht die *Welt* nicht unter!« Die Beziehung zu unserer Mutter ist so wichtig, daß wir uns nur selten vergegenwärtigen, daß wir auch dann überleben werden, wenn ein neuerlicher Annäherungsversuch vollkommen danebengeht.

Wenn Sie einmal Ihre schlimmsten Ängste herausgefunden haben, können Sie Schritte unternehmen, um deren negative Auswirkungen zu verringern. Haben Sie Angst, daß Sie vernichtet werden, wenn Sie sich bemühen, mit Ihrer Mutter zurechtzukommen, und es Ihnen nicht gelingt? Haben Sie Angst, von ihr zurückgewiesen und weniger geliebt zu werden als bisher? Haben Sie Angst, daß Sie vor ihr in Tränen ausbrechen oder vor Wut explodieren oder daß Sie vor Schuld- und Schamgefühlen vergehen werden? Die meisten Töchter haben solche Ängste. Was können Sie tun?

Sie können versuchen, die Ängste so lange zu drehen und zu wenden, bis Sie sie ganz verstehen; vielleicht hilft Ihnen die Lektüre der Kapitel 2 und 8. Dann können Sie sich im voraus ausmalen, wie Sie sich fühlen werden, wenn aus einem Gespräch mit Ihrer

Mutter oder aus einem Versuch, mit ihr anders umzugehen, nichts wird. Das reduziert den Überraschungseffekt, der uns so verletzbar macht. Sie können sich ins Gedächtnis rufen, daß Sie kein Kind mehr sind und die Anerkennung und Liebe Ihrer Mutter nicht so verzweifelt brauchen wie früher. Sie hätten sie vielleicht *gern*, aber es ist nicht – wie früher – eine *absolute Notwendigkeit*. Wenn Ihre Mutter Sie jetzt als erwachsene Person zurückweist, brauchen Sie nicht bar jeder Liebe in Ihr Zimmer zu gehen und mit dem Gefühl, absolut ungeliebt zu sein, zu trotzen; Sie können eine gute Freundin anrufen, sich alte Liebesbriefe durchlesen, ins Kino gehen, Tausende Sachen machen, die Erwachsenen offenstehen, wenn sie sich ihres Wertes vergewissern wollen.

Haben Sie vor allem Angst zu weinen, wenn Sie versuchen, mit Ihrer Mutter zu reden? Wenn das der Fall ist, denken Sie daran – wiederholt, wenn nötig –, daß Sie sich vielleicht blöd oder verletzbar vorkommen werden, aber: *Davon geht die Welt nicht unter.* Haben Sie Angst davor, noch mehr Schuld- und Schamgefühle zu bekommen? Fragen Sie sich, ob es denn überhaupt möglich ist, sich noch schuldiger als jetzt zu fühlen? Fragen Sie sich: »Was bedeutet schon ein weiterer Streit?« Schlimmstenfalls kommt es zum Streit, bestenfalls kann aber auch eine Verbesserung eintreten. Denken Sie daran, daß Sie sich ihr dieses Mal besser vorbereitet nähern werden; Sie werden die Ursachen Ihrer eigenen Gefühle besser kennen und das, was sie tut, mit weniger Aggressionen, Herabsetzungen und Selbstvorwürfen interpretieren und beurteilen.

Vielleicht sind Sie blockiert, weil der Umgang mit Ihrer Mutter schon so lange unmöglich war, daß Sie sich eine Änderung einfach nicht vorstellen können. Vielleicht war es aber nur unmöglich, weil Sie Ihre Mutter für makellos oder gräßlich oder etwas von beidem hielten; sie erschien übermenschlich perfekt oder unmenschlich böse. Ihr nächster Schritt sollte dann sein, nach Wegen zu suchen, sie als schlicht menschlich zu sehen, herauszufinden, auf welche Weise Ihre Mutter einfach Mensch ist. (Siehe Kapitel 7, Abschnitt »Vermenschlichen Sie das Bild Ihrer Mutter«.)

Und wenn sich Ihre Beziehung nach all diesen Bemühungen immer noch nicht verändert? Wenigstens werden Sie nicht mit dem quälenden Gedanken durchs Leben gehen, Sie hätten *vielleicht* einen Durchbruch geschafft, wenn Sie unter Anwendung Ihrer neuen Einsichten in die Mechanismen der Mütterbeschuldigung und der Mythen mit ihr gesprochen hätten.

(3) *Beschließen Sie kleine Schritte.* Zielen Sie nicht darauf ab, die Spannung zwischen Ihnen und Ihrer Mutter mit einem Schlag zu beseitigen. *Nehmen Sie sich einen winzigen und langsamen Schritt in ihre Richtung vor.* Schreiben Sie eine Liste der kleinstmöglichen Schritte, die Sie sich vorstellen können – eine Geburtstagskarte mit Ihrer Unterschrift, aber ohne eine weitere Botschaft; Fragen an sie über ihr Leben, die nichts mit Ihnen und Ihrer Beziehung zu ihr zu tun haben; ein an sie gerichtetes Lächeln; einen Augenblick des Nachdenkens, ehe Sie ihre nächste Einladung zum Abendessen abschlagen (selbst wenn Sie es dann trotzdem tun). Wenn Sie sich für den kleinen ersten Schritt entscheiden, überlegen Sie, was für Sie problemlos wäre, Ihrer Mutter aber viel bedeuten würde. Wenn ihr Geburtstage wichtig sind, beginnen Sie damit, ihr zum Geburtstag eine Karte zu schreiben. Wenn sie bei der Begrüßung schrecklich zurückhaltend ist, versuchen Sie es mit einem spontanen, unaufgeforderten Lächeln. Und erwarten Sie nicht, daß Ihre kleinen Schritte sofortige Wirkung zeigen. Ihre Mutter braucht vielleicht Zeit, um zu begreifen, daß Ihr verändertes Verhalten nicht nur eine Halluzination ist, nicht eine Fassade oder bedeutungslose Geste, sondern ein Schritt in ihre Richtung.

Kleine Schritte in dieser Phase erhöhen Ihr Wohlbefinden, weil Sie jetzt mit Ihrer Mutter anders umgehen. Niemand sagt Ihnen, daß Sie größere Veränderungen sofort herbeiführen müssen. Und je hoffnungsloser Sie sich heute bei dem Gedanken an eine mögliche Veränderung fühlen, desto wichtiger ist es für Sie, kleine Erfolge zu erleben. Niemand – und gewiß nicht wir oder unsere Mutter – kann großangelegte Veränderungen mit einem Schlag bewirken, und wenn Sie meinen, einen riesigen Sprung auf der Stelle schaffen zu müssen, dann werden Sie fast mit Sicherheit auf die Nase fallen. Weder Sie noch Ihre Mutter werden darauf vorbereitet sein.

Jeder dieser Wege, sich wohl zu fühlen, erfordert Zeit und sorgfältiges Bemühen. Die Vermenschlichung des Bildes Ihrer Mutter kann plötzlich und dramatisch einsetzen, sobald Sie *versuchen*, sie als Mensch und nicht als perfekt oder unmöglich schlecht zu sehen, der Vermenschlichungsprozeß selbst geht aber langsamer vor sich.

Der Versuch, zwischenmenschliche Probleme zu lösen, ist selten einfach, und in so gut wie jedem von uns ruft er Ängste hervor. Der Wunsch, ein Problem zu lösen, *bevor* wir wissen, weshalb wir solche Schwierigkeiten haben, es zu versuchen, ist wie der Wunsch, mit Arbeitsschuhen einen Hochsprung zu vollführen. Wenn wir uns jedem unserer Mutter-Tochter-Probleme nähern, werden wir darüber nachdenken müssen, was uns blockiert. Diese Pause ist kein Luxus; sie ist eine absolute Notwendigkeit.

Das Verstehen der Mütterbeschuldigung und der Mythen bietet uns Anhaltspunkte dafür, wo wir die wirklichen Ursachen der Mutter-Tochter-Problematik finden können. Aber *weil* sie *interpersonelle* und oft jahrzehnte alte Probleme sind, werden viele von uns eine Menge Trümmerarbeit leisten müssen. Deshalb muß uns klar sein, daß die Schritte, die wir tun, häufig klein sein werden. Aber selbst wenn sie winzig sind, gehen sie mindestens vorwärts und nicht rückwärts. Wie beim Fußball ist jeder Schritt in die Richtung des eigenen Tors wesentlich ermutigender als ein Sturm in die falsche Richtung.

Eine Beziehung für zwei

Obgleich es offensichtlich ist, vergessen wir oft, daß Beziehungen von zwei Menschen handeln. Manchmal verbringen wir so viel Zeit damit, uns auf uns selbst zu konzentrieren – auf unsere Mängel, Probleme und Bedürfnisse –, daß wir übersehen, wie unser Leben von anderen beeinflußt wird. Alleine können Sie bis zu einem gewissen Grad Ideen entwickeln, Probleme lösen und das Leben genießen. Aber solche Bemühungen sind begrenzt, wenn sie völlig *losgelöst* von der Anstrengung erfolgen, unsere Beziehungen zu Menschen zu verbessern, die in unserem Leben wichtig sind.

Oft wird uns ein Therapeut oder irgendeine andere Person sagen: »Wenn Ihre Mutter Ihr Bedürfnis nach Privatheit nicht respektiert, werden Sie sich von ihr fernhalten müssen!« Viel seltener bekommen wir zu hören: »Ich weiß, daß Ihre Mutter Sie krank macht; hier sind einige Vorschläge, wie Sie Ihr Privatleben schützen können, ohne sie abrupt und total auszuschließen.« Dann werden wir selbstgerecht und impulsiv und verlangen von anderen, daß sie unsere Bedürfnisse befriedigen. Viele Leute, die eine Therapie machen, hören vernünftige Vorschläge wie »Finden Sie heraus, was Sie wirklich wollen, um sich wohl zu fühlen« und interpretieren sie falsch als »Ich habe das Recht, das, was ich will, einzufordern, und ich sollte es immer bekommen!«

Der Versuch, Probleme mit Ihrer Mutter zu lösen, ist sinnlos, wenn Sie nur an Ihre eigenen Bedürfnisse und Ihre eigene Wut denken. Wenn dieses Bild auf Sie zutrifft, dann probieren Sie doch einige der in Kapitel 7 ausgeführten Übungen, die Ihnen helfen sollen, Ihr Mutterbild zu vermenschlichen und mit ihr ein Bündnis zu schließen. Wenn *Sie* die Beziehung zu Ihrer Mutter als explosiv oder distanziert beschreiben, dann wird diese sich Ihrer Mutter wahrscheinlich auch nicht viel anders darstellen, und sie hat dann ebensowenig Lust wie Sie auf eine weitere Explosion, eine weitere leere Begegnung. Und warum sollte sie sich um ein ernstes Gespräch mit Ihnen bemühen, wenn sie sich davon nichts Positives erwartet?

So können Sie zum Beispiel *zu sich selbst* sagen, daß die dominante Art Ihrer Mutter Ihr Selbstvertrauen untergraben hat. Aber Sie können nicht realistisch erwarten, daß sich Ihre Beziehung zu ihr verbessern wird, wenn Sie mit einer solchen einseitigen Behauptung anfangen. Warum? Weil die meisten Menschen auf Zorn, Kritik und Vorwürfe negativ reagieren, besonders in engen Beziehungen. Die Verbesserung Ihrer Beziehung zu ihr hängt nicht nur von *ihr* ab, und es steht auch nicht Ihnen alleine zu, die Probleme der Beziehung zu definieren. Wenn Sie aber nicht nur danach trachten, die Probleme zu beseitigen, sondern sich auch eine bessere *Beziehung* zu Ihrer Mutter wünschen, dann müssen Sie ihr einfach mehr bieten als die Behauptung, Ihre Mutter mache Sie krank.

Vergessen Sie nicht, daß Ihre Mutter sich wahrscheinlich jahrelang gesorgt hat, ob sie eine gute Mutter sei, ob sie Ihnen keinen Schaden zugefügt hat, ob Sie ihr nicht schreckliche Dinge vorwerfen, ob Sie – besser als alle anderen – ihre Mängel als Mutter nicht bemerkt haben. Wenn Sie jetzt den Selbstzweifeln und Selbstvorwürfen Ihrer Mutter Ihre eigenen Vorwürfe hinzufügen, wissen Sie nur zu gut, was sie tun wird. Um das herauszufinden, hätten Sie kein Buch lesen müssen. Wie jeder gesunde Mensch wird sie mit einer Kombination aus Zorn, Abwehr, Selbstbezichtigung, Schuldgefühlen und Depression reagieren. Diese Gefühle bestärken Sie nicht in Ihrer Fähigkeit oder Neigung, eine dornenvolle Beziehung zu bearbeiten.

Selbst wenn Sie zu einem Teil meinen sollten, Ihre Mutter hätte es verdient zu leiden, vergessen Sie nicht, daß Sie doch daran interessiert sind, die Beziehung zu ihr zu verbessern, und Vorwürfe und Kritik bieten ihr nichts, woran sie arbeiten kann; sie fühlt sich nur mies und machtlos – und Ohnmacht lähmt. Sie wird sich durch die scheinbare Unmöglichkeit, das, was sie Ihnen angetan hat, wiedergutzumachen, paralysiert fühlen. Das schlimmste Verbrechen, das man ihnen vorwerfen kann, ist für die meisten Mütter, ihre Kinder unglücklich gemacht zu haben. Kaum eine Mutter kann sich vorstellen, das wiedergutzumachen.

Ebenso wie *Sie* kleine Schritte in Richtung Veränderung tun, wird auch bei *ihr* das Gefühl reifen, kleine Schritte machen zu können, die zu einer Veränderung führen könnten. Sie muß sich unterstützt und befähigt fühlen, um den Mut zu finden, sich den gemeinsamen Barrieren zu stellen. Für ein solches Unterfangen brauchen wir alle ein Gefühl von Sicherheit. Zwei der wichtigsten Stützen werden sein: (1) die Gewißheit Ihrer Mutter, mindestens bei einigen Fragen eine gemeinsame Basis mit Ihnen finden zu können, und (2) die Hoffnung Ihrer Mutter auf eine bessere Beziehung in der Zukunft.

Unterstützung und Stärkung

Welche Schritte tragen dazu bei, daß wir uns unterstützt und gestärkt fühlen, uns der Mutter mit bestimmten Fragen zu nähern? Eine Verbindung von *Fortbildung und Proben* kann sehr hilfreich sein.

Selbstfortbildung

Bevor Sie mit Ihrer Mutter sprechen, haben Sie vielleicht das Bedürfnis, *sich über Ihre Gefühle und Erwartungen Klarheit zu verschaffen, indem Sie mit einem Partner, einer Freundin, einer Schwester oder anderen Verwandten, einer Frauengruppe oder einer guten feministischen Beraterin sprechen.* Sie werden mehr über sich erfahren, wenn Sie sich *deren* Perspektive Ihrer ungelösten Probleme anhören und sich über die Probleme mit *ihren* Müttern oder Töchtern austauschen. Vielleicht wollen Sie bei einer bestehenden Gruppe mitmachen, Sie können sich aber auch überlegen, eine eigene zu gründen: durch Mundpropaganda unter Freundinnen oder Arbeitskolleginnen, über eine Frauengruppe oder Kirche, über eine Anzeige in Ihrer lokalen Stadt- oder Frauenzeitung. Egal, ob Sie Ihr Problem mit einer einzigen Person oder in einer

Gruppe bearbeiten, sehr informelle und unstrukturierte Gespräche können höchst produktiv sein. Vielleicht möchten Sie aber die Angelegenheit strukturierter und gezielter angehen. Ist das der Fall, könnten Sie in der Gruppe dieses Buch oder andere Bücher und Artikel über Mütter und Töchter lesen und von diesen ausgehend Ihr Problem diskutieren.

Wenn Sie etwa von den Kapiteln 4 und 5 ausgehen, *können Sie diskutieren, wie die Muttermythen unser Leben beeinträchtigen, wie Sie über Ihre Mutter oder über sich selbst als Mutter denken.* Hannah, zum Beispiel, erkannte, daß ein Geschenk, das der Vater ihr gemacht hatte, als sie sieben Jahre alt und krank war – die Figur eines Engels –, ihr als lebendige Erinnerung an seine Wärme im Gedächtnis geblieben ist; gleichzeitig hatte sie aber Schwierigkeiten, sich auch nur an ein einziges ähnliches Ereignis im Zusammenhang mit ihrer Mutter zu erinnern. Sie sagte: »Wahrscheinlich ist es so, daß meine Mutter *meistens* warm und liebevoll war, Vati aber viel reservierter. Ich glaube aber auch, daß ich von ihr nichts anderes erwartete, während ich bei ihm überrascht war.« Das Nachdenken über diese unterschiedliche Wahrnehmung ihrer Eltern veränderte Hannahs Blick auf die Mutter, weil sie nun bewußt sah, was sie früher kaum bemerkt hatte.

Als nächsten Schritt in Ihrer Selbstfortbildung versuchen Sie, *Ihre Mutter zu beschreiben.* Konzentrieren Sie sich vor allem auf die Probleme, die Ihre Mutter-Tochter-Beziehung am stärksten belasten. Vielleicht wollen Sie die Technik anwenden, die sich in meinen Kursen bewährt hat: Schreiben Sie die ersten drei Worte oder Wortgruppen auf, die Ihnen beim Wort »Mutter« in den Sinn kommen. Verfassen Sie dann eine längere Beschreibung Ihrer Mutter. Und schließlich beenden Sie den Satz: »In bezug auf meine Mutter wünsche ich mir …« Wenn Sie mit einer anderen Person oder mit einer Gruppe zusammenarbeiten, dann kann jede Frau diese Übung ausführen, und Sie lassen die Beschreibungen reihum gehen (wenn es Ihnen lieber ist, können Sie das in der Gruppe auch anonym machen), damit Sie Gemeinsamkeiten und Unterschiede herausarbeiten können. Nachdem jede von Ihnen die Beschreibungen gelesen hat, besprechen Sie das Material; das wird Ihnen gewiß helfen, Ihre Mutter als Person zu sehen.

Kapitel 7 enthält einen ganzen Abschnitt über die »Vermenschlichung des Bildes Ihrer Mutter«, viel davon ist Selbstfortbildung oder aber direkte Arbeit mit Ihrer Mutter. Zwei solcher Übungen werden hier erwähnt, weil sie besonders dann hilfreich sind, wenn Sie mit jemand anderem als Ihrer Mutter arbeiten, ob nun mit einer Person oder mit einer ganzen Gruppe. Zuerst sollte jede Frau *die negativen Beschreibungen der Mutter als Stärken uminterpretieren oder zumindest als Mängel, die die Tochter nicht verletzen* wollen. Dann *achten Sie auf Beispiele, die darauf hinweisen, daß die von der Tochter beschriebenen positiven Eigenschaften der Mutter vielleicht auf das Bedürfnis der Tochter zurückzuführen sind, Beschützerin ihrer Mutter oder Agentin einer perfekten Mutter zu sein.* Natürlich haben alle Mütter Fehler, nicht bloß irrtümlich falsch benannte gute Eigenschaften, und was eine Tochter bei ihrer Mutter an positiven Eigenschaften feststellt, mag ja auch tatsächlich positiv sein. Aber diese Übungen helfen uns, die Mütter in einer einigermaßen vernünftigen Perspektive zu sehen, befreit von kulturell vorgefertigten Urteilen.

Die Gruppe kann sich auf einige Grundregeln einigen. Eine Regel ist *das Verbot der Mütterbeschuldigung und der Verwendung von Mythen als Erklärungsmuster für Probleme mit der Mutter.* Dann sind wir gezwungen, uns neue Erklärungsmuster für Verhalten und Motive unserer Mutter und für unsere eigenen Reaktionen einfallen zu lassen. Wenn eine Frau zum Beispiel von ihrer fordernden Mutter spricht, darf die Gruppe ihr das nicht durchgehen lassen. »Gefahr! Mythos vom Faß ohne Boden!« müssen die Teilnehmerinnen warnen. Dann muß die Tochter ein konkretes Beispiel für das Verhalten ihrer Mutter nennen. Die Gruppenmitglieder oder der Partner sollten dann gemeinsam mit der Tochter überlegen, ob dieses Beispiel die unerfüllbaren, unvernünftigen Bedürfnisse der Mutter beweist oder ob es nicht auch anders interpretiert werden könnte. In manchen Fällen stimmen der Partner oder die Gruppe vielleicht überein, daß eine Mutter im Unrecht ist, wenn sie nicht bereit ist, einen Therapeuten aufzusuchen oder mit Freunden über die außereheliche Beziehung des Vaters zu sprechen, sondern darauf besteht, *nur* die Tochter in die Geschichte einzuweihen. Wenige Töchter sind erfreut über eine solche Totalverantwortung für das psychische Wohlergehen ihrer Mutter. In einem solchen Fall kann der Partner oder die Gruppe der Tochter helfen, die einfache Schuldzuweisung an die Mutter zu überwinden. Anstatt zu sagen »Ja, deine Mutter ist wirklich unmöglich!«, können sie zu Beobachtungen verhelfen wie: »Vielleicht glaubt deine Mutter, daß eine gute Frau außerhalb des engen Familienkreises niemals etwas Schlechtes über ihren Mann sagen darf, egal, was er ihr antut. Vielleicht kannst du ihr also vermitteln, daß es völlig in Ordnung ist, andere Leute ins Vertrauen zu ziehen, und daß *du* zumindest sie deswegen nicht kritisieren würdest.«

Gemeinsame Perspektiven und Lösungen

Eine zweite nützliche Regel für die Selbstfortbildung ist, sich gegen Ende jedes Treffens Zeit zu nehmen, um *konkrete Schritte zu besprechen, die sich im Umgang einzelner Teilnehmerinnen mit ihrer Mutter als praktikabel erwiesen haben.* Wie hat es Mary ihrer Mutter gesagt, daß sie mit ihr über ihre kritische Einstellung Marys Freund gegenüber sprechen wollte? Welche Worte genau hat Jane verwendet, als sie ihre Mutter fragte, ob sie Janes Schwester *wirklich* lieber hat? Ermutigen Sie die Gruppe, sich in einem Brainstorming Worte einfallen zu lassen, die Sie verwenden könnten. Wenn wir uns nicht vorstellen können, wie wir ein peinliches Thema ansprechen sollen, kann diese Art von Übung unsere Kreativität aktivieren.

Wir sind füreinander die beste Quelle an Einfällen für Techniken und hochspezifische »Wie«-Ideen. In meinen Kursen und Workshops entdecken Frauen, die der Gruppe ein scheinbar unlösbares Problem vortragen, daß andere Frauen auf Ideen kommen, die ihnen nie eingefallen wären. Überwältigt und erschreckt vom Wunsch, der Mutter »Warum kannst du mich nicht endlich in Frieden lassen?« ins Gesicht zu schreien, versagt die Phantasie, wie wir ihr diese Botschaft auch anders vermitteln könnten – und so sagen wir überhaupt nichts. Wie oft ist es passiert, daß eine Frau, die zuhörte, wie eine andere Frau ein Problem in Angriff nahm, plötzlich ausrief: »Genau das ist es! So könnte ich es sagen. Es wäre mir nie eingefallen, das so zu formulieren.«

Wir müssen einander daran erinnern, daß wir unsere Ziele nicht zu hoch zu stecken brauchen: Wir sind nicht auf der Suche nach großartigen Erfolgsstories über plötzliche Lösungen von Problemen, die seit der Kindheit schwelen. Am besten lernen wir voneinander – und unterstützen und ermutigen einander –, wenn wir zum Beispiel sagen:

»Mir wurde klar, daß meine Mutter uns nicht zu zwölft zum Thanksgiving-Essen einlädt, weil sie gerne leidet und gerne von der vielen Arbeit Rückenschmerzen bekommt. Ich weiß nun, daß sie Angst hat, als schlechte Mutter kritisiert zu werden, wenn sie uns *nicht* einlädt, und außerdem bereitet es ihr ja auch Freude, uns alle um sich zu haben, weil sie ihre Familie liebt. Sobald ich das begriff, ertappte ich mich beim nächsten Thanksgiving bei einer Schuld-und-Wut-Reaktion, als ich ihr müdes Gesicht sah. Ich konnte mich nicht dazu bringen, ihr Wärme und Solidarität entgegenzubringen, aber immerhin hatte ich das Gefühl, Mutti ein klein wenig besser zu verstehen, und das tat wohl.«

Proben und Rollenspiele

Die Arbeit in einer Gruppe oder mit einem Partner ist auch ideal für *Proben und Rollenspiele*. Bitten Sie jede Frau in der Gruppe, eine andere für die Rolle der Mutter auszuwählen und dieser »Mutter« zu beschreiben, was sie für die schlimmsten Eigenschaften ihrer Mutter hält. Dann wird geprobt, wie die Tochter sich ihrer Mutter nähern würde. Die anderen Gruppenmitglieder müssen genau zuhören und dann mit der Tochter besprechen, was sie an konstruktiven, riskanten oder destruktiven Sachen getan hat.

Eine Methode, Ihre Chance zu maximieren, *konstruktiv* zu sein und *destruktive* Interaktionen auf ein Mindestmaß zu beschränken, ist das sogenannte »expressive Training«.[92] Die Prinzipien und schrittweisen Anleitungen für expressives Training sind im Anhang beschrieben. Ich hoffe, daß Sie sie sorgfältig durchlesen, ehe Sie sich ans Ausprobieren machen, aber ich werde sie hier kurz umreißen. Wie im Abschnitt »Eine Beziehung für zwei« ausgeführt, sind wir wahrscheinlich zum Scheitern verurteilt, wenn wir auf unsere Mutter – oder irgend jemand anderen – mit Drohungen, Forderungen oder Kritik zugehen. Wenn wir aber gekränkt und wütend sind, neigen wir gerade dazu. Wir müssen also einen Weg finden, der uns ermöglicht mitzuteilen, wie wir uns fühlen, der aber gleichzeitig unserer Mutter ermöglicht, uns zuzuhören *und* auf Ideen zu kommen, wie sie dazu beitragen könnte, unsere Beziehung zu verbessern.

Wenn ich also sage »Mama, du mischst dich zu sehr in mein Leben ein«, ist das eine Kritik, die sie entweder abblocken wird, oder sie wird zur Gegenattacke ausholen: »Das ist notwendig, weil dein Urteilsvermögen unter jeder Kritik ist! Schau dir doch nur an, was für eine Null du geheiratet hast!« Wenn ich mich aber darauf beschränke, zu sagen, *wie ich mich fühle*, und nicht, *was sie tut*, dann habe ich einen guten Anfang gemacht: »Mama, es verletzt mich, wenn du sagst, ich soll meinen Mann loswerden. Es kränkt mich, weil ich ohnehin eine schwere Zeit mit ihm habe und deine Unterstützung brauchen würde. Wenn du mir aber solche Radikalkuren empfiehlst, kriege ich das Gefühl, du traust meinem Urteilsvermögen überhaupt nicht.« Mit solchen Sätzen beschreiben Sie nicht nur Ihr Gefühl, sondern sagen Ihrer Mutter auch, was sie getan hat, um dieses Gefühl auszulösen; Sie haben es getan, ohne sie anzugreifen, Sie haben ihr nur gesagt, sie empfehle Ihnen radikale Lösungen. Wenn Ihre Mutter einigermaßen offen ist, könnten Sie eine angenehme Überraschung erleben, wie positiv sie reagiert, wenn sie sich nicht gegen Kritik oder Angriffe verteidigen muß. Wenn Sie sie angreifen, hat sie Schwierigkeiten, Ihre Bedürfnisse zu berücksichtigen, da sie damit beschäftigt ist, sich selbst zu verteidigen. Wird sie nicht angegriffen, sagt sie vielleicht: »Nun, dann laß mich doch wissen, wann du meinen Rat *wirklich* brauchst.« Oder sie entnimmt Ihren Sätzen vielleicht, daß Sie ihre Unterstützung brauchen.

Wenn Sie Ihre Gefühle und deren Ursache klar ausdrücken und Ihre Mutter reagiert dennoch negativ, wird ärgerlich, kramt uralte Geschichten hervor oder rationalisiert wie verrückt, kehren Sie zu Ihrer einfachen Feststellung des Gefühls und dessen Ursache zurück. Wiederholen Sie es und sagen dann: »Ich wollte nur, daß du weißt, wie ich mich fühle und warum. Ich erwarte nicht von dir, daß du auf das, was ich gesagt habe, sofort reagierst. Aber es wäre schön, wenn du darüber nachdenken könntest, vielleicht können wir ein anderes Mal darüber reden.« Diese Technik ist so einfach, aber in unserer wortbesoffenen Zeit wird sie selten angewandt. Vielleicht ist Ihre Mutter erleichtert, daß Sie sie informiert haben, *ohne* von ihr zu erwarten, gleich eine Antwort parat zu haben oder sofort zu handeln. Ein Weg, uns gegenseitig Respekt zu beweisen, ist, einander Zeit zum Verdauen des Gehörten einzuräumen.

Manche Mütter reagieren auch dann nicht positiv, wenn Sie Ihre Worte sehr sorgfältig wählen. Vielleicht antwortet sie also: »Ich behandle dich, als hättest du kein Urteilsvermögen, weil du keines hast!« Ich unterstelle nicht, daß alle Mütter traumhaft reagieren, wenn Sie sich nur die magischen Worte einfallen lassen. Aber wenn Sie schon einen modus vivendi mit Ihrer Mutter finden müssen, so werden Sie sich selbst eher mögen, wenn Sie Ihre Gefühle und deren Ursache mit Würde vorbringen, ohne Kritik, ohne Drohungen und ohne Forderungen. Das ist eine wertvolle Lektion. Es hindert uns daran, unsere Fehler mit denen unserer Mutter zu verwechseln. Es ermöglicht uns, *unsere* Tendenz, provokant und verletzend zu agieren, von *ihrer* zu unterscheiden. Wenn *wir* positiv handeln, sehen wir, daß unsere Mutter-Tochter-Beziehung vielleicht nicht deshalb kaputt ist, weil Mutter wie Tochter versagt haben. Denken Sie aber daran, daß das Erkennen ihrer Fehler uns jetzt nicht mehr in die Phase der Mutterbeschuldigung zurückzuwerfen braucht; idealerweise sollte es uns dazu bringen, uns weiter dafür zu interessieren, warum sie ist, wie sie ist, unter Berücksichtigung des ganzen Mythen-Gepäcks. Aber selbst wenn wir dieses Ideal nicht erreichen, ist der Abschied vom Ritual von Angriff und Gegenangriff, in das wir uns so leicht verstricken, befreiend und stärkt das Selbstbewußtsein.

Die Techniken des expressiven Trainings sollten mit einer Person geprobt werden, die *nicht* Ihre Mutter ist, aber sie leisten auch dann unschätzbare Dienste, wenn Sie das direkte Gespräch mit ihr suchen. (Und zweifelsohne werden sie auch in anderen Beziehungen nützlich sein.)

Überlegen Sie sich, ob Sie Ihrer Mutter nicht mitteilen wollen, daß Sie gerne mit ihr über die Barrieren zwischen Ihnen sprechen würden, und schlagen Sie ihr vor, vielleicht eine Müttergruppe zu gründen, in der sie mit anderen Müttern in ähnlicher Weise zusammenarbeiten könnte, wie Sie es in der Töchtergruppe tun. Es könnte auch nach einigen Monaten getrennter Treffen eine Begegnung der beiden Gruppen vereinbart werden. Verwenden Sie Ihre Kreativität, um interessante Übungen für die kombinierte Gruppe zu organisieren. Bieten Sie zum Beispiel beiden Teilen eines Mutter-Tochter-Paars die Gelegenheit, sich über die Sicht der jeweils anderen zu informieren. Stellen Sie sicher, daß jeder Teil eines Mutter-Tochter-Paars ihre Fassung eines der anstehenden Probleme vorher in der getrennten Gruppe in einem Rollenspiel bearbeitet hat. In der gemeinsamen Gruppe können dann die Frauen, die im Rollenspiel Mutter und Tochter gespielt haben, dieselbe Szene der wirklichen Mutter und Tochter vorspielen. Ermuntern Sie schließlich die wirkliche Mutter und Tochter, die Szene zu spielen und sie mit dem Rest der Gruppe zu besprechen.

Sie haben jetzt einen Rahmen, der Ihnen hilft, über die vielen Probleme zwischen Ihnen und Ihrer Mutter nachzudenken; Sie wissen jetzt über Mütterbeschuldigung und Mythen Bescheid. Wenn Sie sich überlegt haben, was auf dem Spiel steht, wie Sie sich absichern und wie Sie und Ihre Mutter sich gegenseitig stützen und ermutigen können, dann sind Sie gut genug vorbereitet, diesen Rahmen für die Praxis zu nutzen.

Siebtes Kapitel
Die Beziehung reparieren

> ... je mehr du deine Kinder liebst, um so
> schockierter werden sie sein, wenn sie auch
> nur eine winzige Spur von Zweifel oder Ab-
> lehnung entdecken. Wir sind unersättlich
> nach dieser Liebe, wir erwarten, daß sie voll-
> kommen ist, wir können nicht verzeihen, daß
> auch die Mutterliebe nur menschlich ist.
> Marilyn French, ›Tochter ihrer Mutter‹

> Kann es für uns ein größeres Wunder geben,
> als einen Augenblick lang durch die Augen
> des anderen zu schauen?
> Henry David Thoreau, ›Walden‹

Vielleicht haben Sie vor, direkt mit Ihrer Mutter über die Schwierigkeiten in Ihrer Beziehung zu sprechen, und wissen bereits, wie Sie es
anstellen werden. Oder Sie wollen eine solche Diskussion noch
nicht – vielleicht auch niemals – führen; vielleicht hätten Sie ja Lust
dazu, aber *Ihre Mutter* weigert sich, oder sie ist schon gestorben.
Vielleicht befinden Sie sich irgendwo zwischen diesen beiden Extremen. Egal, wie Sie sich im Augenblick gerade fühlen, dieses Kapitel
wird Ihnen helfen, so manches Mutter-Tochter-Problem zu bearbeiten. Sie sollten dabei drei Schritte befolgen. Sie müssen:
1. *das Bild Ihrer Mutter vermenschlichen,* weil Sie die wirkliche
   Frau hinter den Muttermythen erkennen müssen, egal, ob Sie
   Ihre Probleme mit ihr besprechen oder bloß versuchen, Ihre
   Mutter mit anderen Augen zu sehen;
2. *ein Bündnis mit Ihrer Mutter schließen,* entweder tatsächlich
   oder in Gedanken; und
3. *ein Problem auswählen und beschreiben,* mit dem Sie beginnen
   wollen.

Das Bild Ihrer Mutter vermenschlichen

Das Bild Ihrer Mutter zu vermenschlichen bedeutet auch, das ganze Spektrum ihrer Eigenschaften und Verhaltensweisen sehen zu
wollen. Manche Töchter nehmen ihre Mutter vorwiegend ideali-

siert wahr, andere nur im Zusammenhang mit Vorwürfen und Herabsetzungen, wieder andere tun beides. Wir neigen dazu, uns vor gewöhnlichen Menschen weniger zu fürchten und weniger wütend auf sie zu sein als bei solchen, die uns überlebensgroß erscheinen – ob im Guten oder im Bösen.

Dieser Abschnitt beschreibt eine Fülle von Techniken, die Ihnen helfen sollen, das Bild Ihrer Mutter so zu verändern, daß ihre mythischen Dimensionen verschwinden. Probieren Sie die Techniken aus, die Ihnen persönlich am meisten entsprechen. Vielleicht fallen Ihnen auch andere ein. Normalerweise beginnen die Töchter mit den allgemeinen Techniken, die das Ziel verfolgen, die Mutter zu entmythologisieren. Wenn Sie Ihre Mutter meistens idealisiert sehen, werden Sie sich wahrscheinlich darum bemühen müssen, die realen Lebensprobleme Ihrer Mutter wahrzunehmen. Wenn Sie beim Gedanken an Ihre Mutter voller Vorwürfe und negativer Gefühle sind, ist es für Sie wohl am besten, jene Techniken anzuwenden, die Ihnen helfen, sich den schlimmsten Aspekten Ihrer Mutter zu stellen; wenn Sie dann versuchen, ihre Struktur zu verstehen, werden Sie am Ende einsehen, daß diese nicht ganz so abgrundtief schrecklich sind, wie Sie dachten. Um die Arbeit der Vermenschlichung mit einem optimistischen und zukunftsweisenden Grundtenor ausklingen zu lassen, sollten alle Töchter bei ihrer Mutter nach Eigenschaften suchen, die sie respektieren können.

Die Mutter entmythologisieren

Wenn wir aus der Mutter eine Person menschlichen Zuschnitts machen wollen, müssen wir die mythische Hülle wegreißen, die die Person, die sie wirklich ist, umgibt. Ein erster Schritt ist die Einsicht, wie Sie (wahrscheinlich unbeabsichtigt) Mythen benutzen, um ihr Verhalten zu kategorisieren und zu etikettieren; dabei wird es vielleicht hilfreich sein, sich der psychologischen Technik der Übertreibung zu bedienen. *Schreiben Sie eine Liste von möglichst vielen Dingen, die Ihre Mutter tut, und versehen Sie jede ihrer Verhaltensweisen mit dem Etikett engelgleich oder hexenhaft* – wobei Sie unter Umständen in den Kapiteln 4 und 5 nachschlagen. Wahrscheinlich werden Sie finden, daß einige ihrer Verhaltensweisen weder in die eine noch in die andere Kategorie passen; der Versuch, alles, was sie tut, in die eine oder die andere

Kategorie zu *zwingen*, wird Ihnen helfen, ihre schlicht menschlichen Anteile zu erkennen.

Eine Frau klagte zu Beginn eines Mutter-Tochter-Workshops, daß sie es nicht ertragen konnte, die Mutter in ihrer Wohnung zu besuchen, »weil sie mir immer ein riesiges Essen vorsetzt«. Ich machte sie darauf aufmerksam, daß sie diese Beschwerde nicht in ihre »Engel oder Hexe«-Liste aufgenommen hatte. Sie antwortete: »Ich wollte es schon aufschreiben, aber dann dachte ich, das ist doch weder ein engelhaftes noch ein hexenhaftes Verhalten, oder?« Ich sagte ihr, daß ihr Tonfall und ihr Gesichtsausdruck den Eindruck erweckt hätten, ihre Mutter hätte sie wegen des Essens regelrecht gemartert. Deshalb drängte ich sie, den Konflikt über das Essen in die »Hexen«-Spalte ihrer Liste einzutragen. Als wir dann darüber diskutierten, hörten die anderen Frauen in der Gruppe sie sagen:

»Als ich gezwungen wurde, *alle* Aspekte des Verhaltens meiner Mutter auf diese Liste zu setzen, wurde mir klar, daß einiges davon nicht schrecklich genug ist, um meine Reaktion zu rechtfertigen. Wenn sie also ein so dringendes Bedürfnis hat, mich zu füttern, und ich nicht in der Lage bin, einfach ›Nein, danke‹ zu sagen, anstatt ihr das ein Leben lang vorzuwerfen, dann muß ich mich wahrscheinlich auch damit beschäftigen, warum ich in dieser Frage so viele Schuld- und Wutgefühle habe.«

Solange die Mutter für uns mehr *oder* weniger als ein Mensch ist, können wir auch uns selbst nicht als bloße Menschen annehmen. Wenn Mutter perfekt sein *könnte*, oder wir meinen, sie *sollte* es sein, dann werden wir uns auch bei uns selbst nicht mit weniger begnügen. Und wenn wir ihre Destruktivität ins Gigantische vergrößern, dann haben wir Angst davor, auch selbst so zu sein. Die Engel-Hexe-Polarität hindert uns daran, unsere Mutter Dinge zu fragen, die wir ohne Schwierigkeiten jede Partybekanntschaft fragen würden.

Wahrscheinlich wissen Sie schon mehr über Ihre Mutter, als Sie annehmen – benutzen Sie dieses Wissen, um das Bild, das Sie sich von ihr machen, zu vermenschlichen. Auf der Grundlage dessen, was Sie wissen, *begeben Sie sich auf die systematische Suche nach gemeinsamem Terrain*. Fragen Sie sich, was Sie miteinander verbindet: Werte, Ängste, politische Einstellungen, die Art Freunde,

Religion, Lieblingsspeisen, Vergnügungen und Frustrationen, Verhaltensweisen, Bewegungen, körperliche Merkmale, Stilempfinden etc. Vielleicht möchten Sie eine Liste der Eigenschaften aufschreiben, bei denen Sie Ähnlichkeiten feststellen können. Sie haben wahrscheinlich einige unvernünftig hohe Erwartungen und einige unvernünftig geringe Meinungen über sich selbst, aber tief in Ihrem Inneren wissen Sie, daß Sie im großen und ganzen »einfach ein Mensch« sind. Das Auffinden von Gemeinsamkeiten zwischen Ihnen und Ihrer Mutter könnte also zur Vermenschlichung ihres Bildes beitragen.

Es kann schön und bewegend sein, die Mutter endlich als Menschen wahrzunehmen. Wenn wir weniger Angst davor haben müssen, von ihr als unzulänglich oder als Quelle des Ärgers angesehen zu werden, kann es uns, ebenso wie bei jedem anderen, Spaß machen, mehr über sie zu erfahren. *Überlegen Sie sich, was Sie über die Kindheit Ihrer Mutter wissen,* da Kinder den meisten Leuten sehr menschlich erscheinen und wir bei ihnen weniger als bei Erwachsenen zu Verehrung oder Verurteilung neigen. Ich erinnere mich, daß mir meine Mutter erst vor einigen Jahren erzählte, daß sie als Kind so gerne ein Hündchen zum Kosen gehabt hätte. Ich hatte immer gewußt, daß meine Mutter Katzen haßte, und hatte angenommen, daß diese Ablehnung auf alle Tiere zutraf. Als sie mir von ihrem Kindheitswunsch erzählte, warf ich einen kurzen Blick auf ein kuschelbedürftiges, wehmütiges kleines Mädchen – weder eine perfekte, idealisierte Mutter noch eine Person, die mit solcher Macht ausgestattet ist, daß wir sie für alle Übel der Welt verantwortlich machen.

Sie erzählte mir eine andere Geschichte aus ihrer Kindheit, eine, die mir eine ganz andere Seite ihrer Person zeigte. In der ersten Klasse teilte sie ein Kästchen mit einem kleinen Mädchen, das immer vor ihr zur Schule kam. Dieses Mädchen ließ seine Jause – mit einer großen, in Dill eingelegten Gurke – im Spind, und wenn meine Mutter die Tür öffnete, schlug ihr der himmlische Duft entgegen. Monatelang aß meine Mutter dem Mädchen die Dillgurke weg. Für ein Kind, das sich ansonsten immer brav und still verhielt, war das eine außergewöhnlich kecke Tat! Ich hatte nun ein anderes lebhaftes Bild von der Menschlichkeit meiner Mutter, das weder idealisiert noch verteufelt werden konnte.

Die beste Art, Ihre Mutter zu vermenschlichen, ist, *ihre Biographie zu schreiben oder auf Band aufzunehmen.* Am leichtesten fällt es Ihnen, sich Ihre Mutter als normale Person vorzustellen, wenn Sie sich überlegen, daß sie nicht auf magische Weise als Erwachsene zur Welt gekommen ist, sondern eine Kindheit hatte, eine Familie, die sie erzog, eine Umwelt, in der sie aufwuchs, eine Geschichte ihrer Familie und ihrer Kultur. Wenn Ihre Mutter am Leben ist und sich einverstanden erklärt, mit Ihnen zu sprechen, dann lege ich Ihnen wärmstens ans Herz, sie zu interviewen. Oft trägt schon Ihr bloßer *Wunsch,* ihre Lebensgeschichte zu hören, zur Vermenschlichung *ihrer Person* bei – nicht bloß des Bildes, das Sie sich von ihr machen. Diese Demonstration von Interesse auf seiten der Tochter hat schon so manche Mutter dazu gebracht, weniger wütend und distanziert zu sein. Sie hat dann weniger Bedürfnis, sich vor dem zu schützen, was sie als Überheblichkeit oder Desinteresse der Tochter interpretiert; und sie fühlt sich vom Zwang befreit, perfekt erscheinen zu müssen, um sich die Anerkennung ihrer Tochter zu verdienen.

Wenn Sie, aus welchem Grund auch immer, Ihre Mutter nicht direkt interviewen, beschaffen Sie sich ihre Lebensgeschichte von Leuten, die sie gut kennen. Sie könnten auch die Mutter einer anderen Frau interviewen, während diese Ihre Mutter befragt; danach können Sie die Unterlagen austauschen. Die veränderte Perspektive, die sich aus dieser Übung ergeben kann, ist manchmal erstaunlich. Die Essayistin Anna Quindlen bemerkte kürzlich:

»Meine Freundinnen erzählen mir von ihren Müttern, von ihrer Dominanz, ihrem andauernden Herumkritisieren, ihren spitzen Bemerkungen, und wenn ich diese Frauen treffe, kann ich sehr wenig von dem finden, was ihre Kinder beschreiben. Meistens kommen sie mir intelligent, rücksichtsvoll, nett vor. Aber ich bin nicht in der Lage, ein Urteil zu fällen. Für mich sind sie einfach Menschen, nicht eine lebenslange Folie, eine Elle, an der ich mich messe, um öffentlich den Mangel bei der Mutter zu finden, privat bei mir selbst.«[93]

Bitten Sie Ihre Mutter (oder die Menschen, die Sie über sie befragen), Ihnen alles über ihr Leben zu erzählen, von den Umständen ihrer Geburt an. (Wenn sie lieber bei *ihren* Eltern anfängt, beginnen Sie dort. Ein gemeinsames Interesse an Ihren gemeinsamen Vorfahren ist ein guter Weg, um eine gemeinsame Basis zu finden; sie wird dann vielleicht entspannter sein, wenn sie bei ihrem eigenen Leben angelangt ist.)

Bevor Sie beginnen, sehen Sie sich die ›Leitlinien für Mutter-Tochter-Interviews‹ im Anhang an; dort finden Sie die Punkte, die die Psychologin Karen Glasser Howe ihren Studentinnen empfiehlt, wenn diese die Biographie ihrer Mutter schreiben,[94] aber auch zusätzliche Fragen, die ich formuliert habe und von denen manche sich auf die Muttermythen beziehen. Zögern Sie nicht, sie zu ändern, wenn es Ihnen nötig erscheint. Howe sagt, daß ihre Studentinnen durch das Schreiben der Biographie viel über ihre Mutter erfahren und Mitgefühl und Nähe für sie entwickeln.

Fragen Sie Ihre Mutter nach ihren Erfahrungen mit Ihnen von Anfang an. Lassen Sie sie lange genug über die Zeit vor Ihrer Geburt reden, weil Sie wahrscheinlich über diesen Teil ihres Lebens am wenigsten wissen. Was empfand sie am Tag, als sie heiratete? Wie war es für sie, ihren Familiennamen zu ändern? Welche Ansprüche hatte sie an ihre Ehe? Wie verlief ihr erstes Ehejahr? Was überraschte sie, enttäuschte sie, begeisterte sie? Fühlte sie sich wohl in der Rolle als Ehefrau, Köchin, Hausfrau? War ihre Schwangerschaft geplant? Was empfand sie, als sie erfuhr, daß sie schwanger war – warum freute sie sich, *und* welche Ängste hatte sie?

Wie verlief ihre Schwangerschaft? Wie waren Sie in utero – schlugen Sie um sich, oder verhielten Sie sich still? Wie war Ihre Geburt? Was empfand sie, als sie Sie zum ersten Mal sah? (Geben Sie ihr zu verstehen, daß sie sich in guter Gesellschaft mit vielen anderen Müttern befindet, wenn sie nichts gespürt hat, und daß das keineswegs beweist, daß bei ihr etwas nicht stimmt.) Wie erlebte sie die Tage in der Klinik, ehe sie mit Ihnen nach Hause kam? Erinnert sie sich an das erste Mal, als sie mit Ihnen alleine zu Hause war? Hatte sie Angst? Was machte ihr Spaß, als Sie ein Baby waren, und was trieb sie auf die Palme? Wie nahm sie die Einschränkungen auf, die mit der Mutterschaft verbunden sind? Hat sie jemals mit jemandem über ihre Ängste gesprochen, und wenn, wie haben diese Leute reagiert? Hielt sie sich für eine schlechte oder unzulängliche Mutter?

Wenn Ihre Mutter in ihrer Erzählung dort ankommt, wo sie

Mutter wurde, geben Sie ihr zu verstehen, daß Sie wissen, daß Mutterschaft keiner Frau leichtfällt, weshalb Sie ja auch wissen wollen, wie es in ihrem Fall war. Sie suchen hier nicht nach der Wahrheit, sondern eher nach ihren Erinnerungen, ihrer Meinung.

Fragen Sie sie, wo sie sich über ihre Aufgabe als Mutter informierte. Wer beriet sie, und was sagten diese Leute? Waren diese Informationen brauchbar? (Oder stöbern Sie im Bücherregal Ihrer Mutter nach den Kindererziehungsbüchern, die sie verwendete, als Sie klein waren. Schmökern Sie in ihnen. Sie werden eine Vorstellung von den »Solls« bekommen, die sie umzusetzen versuchte.)

Achten Sie während des Interviews genau auf ihre Reaktionen. Wenn ihre Augen zu glitzern beginnen, dann *müssen* Sie unbedingt weiterfragen. Aber lassen Sie sich nicht vertreiben, wenn sie angespannt, traurig oder böse wird. Vielleicht ist sie nur angespannt und traurig, weil ihr in der Vergangenheit niemand zuhören wollte, sich nie jemand ausreichend für sie interessierte. Spannungen, Ärger und Trauer sind Signale, die anzeigen, daß etwas im Entstehen ist, vielleicht, um geheilt zu werden. Manchmal werden Sie sich eine geistige Notiz davon machen müssen, was los war, als das negative Gefühl auftauchte – warten Sie ein wenig ab und kommen später darauf zurück.

Ich hatte einige ausgezeichnete Bücher über die Schwierigkeit, Mutter zu sein, gelesen, und meine eigene Mutter war für Gespräche über ihre Erfahrungen immer offen gewesen. Aber erst als ich sie über ihre Kämpfe systematisch befragte, öffnete sich mir in unerwarteter Weise das ganze Spektrum ihres Lebens – und deshalb sowohl ihrer Menschlichkeit als auch unserer Beziehung.

Ich war positiv überrascht zu erfahren, wie ausgeglichen sie sich fühlte, als ich ein Baby war. Da ich meine Babys zwar vergötterte, aber unter der Verantwortung und körperlichen Erschöpfung förmlich zusammenbrach, nahm ich an, daß es auch für sie so gewesen sein mußte. Sie aber erklärte mir, daß die Ärzte damals den neuen Müttern empfahlen, keine Treppen zu steigen und sich viel auszuruhen. Heute werden Frauen gedrängt, Superfrauen zu sein – sie sollen gebären, sofort aus dem Wochenbett springen, das Abendessen kochen und nebenbei ihr Neugeborenes stillen. Meine Mutter aber wußte, daß ihr Ruhebedürfnis den Segen ihres Arztes hatte, es war also für sie völlig in Ordnung, sich von ihrer Mutter und einer anderen Frau helfen zu lassen; das setzte sie frei, sich voll auf ihr Baby zu konzentrieren.

Andererseits hatte ich nicht gewußt, daß meine Mutter Schwierigkeiten hatte, mich zu stillen. Als sie dem Kinderarzt von meiner Kolik erzählte, warf er ihr vor, mich nervös zu machen. Dies wieder machte *sie* nervös, und ihre Milch versiegte, wodurch sich das negative Urteil des Arztes über ihre Fähigkeiten als Mutter bestätigte. Meine Mutter war Opfer einer fatalen Kombination von ihrer individuellen, persönlichen Unsicherheit, dem Mythos, daß Mütterlichkeit angeboren sei, und dem Mythos, daß nur Experten wissen, was für Babys gut ist.

Die Kämpfe Ihrer Mutter berücksichtigen

Wenn wir Menschen aus der Entfernung sehen, erkennen wir selten ihre Makel. Ein wichtiger Schritt, die Idealisierung Ihrer Mutter zu überwinden, ist, sie aus der Nähe zu betrachten, mit all ihren Kämpfen und realen Lebensproblemen. Solange ich mich erinnern kann, hatte mein Vater in seinem Büro ein Plakat an der Wand, auf dem stand: »Seien Sie freundlich, denn jeder, den Sie treffen, hat Sorgen im Gepäck.« Für die Sorgen der Mutter aber sind wir oft blind. Eine Mutter hat eine enorme Verantwortung – die Pflicht, unsere Entwicklung zu beurteilen, die Pflicht, uns darauf hinzuweisen, wo wir uns ändern oder bessern sollen, das sozial sanktionierte Recht, uns zu bestrafen, wenn sie glaubt, daß wir zu weit vom rechten Pfad abweichen, und die Pflicht zu wissen, wann sie mit all diesen Dingen aufhören soll. Es ist also kein Wunder, daß wir ihre Kämpfe übersehen, wenn wir nur auf das starren, was sie für uns zu tun hat, ja, daß wir nicht einmal wissen, ob sie *überhaupt* kämpft.

Außerdem fühlen sich viele Mütter verpflichtet, dem idealisierten Bild der Mutterschaft zu entsprechen, also verheimlichen sie ihre Schwierigkeiten vor uns. Vielen wurde auch gesagt, daß Kinder nicht mit Informationen über die Fehler oder Unsicherheiten ihrer Eltern »belastet« werden sollten. Folglich erfahren die meisten von uns nicht viel von der Realität des Lebens unserer Mutter, und diese Informationslücke trennt uns voneinander. Je mehr wir über eine andere Person wissen, desto eher fühlen wir uns ihr verbunden – weil es wahrscheinlicher ist, daß wir Ähnlichkeiten mit uns selbst entdecken.

Ich hatte vor einigen Jahren ein Erlebnis, das den Kampf einer Frau zeigte, die eine sehr mächtige Stellung hatte. Diese Geschichte veranschaulicht dramatisch, wie die Menschlichkeit einer scheinbar unverletzlichen Frau übersehen werden kann. Diese Frau war meine Chefin, nicht meine Mutter, aber wie eine Mutter erschien sie mir überlebensgroß. Sie war in eine Position aufgestiegen, die noch nie von einer Frau eingenommen worden war; sie überwachte eine große Zahl von Angestellten, die alle hochsensible, komplexe und wichtige Arbeiten verrichteten. Eines Tages erfuhr ich, daß sie sich einer Augenoperation unterziehen mußte. Ich wollte ihr ein kleines Geschenk machen. Da ich über ihr persönliches Leben nur wußte, daß sie Musik liebte, kaufte ich ihr eine musikspielende Schlüsselkette. Als mir das zu wenig vorkam, hatte ich die Idee, ihr für jeden ihrer Sinne (außer den Augen) ein kleines Geschenk zu machen, das ihr in der Rekonvaleszenzphase Freude bereiten würde. Ich kaufte ihr ein kleines Stück Seife mit Limonengeruch, ein Tierchen aus Samt zum Betasten und einige Gummibärchen zum Schmecken.

Aus zweiter Hand erfuhr ich, daß meine Geschenke sie sehr gerührt hatten, weil sie annahm, ich wüßte von ihrer Angst, das Augenlicht zu verlieren, und wollte ihr eine Botschaft schicken: »Selbst wenn Sie Ihr Augenlicht verlieren, so haben Sie immer noch alle anderen Sinnesorgane, um das Leben zu genießen.« Ich wünschte, ich hätte das bedacht, aber ich kannte sie nicht gut genug, um ihre Angst auch nur zu ahnen. Ich glaube nicht, daß sie irgend jemandem am Arbeitsplatz davon erzählt hatte. Da wir sie für mächtig hielten, kamen wir nie auf die Idee, daß auch sie Ängste haben könnte.

Da Mütter oft versuchen, ihre Probleme und Fehler vor ihrer Tochter zu verbergen, und da sie die Macht haben, zu bewirken, daß sich die Tochter sowohl wunderbar als auch gräßlich fühlt, halten viele Töchter ihre Mütter irrtümlich für unverletzbar und allmächtig. Wenn Sie beginnen, sich über die Kämpfe Ihrer Mutter Klarheit zu verschaffen, denken Sie daran, daß die meisten Mütter folgende Probleme haben: Unsicherheit bei der Kindererziehung, Isolation, körperliche Erschöpfung, ein Gefühl der Unzulänglichkeit, zu viel Verantwortung und Angst zu versagen. Andere Kämpfe, die viele Mütter bestehen müssen, sind Rassendiskriminierung, Armut, Behinderung oder Krankheit, nicht akzeptierte sexuelle Vorlieben, viele Kinder, Behinderung, Krankheit oder Tod eines Kindes, sexuelle Mißhandlung in der Kindheit oder in der Gegenwart, Unterbezahlung, Überarbeitung, Mißachtung

oder sexuelle Belästigung am Arbeitsplatz, Scheidung, Verlassen-
werden, schlechte Beziehungen zu anderen Familienmitgliedern,
Verantwortung für andere Familienmitglieder sowie enttäuschte
Ambitionen und Träume. Jede Mutter kennt wenigstens einige
dieser Belastungen.

*Überlegen Sie sich also, wie die Widrigkeiten, denen Ihre Mutter
ausgesetzt war, ihr Verhalten Ihnen gegenüber beeinflußt haben
könnten.* Erinnern Sie sich an Zeiten, als sie zu müde war, um mit
Ihnen zu spielen, oder extrem gereizt oder emotional sehr bedürftig? Waren das vielleicht die Zeiten, in denen sie die Belastungen
am stärksten spürte? Wenn Sie nicht sicher sind, fragen Sie sie
selbst oder aber Leute, die sie damals kannten. Denken Sie daran,
daß neueren Schätzungen zufolge mindestens ein Drittel und
wahrscheinlich eher die Hälfte aller Mütter Opfer irgendeiner Art
von Mißhandlung waren – sexueller Mißbrauch als Kind, sexuelle
Übergriffe im Erwachsenenalter, körperliche Mißhandlung durch
den Partner. Da Mißhandlungen zu geringer Selbstachtung, Unsicherheit und Ängstlichkeit führen, ist ein riesiger Teil dessen, was
in den Augen der Tochter Schuld der Mutter war, teilweise darauf
zurückzuführen, daß sie Opfer von Gewalt war – die Tochter aber
wußte es nicht.

Wenn wir uns mit den Kämpfen unserer Mutter befassen, erscheinen die schlimmen Sachen, die sie uns angetan hat, meistens weniger
destruktiv, weniger bösartig, ja sogar weniger gravierend, weil wir
die Ursachen verstehen (ihre Angst vor einer bevorstehenden Scheidung, ihre Sorge, womit sie die nächste Mahlzeit bezahlen soll
usw.). Wir können dann auch die guten Dinge, die sie getan hat,
besser schätzen, wenn wir wissen, daß sie diese den Widrigkeiten
zum Trotz tat, und daß unsere Mutter nicht sorgenfrei durch ihr
Mutterleben segelte, sondern das Aufziehen der Kinder ihr Anstrengungen, Tränen, Kraft und Einfallsreichtum abverlangte.
Wenn wir diese verschütteten Qualitäten aufdecken, sind wir in der
Lage, solche Eigenschaften auch bei uns selbst zu entdecken.

Diese Techniken der Vermenschlichung lassen sich auf sehr viele
Probleme zwischen Ihnen und Ihrer Mutter anwenden, manche
davon werden in Kapitel 8 besprochen. So kann das Wissen um die
Kämpfe und die Perspektive Ihrer Mutter Ihre Meinung, die Mutter sei nicht so fürsorglich und liebevoll gewesen, wie sie es hätte
sein können, in einem anderen Licht erscheinen lassen. Eine enge
Freundin erzählte mir, daß sie durch Gespräche mit gleichaltrigen

Freundinnen kürzlich erkannte, daß ihre Beziehung zu ihrer Mutter ziemlich distanziert war. »Ja, ich weiß«, antwortete ihre Mutter.

»Das kommt daher, weil dein Kinderarzt mir sagte, ich müsse dir Unabhängigkeit beibringen, und ich bemühte mich sehr, diesem Rat zu folgen. Erst kürzlich habe ich erkannt, daß ich dich dadurch ausgesperrt habe. Es gibt wohl immer Möglichkeiten, die Unabhängigkeit eines Kindes zu fördern und dennoch liebevoll zu bleiben und die Nähe nicht zu verlieren, aber wie das aussehen könnte, beginne ich erst jetzt zu ahnen. In meiner Familie mit den zehn Kindern waren meine Eltern zu beschäftigt, um sich uns zu widmen. Sie hatten einfach keine Zeit.«

Die schlimmsten Eigenschaften Ihrer Mutter

Wenn Sie an die schlimmsten Eigenschaften Ihrer Mutter denken, kann es sein, daß Sie weniger Neigung verspüren, Ihrer Mutter Vorwürfe zu machen und sie herabzusetzen. Wie wir in den Kapiteln 2 und 3 gesehen haben, sind Vorwürfe und Herabsetzungen zwar ein schneller, aber letztlich unproduktiver Weg, das unangenehme oder beleidigende Verhalten einer Person uns gegenüber zu bewältigen. Wenn wir uns bemühen, nicht den Weg des geringsten Widerstands einzuschlagen, und wirklich versuchen, in die Schuhe des anderen Menschen zu schlüpfen, lernen wir die andere Person zu verstehen und entwickeln uns auch persönlich weiter.

Sie können das auf vielfältige Weise tun, immer aber geht es darum, sich in die Situation Ihrer Mutter hineinzuversetzen. Wenn Sie ihr sehr böse sind oder sich von ihr sehr entfremdet fühlen, haben Sie vielleicht keine übermäßige Lust, diese Übungen auszuprobieren, die Ergebnisse lohnen aber den Ausflug. Schlimmstenfalls haben Sie sich über einen anderen Aspekt des Lebens, einen anderen Punkt am Rad der menschlichen Erfahrung informiert. Bestenfalls sind Sie danach in der Lage, das Leben Ihrer Mutter zu verstehen. Simone ist eine 72jährige Schriftstellerin, die versuchte, in die Schuhe ihrer Mutter zu steigen, indem sie über ihre Beziehung eine Kurzgeschichte schrieb:

»Sie war immer sehr streng zu mir, zwang mich, die Verantwortung für die schlimmsten und schwersten Arbeiten auf unserer

Farm zu übernehmen. Ich wuchs auf mit dem Gefühl, Aschenputtel in der Zeit vor der guten Fee zu sein. Ich schrieb eine lebensechte Kurzgeschichte über die Beziehung zu meiner Mutter, aber die Zeitschrift, die sie in Auftrag gegeben hatte, sagte, sie sei zu negativ, die Mutter sei zu eindimensional und durch und durch schlecht.

Meine erste Reaktion war: ›Aber so war sie wirklich!‹ Um mein Honorar für die Geschichte nicht zu verlieren, fügte ich neues Material über die Mutter hinzu, die von der schweren Arbeit auf der Farm gebeugt und einsam geworden war. Ich hielt die hinzugefügten Stücke für reine Fiktion. Jahre später unterhielt ich mich mit einer Frau, die meine Mutter gekannt hatte, als sie meinen Vater heiratete; die Frau erzählte mir, daß meine Mutter den verzweifelten Wunsch gehabt hatte, Konzertpianistin zu werden, Vater aber untersagte es ihr. Als sie einander kennenlernten, war sie bereits eine erfolgreiche Musikerin, er aber wollte aus ihr eine Farmersfrau machen. Sie hatte mir nur erzählt, daß Klavierspielen ihr Hobby war.«

Solche Geschichten zeigen, daß wir oft mehr über unsere Mutter wissen, als wir ahnen, wenn wir erst einmal versuchen, ihre jahrelangen Zeichen, Andeutungen und Anspielungen richtig zu interpretieren.

Es gibt eine Reihe von Techniken, die Ihnen helfen, die schlimmsten Eigenschaften Ihrer Mutter zu hinterfragen. Sie können sie *geradeheraus fragen, warum sie Sie bei einem besonders schmerzhaften Vorfall auf eine bestimmte Weise behandelt hat* und was sie damals fühlte und dachte. Das mag in diesem Stadium gewagt erscheinen, aber manchmal sind wichtige Informationen nur deshalb nie ans Tageslicht gekommen, weil niemand danach gefragt hat. Oder Sie können, wie Simone, *eine Geschichte über das Leben Ihrer Mutter schreiben (oder sich ausdenken)*. Bedenken Sie alles, was Sie über sie wissen, vor allem aber *versuchen Sie, aus ihr eine angenehme Person zu machen;* das mag schwerfallen, wenn Sie gerade jetzt nicht gut auf sie zu sprechen sind, aber Sie werden finden, daß sich die Mühe lohnt. Eine Frau namens Phoebe sagte nach einem Workshop über Mütter und Töchter:

»Als ich begann, über meine Mutter zu schreiben, fielen mir nur Sachen ein, die mich irritierten. Da ich aber den Auftrag hatte, aus ihr eine sympathische Person zu machen, versenkte ich mich in meine Erinnerungen – und das erste, was mir an Positivem einfiel, war der Geruch ihrer Hühnersuppe. Das förderte eine ganze Flut von angenehmen Gefühlen zutage, einschließlich, wie weich sich ihre Wange anfühlte, als ich vier war und Fieber hatte.«

Wenn Sie es nicht zustande bringen, aus ihr eine sympathische Person zu machen, versuchen Sie folgendes: Erinnern Sie sich an das Schlimmste, das Ihre Mutter Ihnen je angetan hat. (Vielleicht werfen Sie nun einen Blick in die Notizen, die Sie sich gemacht haben, als Sie das Buch zu lesen anfingen.) Stellen Sie sich dann vor, daß Sie die Person waren, die diese Dinge getan hat. *Schreiben Sie jetzt eine kurze Geschichte, in der Sie erklären, warum sich diese Person so verhalten hat.* Oder, wenn Ihnen das lieber ist, schreiben Sie eine knappe zweizeilige Erklärung für die Motive der Person. *Oder aber finden Sie andere Frauen, die ihren Töchtern ähnliches angetan haben, und befragen Sie sie, um herauszufinden, was sie dazu motiviert hat.* Meine Studentin Nora begann zu begreifen, was ihre Mutter dazu gebracht hatte, sie als Kind zu schlagen, als sie mit anderen schlagenden Müttern sprach.

Eigenschaften finden, die Sie schätzen können

Bis jetzt hatten die Übungen zur Vermenschlichung Ihrer Mutter entweder das Ziel, mehr über das Leben und die Kämpfe der Mutter zu erfahren oder Verständnis dafür zu wecken, was die Mutter zu ihrem verletzenden Verhalten veranlaßt hat. Jetzt können Sie sich mehr auf ihre positiven Eigenschaften konzentrieren – nicht auf die scheinbar übermenschlichen, sondern auf die schlicht menschlichen Qualitäten, wie etwa auf ihren Humor oder ihre Begabung für Wortspiele.

Zuerst denken Sie darüber nach, ob Sie Gründe finden können, weshalb sie Ihren Respekt verdient; hier können Sie vielleicht manches von dem Material, das Sie über ihre Kämpfe herausgefunden haben, umsetzen. Eine Frau in mittleren Jahren, die ich Stacey nennen möchte, erfuhr im Alter von sieben Jahren, daß ihre Mutter an schweren emotionalen Störungen litt, die es der Familie manchmal unmöglich machten, Freunde einzuladen. In den 50er Jahren, als »Geisteskrankheit« gesellschaftlich noch wesentlich mehr stigmatisiert war als heute, nahm ihre Mutter sie beiseite, um mit ihr ein ernstes Gespräch zu führen:

»Kleines, du sollst wissen, daß der Grund, warum ich manchmal seltsame Dinge tue, ›Geisteskrankheit‹ heißt. Ich habe mich sehr bemüht, dagegen anzukämpfen, aber ich kann wirklich nichts dafür. Ich weiß, daß ihr, wenn ich wieder einmal so komisch bin, niemanden nach Hause einladen könnt, und ich will nicht, daß sie glauben, du magst sie nicht. Du brauchst dich also nicht zu scheuen, Freunden, die dir wirklich wichtig sind, zu erklären, daß du sie deshalb manchmal nicht zum Spielen einladen kannst, weil ich diese Geisteskrankheit habe.«

Wie die meisten Kinder nahm Stacey die Worte ihrer Mutter einfach zur Kenntnis. Erst als sie vierzig war und von Psychiatern erfuhr, daß ihre Mutter tatsächlich an einer Störung litt, die sich ihrer Kontrolle entzog, wurde Stacey das Opfer bewußt, das ihre Mutter für sie gebracht hatte. Stacey wuchs in einer sehr kleinen Stadt auf, in der ihre Mutter immer noch lebt und sich täglich den Folgen stellen muß, die daraus entstanden, daß Stacey ihren Freunden und Freundinnen von den Problemen ihrer Mutter erzählt hat. Die Leute in der Stadt glauben immer noch, daß eine geistige Störung mit Wahnsinn gleichzusetzen ist, und Staceys Mutter hat immer unter den ignoranten Vorurteilen gelitten, die in der Stadt über sie verbreitet werden. Stacey sagte mir:

»Die Leute sollen endlich aufhören, über meine Mutter zu tuscheln, und sich mal überlegen, was meine Mutter geleistet hat. Sie wußte verdammt gut, daß die Information schnell die Runde machen würde, wenn sie mir erlaubte, darüber zu reden, und sie wußte, daß die Leute die Wahrheit verzerren würden. Und das haben sie ja auch tatsächlich in manchmal unglaublich grotesker Weise getan.

Anstatt hinter dem Rücken meiner Mutter zu tuscheln, sollten sie ihr einen Heldenorden verleihen.«

Wenn Ihnen nicht sofort etwas einfällt, wofür Sie Ihre Mutter achten können, probieren Sie andere Methoden. Fragen Sie andere Leute, was *sie* an Ihrer Mutter schätzen, oder denken Sie sich Eigenschaften aus, die Sie bei anderen Frauen bewundern, und überlegen Sie sich dann, ob diese auch auf Ihre Mutter zutreffen könnten. Oder benützen Sie Ihre Phantasie: Schreiben Sie, zum Beispiel, eine Anzeige: »Hilfe gesucht«, in der Sie erklären, warum Ihre Mutter eine Stelle bekommen sollte, oder schreiben Sie eine Rede für eine Ehrung, die ihr zuerkannt wird. Um welche Stelle oder Ehrung es sich handelt, ist nebensächlich; Sie können mit etwas beginnen, das ganz trivial klingt, wie ihre Vorliebe für Singvögel. Von diesem Punkt ausgehend, können Sie sich überlegen, was das über sie aussagt – etwa daß sie gegenüber kleinen Wesen empfindsam reagiert oder daß sie Ehrfurcht vor der Natur hat.

Es ist unwahrscheinlich, daß keine einzige der genannten Techniken bei der Tochter auf fruchtbaren Boden fällt, leider halten sich aber manche Mütter tatsächlich am schrecklichen Ende des Spektrums auf. Was können ihre Töchter tun?

Unmöglich schwierige Mütter

> Eine 80jährige Frau bekam zu hören: »Sie können doch nicht achtzig sein!« Sie antwortete: »Was meinen Sie denn? Ich habe einen 53jährigen Sohn!« Das sagte sie, während sie auf der Couch neben ihrer 54jährigen Tochter saß.
>
> Geschichte, die mir eine Freundin erzählte

Ihre Mutter hat Ihnen vielleicht ebensolche schmerzhaften Dinge angetan, so daß ihr Bild sich nicht vermenschlichen läßt. Das sind jene Mütter, die wir am liebsten weiter mit Vorwürfen überhäufen würden. Aber selbst wenn Sie das Pech haben, eine solche Mutter zu haben, sind die Bemühungen, ihr Bild zu vermenschlichen, dennoch wichtig. Warum? Weil Beschuldigungen, wie in Kapitel 2 beschrieben, zwar kurzfristig erleichtern – »Sie ist das Problem, nicht ich!« –, aber solange Sie sie in erster Linie als Ihre Mutter und Ihre böse Mutter ansehen, können Sie sich unmöglich von ihr lösen. Sie werden weiterhin schreckliche Angst davor haben, wie sie zu werden, oder davon überzeugt sein, daß Sie es bereits sind. Solange Sie sie primär als »meine Mutter, die Mutter« sehen, ist Ihre Identität mit ihrer verstrickt. Obwohl die Vermenschlichung ihres Bildes sie unter Umständen um nichts liebenswerter oder erträglicher macht, lohnt sich der Versuch zu verstehen, warum sie so geworden ist, dennoch. Denn dann werden Sie merken, daß die

Kräfte, von denen Sie geprägt wurden, auch eigene, besondere und höchst individuelle Eigenschaften umfassen, die sich von jenen, die Ihre Mutter geprägt haben, unterscheiden. Sie finden vielleicht heraus, daß der stärkste Einfluß in ihrem Leben der Mythos der männlichen Überlegenheit war; selbst wenn dieser Mythos auch Sie stark beeinflußt hat, wissen Sie nur zu gut, daß Ihre Mutter sich diesem Einfluß nie entzogen hat, während Sie im Alter von 25 oder 45 oder 65 immerhin schon *wissen, daß er falsch ist.*

Wenn wir versuchen herauszufinden, ob eine Annäherung an die Mutter wirklich hoffnungslos ist, müssen wir danach trachten, sie nicht als Person zu sehen, die im Augenblick unserer Geburt plötzlich als ausgewachsene, monolithische Mutter existierte, sondern als jemand, der von unserer Kultur geprägt worden ist. Ironischerweise sind zwar viele Frauen bereit, Sigmund Freud mit dem Hinweis auf seine Zeit und seine Kultur die schrecklichen Dinge zu verzeihen, die er über Frauen gesagt hat, bei ihrer eigenen Mutter bringen sie diese Großzügigkeit jedoch nicht auf.

Manche von Ihnen haben vielleicht eine Mutter, der sie nach sorgfältiger Überlegung nicht verzeihen wollen; natürlich gibt es einige recht bösartige oder psychotische Mütter. Wenn Sie nichts, was wir bisher diskutiert haben, weiterbringt, dann läßt sich eben nichts machen. Aber ehe Sie aufgeben, betrachten wir doch ein Beispiel, wie sich über eine wirklich destruktive Mutter denken läßt. Versetzen Sie sich beim Lesen der Geschichte in die Lage der kleinen Tochter, denn wenn Ihre Mutter wirklich schrecklich war, dann haben Sie gewiß, ebenso wie dieses Kind, an Ihrem eigenen Wert gezweifelt. Die Geschichte ist die Fortsetzung der Geschichte von Resa und ihrer Tochter Rosemary, die in Kapitel 5 vorkommen. Rosemary war zur Behandlung ihrer Depression an eine Klinik verwiesen worden.

»Als Rosemary acht war, hatte ihre geschiedene Mutter Probleme in der Beziehung zu einem Mann namens Mike. Resa zog das Kind in diesen Konflikt und drängte es, Mike zu bitten, bei ihnen zu bleiben.

Während eines Streits zwischen Resa und Mike kauerte Rosemary in der Ecke eines anderen Zimmers, hatte Hunger, zitterte vor Kälte und Angst und versuchte das Geschrei der Großen wegzublenden. Sie erinnert sich, wie ihre Mutter ins Zimmer kam und sagte: ›*Ich* bin hilflos. Versuch *du's!*‹«

Was denken wir über Resa? Wenn wir uns an die Beschreibung ihrer Eltern und Großeltern aus Kapitel 5 erinnern, sehen wir, daß Resas Mutter und Großmutter ziemlich hektische und kalte Frauen waren – bestenfalls kumpelhaft. Ihr Vater und ihr Großvater waren angenehmer und sanfter, kümmerten sich aber minimal um die Familie. Wegen der Mythen der männlichen Überlegenheit und der unendlichen Fürsorglichkeit von Müttern wird Resas Mutter für die Schwierigkeiten des Kindes verantwortlich gemacht, auch wenn deren Vater und Großvater wahrscheinlich ebenso ihren Anteil an ihrem zurückhaltenden, egozentrischen Charakter hatten. Und dank des Mythos der männlichen Überlegenheit glaubt Resa, daß sie einen Mann haben muß – weshalb sie ihren Mann erst dann fortschickt, als sie sich verzweifelt an Mike gehängt hat.

Sie werfen Resa vielleicht ihr Verhalten Rosemary gegenüber vor. Oder Sie entschuldigen sie, weil der Fehler ja schon auf *ihre* Eltern und Großeltern zurückzuführen ist. Welche Haltung Sie einnehmen, wird teilweise davon abhängen, was Sie vom freien Willen halten. Manche werden Resa als schuldloses Opfer der Umstände sehen, unausweichlich geprägt von ihrer Vergangenheit, unfähig zur Veränderung. Andere werden sagen, daß eine erwachsene Person, die sich für ein Kind entscheidet, die Verantwortung für dessen Schutz trägt, egal, was ihr früher einmal zugestoßen ist.

Welche Position Sie auch einnehmen, Resas Behandlung von Rosemary ist eindeutig auf ihre eigenen Bedürfnisse zurückzuführen und nicht auf die Unzulänglichkeit der Tochter: Es ist nicht die Schuld der Tochter. Wenn Ihre Mutter unrettbar grauenhaft erscheint, versuchen Sie sich in Rosemary zu versetzen und denken Sie daran, daß Sie Ihre Mutter gehaßt und beschuldigt haben, um zu beweisen, daß Sie die Behandlung, die sie Ihnen zukommen ließ, nicht verdient haben. Auch wenn Sie am Ende Ihre Mutter nicht lieben und ihr auch nicht verzeihen können, werden Sie sich selbst mehr mögen und es nicht mehr nötig haben, Ihre eigene Selbstachtung zu heben, indem sie andere herabsetzen. Und wenn sich bloß Ihr Selbstbewußtsein verändert, so ist das schon viel.

Die Vermenschlichung des Bildes Ihrer Mutter bewirkt vielleicht am Anfang nur eine Veränderung in Ihren Gedanken – wenn Sie sich zum Beispiel bei mythischen Bildern ertappen oder sich daran erinnern, daß Ihre Mutter weder Engel noch Hexe ist –, obwohl Veränderungen Ihrer Gefühle durchaus folgen mögen. Ein

Bündnis mit Ihrer Mutter einzugehen, ob direkt oder in Gedanken, indem Sie Ihr Verhalten ihr gegenüber ändern, ist wahrscheinlich eher ein emotionaler Prozeß. Durch die Vermenschlichung verschiebt sich das Machtgefälle zwischen Ihnen: Sie fühlen sich nun Ihrer Mutter gegenüber ebenbürtiger, und Ihre Mutter erscheint weder unerreichbar großartig noch abgrundtief verachtenswert. Um ein Bündnis zu schließen, ist ein einigermaßen ausgeglichenes Machtverhältnis erforderlich, das hat aber mehr mit Gefühlen zu tun, mit der Erfahrung von Nähe und Gemeinsamkeit zwischen Mutter und Tochter.

Ein Bündnis schließen

Die Verbesserung einer Mutter-Tochter-Beziehung erfordert Anstrengungen auf beiden Seiten. Es ist deshalb äußerst wichtig, ein Bündnis zu schließen. Viele der bisher diskutierten Techniken werden Ihnen helfen zu erkennen, daß Sie beide zum selben Team gehören.

Die Bedeutung dieses Schrittes kann gar nicht hoch genug eingeschätzt werden; wie die Therapeutin Nikki Gerrard schreibt,[95] ist es für beide Menschen besser, ein Bündnis zu schließen als »einander auszuhelfen« oder unsere gemeinsamen Probleme alleine zu diagnostizieren und zu lösen.

Die ersten Schritte in Richtung eines Bündnisses sind »Einen Anfang machen; die Hindernisse erkennen«, »Sich der Macht der Mutter stellen« und »Unsere jeweilige Verantwortung klären«.

Einen Anfang machen; die Hindernisse erkennen

Wenn Sie die Biographie Ihrer Mutter geschrieben oder auf Band aufgenommen haben, haben Sie schon damit begonnen, mit ihr ein Bündnis einzugehen. Wenn Sie die Biographie noch nicht in Angriff genommen haben, denken Sie jetzt daran. Viel kann sich verändern, wenn Ihre Mutter merkt, daß Sie sie ernst genug nehmen, um sich für ihr Leben zu interessieren, ihren Antworten zuzuhören und sie als wichtige Informationsquelle anzunehmen, als Partnerin in Ihrem Bemühen, Ihrem Leben und der Beziehung zwischen Ihnen und Ihrer Mutter Sinn zu geben. Viele Frauen, die mit Leidenschaft Romane und Dokumentargeschichten über Frauen lesen, haben ihre Mütter niemals um deren Lebensgeschichte gebeten. Für das Eingehen eines Bündnisses ist es wichtiger, *daß* Sie fragen als *was* Sie fragen.

Wenn Ihre Mutter das Thema nicht von alleine aufwirft, *fragen Sie sie gezielt nach Ihrer Meinung über die Beziehung, die zwischen Ihnen besteht,* ebenso wie Sie sie nach anderen Aspekten ihres Lebens befragt haben. Fordern Sie sie auf, Dinge zu nennen, die Sie getan haben und die ihr Freude oder Kummer bereitet haben. Denken Sie daran, daß es sich um ein Interview handelt und nicht um einen Austausch von Ansichten und strittige Fragen. Je mehr Sie über Ihre Sicht des Problems wissen, desto leichter wird es sein, die zu bewältigende gemeinsame Arbeit einzuschätzen.

Vielleicht werden Sie so tun müssen, als seien Sie nicht ihre Tochter, wenn Ihnen manches, was Ihre Mutter über Sie sagt, nicht behagt – denn die Bedeutung des Interviews besteht darin, Ihnen eine Gelegenheit zu bieten, *genau zuzuhören und sich ein Bild zu machen, wie Sie und Ihre Mutter-Tochter-Beziehung sich vom Blickwinkel der Mutter aus darstellen.* Ihre Aufgabe ist das Sammeln von Informationen. Reden Sie sich ein, Ihre Mutter sei eine Fremde, der Sie soeben auf einer Cocktailparty begegnet sind und die Ihnen nun über sich und ihre Tochter erzählt. Diese Art des Zuhörens sollte Ihnen eine gute Vorstellung von den Aspekten der Beziehung vermitteln, die Ihre Mutter am stärksten betreffen, und sie wird Ihnen gegenüber offener sein, wenn Sie ihr vorurteilsfrei und nicht defensiv zuhören können. Das ist *nicht* der Augenblick, um sie mit »Aber Mama, das *stimmt* doch nicht!« oder »Meine Schwester hattest du ja *immer* lieber!« zu unterbrechen.

Wenn Sie die Absicht haben, mit Ihrer Mutter Gespräche über die Barrieren zwischen ihr und Ihnen zu führen, dann sollten Sie sich den Abschnitt »Eine Beziehung für zwei« in Kapitel 6 nochmals ansehen. Er wird es Ihnen erleichtern, das Gespräch auf dieses bestimmte Thema zu lenken. Ein guter Anfang ist, ihr mitzuteilen, daß Sie sich eine engere und entspanntere Beziehung zu ihr wünschen und sich freuen würden, wenn sie sich Zeit für ein Gespräch darüber nehmen könnte. Schlagen Sie Ihrer Mutter vor, Ihre Beziehung als eine Art kinetische Skulptur zu betrachten, die sich aufgrund von Dingen jenseits Ihrer Kontrolle – Älterwerden, gesellschaftliche Erwartungen etc. – immer verändern wird, die aber bis zu einem gewissen Grad von beiden beteiligten Personen beeinflußbar ist.

Lassen Sie ihr Zeit, wenn sie es braucht. Sagen Sie ihr, daß Sie sie in einigen Tagen anrufen werden, um zu erfahren, was sie beschlossen hat. Wenn Sie Ihnen absagt, können Sie sie drängen, Ihnen den Grund für ihr Zögern zu nennen, denn wenn der Grund einmal auf dem Tisch liegt, kann er unter Umständen relativ rasch beseitigt werden. Wenn sie Ihnen sagt, sie hätte Angst davor, von Ihnen alles aufgetischt zu bekommen, was sie als Mutter falsch gemacht hat, können Sie ihr versichern, daß Sie genau das *nicht* vorhaben. Oder vielleicht geben Sie ihr dieses Buch. Sagen Sie ihr, Sie hätten es gelesen, und schlagen Sie ihr vor, das Gespräch zu verschieben, bis auch sie Zeit gefunden hat, es durchzulesen. Selbst wenn sie länger braucht oder wenn es Ihnen nicht gelingt, ihren Widerstand zu überwinden, werden Sie sich besser fühlen, daß Sie sie wenigstens nach dem Grund gefragt haben, warum sie nicht mit Ihnen sprechen will. Sie verstehen dann vielleicht, daß es Angst und nicht Desinteresse oder Zorn ist, die es ihr unvorstellbar machen, mit Ihnen über Ihre Beziehung zu sprechen.

Wenn Ihre Mutter hartnäckig darauf besteht, kein Gespräch über Ihre Beziehung führen zu wollen, braucht sie vielleicht einfach mehr Zeit, und eines Tages wird *sie* die Sache zur Sprache bringen, wenn sie sich den Augenblick aussuchen kann, an dem sie dazu bereit ist. Aber selbst wenn das niemals geschieht, werden Sie in diesem Abschnitt noch einige andere indirekte Methoden finden, wie Sie mit ihr ein Bündnis schließen können. Eine davon ist folgende:

Ob Sie ihre Biographie schreiben oder nicht und ob Ihre Mutter mit Ihnen über die Beziehung sprechen will oder nicht, Sie können ihr auf jeden Fall von dem Material in den Kapiteln 3, 4 und 5 dieses Buches erzählen. Beginnen Sie mit einem kleinen Schritt: Beschreiben Sie etwa die polarisierten Mutterbilder und erklären Sie, wie die Praxis der Mütterbeschuldigung aus den Mythen der perfekten Mutter und der schlechten Mutter entsteht. Das wird sie sehr schnell verstehen, denn sie hat es garantiert schon selbst erlebt, und dann haben Sie schon etwas Gemeinsames, auf dem Sie aufbauen können. *Versichern Sie ihr explizit, daß Sie sie weder idealisieren noch herabsetzen wollen.* Es ist vielleicht für sie das erste Mal, seit sie Mutter geworden ist, daß irgend jemand die Stereotypen benennt, sie verurteilt und sagt: »Überwinden wir sie.«

Beschreiben Sie ihr einige der Mythen, wobei Sie sich auf jene konzentrieren, mit denen sie wahrscheinlich am meisten zu tun gehabt hat. Mit einem solchen Gespräch stellen Sie von Anfang an klar, daß Sie die Absicht haben, eine Erkundungsreise *mit* ihr anzutreten; sie wird es dann für weniger nötig halten, weiterhin die Mutter-auf-dem-Podest sein zu müssen, und wird auch weniger Angst davor haben, heruntergemacht und ins Abseits gestellt zu werden. Dieses Gespräch können Sie auch dann mit Ihrer Mutter führen, wenn sie nicht bereit ist, direkt über Ihre Beziehung mit Ihnen zu sprechen.

Überlegen Sie sich, ob Sie nicht über ihren gegenwärtigen Gefühlszustand mit ihr sprechen wollen. Weil von der Mutter immer erwartet wird, daß sie sich um die Bedürfnisse anderer Menschen kümmert, denken wir selten daran, sie nach *ihren* Bedürfnissen zu fragen; weil wir von der Mutter erwarten, daß sie uns hilft, unsere Ängste zu vertreiben und für unsere Ziele zu arbeiten, fragen wir sie üblicherweise nicht nach ihren Ängsten und Zielen. Wenn wir also solche Fragen stellen, zeigen wir unserer Mutter auf sehr berührende Art, daß wir mit ihr ein Bündnis schließen wollen. Freda Paltiel, die kanadische Gleichstellungsbeauftragte für Gesundheits- und Sozialfragen, schlägt vor, *Ihre Mutter aufzufordern, ihr wahres Ich im Kontext von »Bedürfnissen, Gefahren und Aufgaben« zu beschreiben*[96]: Was sind ihre Bedürfnisse in bezug auf ihre Beziehung zu Ihnen und überhaupt? Welche Risiken glaubt sie einzugehen, wenn sie sich auf die Bearbeitung der Beziehung zu Ihnen einläßt und ganz allgemein an diesem speziellen Punkt ihres Lebens? Gibt es Risiken, die sie eingehen *möchte*? Welche Ziele möchte sie erreichen in der Beziehung zu Ihnen und an diesem Punkt ihres Lebens überhaupt?

Sich der Macht der Mutter stellen

Jetzt müssen Sie sich der Frage der Macht Ihrer Mutter frontal stellen. Obwohl die Übungen zur Vermenschlichung Ihrer Mutter das Machtgefälle zwischen Ihnen *in Ihrem Kopf* vielleicht schon ausgeglichen haben, braucht Ihre Mutter eine Gelegenheit, sich dieser Frage selbst und möglicherweise im Gespräch mit Ihnen zu stellen.

Wie wir in Kapitel 5 gesehen haben, verfügen Mütter sehr wohl über ein gewisses Maß an Macht über ihre Kinder, und in unserer Kultur werden alle dazu angeregt, diese Macht für gefährlich zu halten. Eben deswegen reagieren viele Töchter und Söhne übermäßig empfindlich auf diese Macht und interpretieren oft Interesse, Sorge oder Hilfsangebote der Mutter fälschlich als Machtmißbrauch. Sie müssen diese Frage offen zur Sprache bringen. Sprechen Sie explizit an, wie unfair es ist, daß die Macht der Mutter so schnell als zerstörerisch verurteilt wird. Sagen Sie Ihrer Mutter auch, welche Art von Macht sie über Sie hat – die Macht, Sie anzuregen oder Ihnen das Gefühl zu geben, geliebt zu sein, aber auch die Macht, Ihnen ein Gefühl der Unzulänglichkeit, der Scham und so fort zu vermitteln. Töchter entdecken oft zu ihrer Überraschung, daß ihre Mütter keine Ahnung davon haben, wieviel Macht sie immer noch über ihre erwachsenen Sprößlinge ausüben. Denn, wie in Kapitel 5 beschrieben, fühlen sich die Mütter meistens reichlich machtlos.

Ehe wir nicht wahrhaben, daß die Mutter nicht allmächtig ist und sich gewiß nicht für allmächtig hält, ihre Macht also nicht so gefährlich ist, wie wir denken, und wir unsererseits in unserem Verhältnis zu ihr auch nicht machtlos sind, können wir kein echtes Bündnis mit ihr schließen. Ein Weg, mit der Macht der Mutter umzugehen, besteht darin, ihren Einfluß auf uns zu reduzieren, indem wir sie lächerlich machen, wie Portnoy es getan hat. Die Romanautorin Rebecca Goldstein schreibt: »Ich habe [aus meiner Mutter] eine Parodie gemacht ... im Versuch, etwas von ihrer erschreckenden Stärke zu verdünnen.«[97]

Kürzlich fiel mir auf, wie ich in meinem Kopf die Macht meiner Mutter und deren angeblich destruktiven Einsatz übertrieb. Ich spürte eine gewisse Distanz zu ihr und hatte das Bedürfnis, sie anzurufen, um ihr zu sagen, wie sehr ich sie liebte. Mit Schrecken stellte ich fest, wie sehr ich mich vor diesem Anruf fürchtete. Als ich darüber nachdachte, wurde mir bewußt, daß ich vor allem davor Angst hatte, daß sie mit meinem Ausdruck von Liebe leichtfertig umgehen würde, *obwohl* es keinen Anhaltspunkt für diese Annahme gab, denn sie war mir gegenüber immer sehr warm und offenherzig gewesen. Aber was ist, wenn sie gerade zu tun hat oder mit ihren Gedanken anderswo ist, wenn ich anrufe? Die Vorstellung, von unserer Mutter zurückgewiesen zu werden, kann verheerend sein – egal, wie abwegig dieser Gedanke erscheinen mag und wie alt wir sind.

Versäumen Sie nicht, auch Ihrer Mutter Gelegenheit zu geben, über die Macht zu sprechen, die *Sie* ausüben. Eine Mutter sagte mir: »Mit einem einzigen Blick oder einer beiläufigen Bemerkung kann meine Tochter mir das Gefühl geben, daß ich eine alte Idiotin bin *oder* aber daß mit mir alles in Ordnung ist.« Wenn wir auf den Druck reagieren, die Macht unserer Mutter als gefährlich wahrzunehmen, denken wir Töchter selten an den Einfluß, den wir selbst auf sie haben. Um ein echtes Bündnis mit ihr einzugehen, müssen wir beides tun: wissen, welchen Einfluß wir auf sie ausüben, und ihr mitteilen, was sie bei uns bewirkt.

Sie und Ihre Mutter müssen Ihr Bündnis teilweise auf die Einsicht in die Grenzen Ihrer jeweiligen Macht gründen. Weil Mutter wie Tochter Frauen in einer frauenfeindlichen Kultur sind, haben wir nicht viel Macht, das Leben der anderen zu verbessern. Es ist uns unangenehm, uns diese Tatsache einzugestehen, weil wir einander *so gerne* viel mehr helfen würden. Oft zögern wir, einander unsere Bedürfnisse mitzuteilen, weil wir uns über unsere Machtlosigkeit hinwegtäuschen wollen. Besprechen Sie also mit Ihrer Mutter, daß Sie ihr gerne helfen würden, und teilen Sie sich gegenseitig die Frustration und Hilflosigkeit mit, die Sie verspüren, weil es *Ihnen* nicht gelingt, den Rest der Familie dazu zu bringen, ihrer Arbeit als Mutter mehr Respekt entgegenzubringen, und weil *sie* nicht in der Lage ist, Ihnen gleichen Lohn zu verschaffen, Sie vor sexueller Belästigung zu schützen oder Ihren Mann zu zwingen, auf Ihre Bedürfnisse Rücksicht zu nehmen. All das ist sehr schmerzhaft, aber die beste emotionale Voraussetzung für solche Erwägungen ist immer noch das Wissen, daß Mutter und Tochter einander näherkommen *wollen*, die Barrieren zwischen ihnen überwinden wollen und daß *dies wertvolle und gesunde Ziele sind.*

Unsere jeweilige Verantwortung klären

Jetzt sollten Sie und Ihre Mutter besprechen, wofür Sie jeweils verantwortlich *sind* und wofür *nicht*:

– respektieren Sie die Stärke der anderen;
– respektieren Sie das Recht der anderen auf Fehler, ohne daß sie gleich zur Versagerin oder Verräterin wird;
– verstehen Sie, daß viel von dem, was Sie getan haben, um einander zu ärgern oder zu kränken, nicht aus bösem Willen geschah, sondern auf die kulturellen Einstellungen zurückzuführen ist, die sich in Mütterbeschuldigung und Mythen äußern.

Stellen Sie auch klar, daß Mutter und Tochter anerkennen müssen, daß

– eine Mutter *nicht* dafür verantwortlich ist, alle Bedürfnisse der Tochter zu befriedigen (Mythos Nummer zwei);
– eine Tochter *nicht* dafür verantwortlich ist, durch makelloses Verhalten den guten Ruf der Mutter herzustellen und aufrecht-zuerhalten (Mythos Nummer eins).

Lesen Sie sich dann die Kapitel 4 und 5 durch und überlegen Sie, ob einer der anderen Mythen für Sie und Ihre Mutter eine wichtige Rolle gespielt hat.

Da Sie sich Ihrer Mutter näher fühlen und ein entspannteres Verhältnis zu ihr haben wollen, werden Sie Vorwürfe vermeiden müssen. Aber auch wenn *Sie* selbst jetzt schon darauf achten, nicht alle Ihre Probleme auf die Mutter abzuwälzen, können Sie nicht damit rechnen, daß andere Leute sich ebenso verhalten. Sie werden empfindliche Antennen ausfahren müssen, die Sie warnen, wenn destruktive Botschaften Ihren Weg kreuzen.

Als ich zum Beispiel an der Vorbereitung dieses Kapitels arbeite-te, wurde eine berühmte Autorin im Fernsehen über ihr neuestes Buch interviewt, in dem sie die Behauptung aufstellt, erfolgreiche Superfrauen seien deshalb unsicher, weil *ihre Mütter* übermäßige Leistungen von ihnen verlangen und sie selbst mit ihren Müttern »verstrickt« und »unfähig sind, sich von ihnen zu lösen«. Derarti-ge Feststellungen werden oft mit so viel Bestimmtheit vorgetragen, daß es schwerfällt, den Fehler der Mütterbeschuldigung, den sie enthalten, aufzuspüren. Sobald Sie begreifen, daß Sie solche Bot-schaften ausblenden müssen, sind Sie auf dem besten Weg zur Herstellung und Aufrechterhaltung eines tragfähigen Bündnisses mit Ihrer Mutter. Mit diesem Bündnis als Grundlage sind Sie nun bereit, über die Bearbeitung der Mythen im allgemeinen hinauszu-gehen und die spezifischen Probleme anzupacken, die *Ihr* speziel-les Mutter-Tochter-Verhältnis belasten.

Ein Problem auswählen und beschreiben

Wenn Sie das Bild Ihrer Mutter einmal vermenschlicht und mit ihr ein Bündnis geschlossen haben – entweder direkt oder in Ihrem Herzen –, dann werden manche Ihrer Probleme wahrscheinlich von selbst vergehen. Andere wieder werden geduldigere und längere Bearbeitung erforderlich machen. Sie können eine Menge der in diesem Abschnitt beschriebenen Arbeit alleine bewältigen, indem sie mit anderen Leuten (einer Freundin, einer Therapeutin) oder aber direkt mit Ihrer Mutter sprechen. In jedem Fall sehen die grundlegenden Schritte folgendermaßen aus:

1. Beschreiben Sie ein Problem nach dem anderen
2. Beschreiben Sie die Gefühle, die das Problem bei Ihnen auslöst
3. Beschreiben Sie die Ursache des Problems und der damit verbundenen Gefühle

Denken Sie daran, daß Sie und Ihre Mutter in einen gegenseitigen Lernprozeß eintreten. Jede von Ihnen kann ein Problem auswählen, stellen Sie aber sicher, daß beide von Ihnen Ihre jeweiligen Gefühle und Wahrnehmungen gleichberechtigt einbringen. Vielleicht fällt es Ihnen leichter, ein bedrückendes Gefühl, das Sie Ihrer Mutter gegenüber empfinden, erst zu benennen, dann zu versuchen, seine Ursachen zu beschreiben, und schließlich herauszufinden, was Ihre Mutter darüber denkt. (Wahrscheinlich wird es sinnvoll sein, auf Kapitel 6 zurückzublättern und sich die Prinzipien und Techniken des expressiven Trainings nochmals anzusehen.)

Denken Sie daran, daß das Problem, das Sie auswählen, nicht Ihr gravierendstes Problem sein muß; Sie fühlen sich vielleicht wohler, erst einmal mit einer weniger wichtigen Frage zu beginnen, die Sie (beide) bewältigen können: vielleicht mit einem Problem, das auftauchte, als Sie sich mit der Biographie Ihrer Mutter beschäftigt haben.

Ein Mutter-Tochter-Paar entdeckte während der Biographieübung, daß sie sehr verschiedene Vorstellungen von der Bedeutung des Wortes »Unabhängigkeit« hatten. Für die Tochter bedeutete es »nicht mehr als ein paar Besuche im Monat«, während die Mutter meinte, ihre Tochter könne unabhängig sein und sie trotzdem wöchentlich einmal treffen. Mutter und Tochter waren beide erleichtert, als sich ihre unterschiedliche Auffassung von der Häufigkeit des Kontaktes als *Ursache* des Problems entpuppte. Daraufhin besprachen sie ihre divergierenden Erwartungen; das war konstruktiver als die gegenseitigen Vorwürfe von liebloser Tochter und fordernder Mutter. In einer Reihe von Gesprächen beschrieb die Tochter ihre unbestimmten Ängste vor zu viel Nähe zu ihrer

Mutter und daß »nichts jemals genug« sei; die Mutter schilderte ihre Angst, daß die Tochter in Wirklichkeit nichts mit ihr zu tun haben wollte. In erster Linie hatten beide Angst – die Tochter davor, verschlungen zu werden, die Mutter davor, zurückgestoßen zu werden. Was sie schließlich als spezifische *Ursache* des Problems erkannten, war, daß sie sich nicht bemüht hatten, einander ihre wirklichen Wünsche und Ängste mitzuteilen. Jede machte irrige Annahmen über das, was die andere wollte.

Eine verwitwete 78jährige Mutter und ihre Tochter machten fast die entgegengesetzte Erfahrung. Die Mutter stürzte und brach sich die Hüfte. Als sie aus dem Krankenhaus entlassen wurde, sollte sie bei ihrer Tochter leben. Auf dem Heimweg vom Krankenhaus hatten sie einen schrecklichen Streit, anscheinend über irgendeine triviale Angelegenheit. Als die Krankenschwester einige Tage später vorbeischaute, um nach der Mutter zu sehen, brach diese in Tränen aus und sprach von ihrem Wunsch, alleine zu leben, und von ihrer Angst, die Tochter zu kränken. Die Krankenschwester holte die Tochter herein und half ihnen, sich darüber zu unterhalten, was beide wirklich wollten.

Sie begannen mit Höflichkeiten, jede beteuerte der anderen ihre Liebe und daß sie ihr keine Sorgen bereiten wolle und wie sehr ihr der Streit leid tue. An diesem Punkt angelangt, wurden sie von der Krankenschwester gedrängt, andere Gefühle auszusprechen, die es vielleicht auch noch gab. Die Tochter sagte: »Ich bin ganz durcheinander, denn ich wollte so sehr, daß Mutter mein Heim als das ihre betrachtet, aber sie scheint sich nicht wohl zu fühlen, und ich weiß nicht, was ich tun soll.« Die Mutter antwortete: »Ja, ich fühle mich nicht wohl hier, aber das ist nur, weil ich gewohnt bin, alleine zu sein. Wenn ich zum Beispiel nicht schlafen kann und im Haus herumgehe, ist es schrecklich für mich, daran zu denken, daß mein Scharren mit dem Gehstock die anderen im Haus stören könnte.« Jede Frau stellte Vermutungen an, wie sie die andere beeinträchtigte, aber keine von beiden sprach aus, was sie selbst am meisten bedrückte. Die Krankenschwester sagte ihnen, daß sie schon einen ganz guten Anfang gemacht hatten, und versprach, in der nächsten Woche eine Sozialarbeiterin vorbeizuschicken.

Die Sozialarbeiterin machte mehrere Besuche und sagte den Frauen, daß ihre Sorge füreinander zwar lobenswert sei, daß beide aber ständig unter Spannung ständen, weil sie ihre Gefühle unterdrückten. Nach einigen Wochen war die Mutter endlich in der

Lage, ihre Sehnsucht nach einem Leben in ihren eigenen vier Wänden auszudrücken und zuzugeben, daß sie es nicht eher gesagt habe, weil sie nicht undankbar erscheinen wollte. Die Tochter wiederum konnte nun zugeben, daß sie es für die Pflicht einer guten Tochter hielt, ihre Mutter in ihrem Heim aufzunehmen, und daß sie todunglücklich war, weil diese sich nicht wohl zu fühlen schien. Sobald sie wußte, was ihre Mutter wirklich wollte, hatte sie nicht mehr das Gefühl, ihre Mutter sei »unmöglich«, und die Spannung zwischen ihnen ließ merklich nach.

Wenn Sie und Ihre Mutter gemeinsam ein Problem auswählen, vergessen Sie nicht, daß es einen großen Unterschied ausmacht, ob Sie sich über ein *Problem* oder über die *Ursache des Problems* einigen. Meiden Sie zum Beispiel den Satz: »Das Problem besteht darin, daß du mich nicht loslassen kannst.« Das ist eine Anklage und eine Kritik (siehe Kapitel 6 über expressives Training), sie wird also kaum mit Ihnen übereinstimmen, und Sie werden sich wahrscheinlich defensiv verhalten. Definieren Sie statt dessen das Problem nach den Prinzipien des expressiven Trainings. So sagte etwa eine Tochter: »Ich hätte gerne über die Tatsache gesprochen, daß ich mich schuldig *fühle* – und mich deswegen dann ärgere –, weil du mich zurechtweist, wenn ich einen Tag lang nicht mit dir telefoniere.«

Bei der Auswahl der Probleme, die Sie bearbeiten möchten, ist es vielleicht sinnvoll, die schlimmsten Dinge Revue passieren zu lassen, die Ihre Mutter Ihnen angetan hat, um herauszufinden, was Sie am meisten quält, oder sich etwaige Notizen anzusehen, die Sie sich beim Lesen dieses Buches gemacht haben. Wenn möglich, bitten Sie auch Ihre Mutter, eine Liste der schlimmsten Dinge aufzuschreiben, die Sie ihr angetan haben. Vielleicht lohnt es sich, die Liste der Mythen in den Kapiteln 4 und 5 noch einmal durchzugehen und zu überlegen, welche davon geeignet sein könnten, Probleme zwischen Ihnen und Ihrer Mutter zu erzeugen oder zu verschärfen. Überlegen Sie dann, was geschehen ist, abzüglich der Mythen. Wenn sie Ihnen zum Beispiel immer gesagt hat, die Leute, mit denen Sie ausgehen, seien nicht gut genug für Sie, fragen Sie sich, ob sie nicht *vielleicht* versucht war, die allwissende, rundum Schutz bietende Mutter zu sein (Mythen Nummer drei und zwei). Schlüpfen Sie in die Schuhe Ihrer Mutter: Wenn Sie die Mutter gewesen wären, was hätten Sie in einer solchen Situation getan? Hätte sie überhaupt das Richtige tun können? Und was mag sie von *Ihnen* erwartet haben, als das Problem auftrat?

Solche Analysen und Gespräche können schwierig sein, weil es für Frauen oft anstrengender ist, im Leben ihrer eigenen Mutter hinter die Mythen zu schauen als bei anderen Leuten. Wie erwähnt, haben mir Hunderte von Frauen erzählt, daß jeweils *ihre* Mutter die einzige Masochistin auf der Welt sei. Durch die Einsicht in Mythen und Mütterbeschuldigung haben viele Töchter gelernt, das »Schau dir an, was ich für dich geopfert habe« ihrer Mutter *nicht* als Beweis dafür zu nehmen, daß sie sich gerne im Elend wälzt und eine Märtyrerin sein will, sondern das legitime, wenn auch fehlgeleitete Flehen um Anerkennung und Bestätigung herauszuhören.

Eine andere Möglichkeit ist, einige Zeit mit Ihrer Mutter zu verbringen und die Probleme, die das mit sich bringt, niederzuschreiben. Das erweist sich besonders dann als hilfreich, wenn Sie sich nervös, stumpf oder entfremdet fühlen, sobald Sie nur an Ihre Mutter-Tochter-Beziehung *denken*, so daß es Ihnen schwerfällt, sich auf ein bestimmtes Problem zu konzentrieren.

Angenommen, Sie merken zum Beispiel, daß Sie und Ihre Mutter sich anspannen, wenn Sie darüber diskutieren, wie oft Sie einander anrufen. So wie Sie es wahrnehmen, hat sie Schwierigkeiten, Sie loszulassen, und vermittelt Ihnen ein Gefühl von Schuld, weil Sie nicht oft genug anrufen. Versuchen Sie statt dessen sich vorzustellen, daß sie einfach mit Ihnen in Kontakt bleiben will. Fragen Sie sich, welche Mythen diesen Wunsch nach Verbindung zu dem machen konnten, was Ihnen als Unfähigkeit loszulassen und als Wunsch, Ihnen Schuldgefühle einzuimpfen, erscheint. Das ist die Aufgabe, die sich Gina, eine Frau Mitte dreißig, stellte:

»Ich unterhielt mich lange darüber mit meiner besten Freundin, und uns wurde klar, daß der Mythos, die Nähe zwischen Mutter und Tochter sei schlecht, mich dazu brachte, bei meiner Mutter einen Wunsch nach ›zu viel‹ Nähe zu vermuten, und der Mythos, daß die Macht von Frauen gefährlich sei, brachte mich dazu, ihr vorzuwerfen, sie *versuche*, mir Schuldgefühle zu vermitteln.«

Gina hielt es gar nicht für nötig, mit ihrer Mutter darüber zu reden. Die Einsichten, die sie durch das Gespräch mit ihrer Freundin über die Mythen machte, ließen alles in einem anderen Licht erscheinen. Als sie das nächste Mal eine Woche lang bis über beide Ohren in der Arbeit steckte und ihre Mutter nicht anrief, spulte

Gina nicht mehr dasselbe Programm ab. Als ihre Mutter anrief, sagte sie nicht »Ach, Mutti, warum drehst du immer gleich durch, wenn ich dich *eine* Woche lang nicht anrufe?«, sondern versuchte es mit: »Hallo, Mutti! Ich denke schon die ganze Woche an dich, aber die haben mich bei der Arbeit einfach wahnsinnig unter Druck gesetzt, ich war schlicht nicht in der Lage, ein menschliches Gespräch zu führen.«

Nichts, was Gina ihrer Mutter sagte, war gelogen. Sie tat nicht so, als wäre sie vom Anruf ihrer Mutter begeistert, sie führte auch kein langes Gespräch mit ihr. Aber sie vermied es, ihre Mutter anzuklagen und zu beschuldigen, und das führte zu zwei wichtigen Ergebnissen:

1. *Etwas* zwischen den beiden geschah jenseits von Klagen, Beschuldigungen und Forderungen – wenn Sie diesen Freiraum ermöglichen, entsteht manchmal so etwas wie Nähe und Wärme; und
2. Gina nahm ihrer Mutter gegenüber eine neue Haltung ein, eine, die die Möglichkeit offenläßt, die Motive ihrer Mutter auch positiver zu interpretieren.

Wenn Sie Ihre Gefühle ausloten oder auch nur versuchen, sie zu benennen, erinnern Sie sich oder rekonstruieren Sie, wann Sie Ihrer Mutter gegenüber das erste Mal so empfunden haben. Wenn Sie zum Beispiel einen Horror davor haben, ihr irgend etwas aus Ihrem Liebesleben zu erzählen, denken Sie zurück, wann Sie sich das erste Mal dabei unwohl gefühlt haben. Was haben Sie gesagt, und wie hat sie reagiert? Sie entdecken dann vielleicht, daß Ihr unangenehmes Gefühl mittlerweile überholt ist, wenn Sie ihr, zum Beispiel, erzählt haben, daß der Junge Sie beim ersten Rendezvous geküßt hat, und sie geschockt und bestürzt reagierte. Jetzt, wo Sie 45 Jahre alt sind, ist sie wahrscheinlich weniger geschockt, und selbst wenn es nicht so ist, wird ihre Reaktion Sie weniger heftig berühren. Aber selbst wenn Ihr Gefühl nicht überholt ist, kann es immer noch nützlich sein, sich die Ursprünge zu vergegenwärtigen.

Wenn Sie es bisher noch nicht getan haben, bitten Sie Ihre Mutter, die *Entwicklung* der Probleme zwischen Ihnen zu schildern. Sind Sie immer aneinandergeraten oder gab es Zeiten, da es bis zu einem bestimmten Punkt gutging? Wann wurde es schlechter? Kann sie sich daran erinnern, was die Veränderung bewirkte? Und, was besonders wichtig ist, haben bei dieser Veränderung Mütterbeschuldigung und Mythen eine Rolle gespielt? Ihre Antworten können Ihnen und Ihrer Mutter helfen, die Ursachen der Barrieren herauszufinden; mindestens aber werden Sie für Ihre gemeinsame Arbeit einen Ausgangspunkt haben. Sehen wir uns einige Beispiele an.

Eine Tochter, deren Mutter es ablehnte, sich über ihre Beziehung zu unterhalten, fragte die Schwester der Mutter, wann die Mutter-Tochter-Probleme erstmals aufgetreten seien. Die Tante antwortete:

»Als du elf Jahre alt warst, sagte die Lehrerin deinen Eltern, daß sie sich Sorgen um dich machte, weil du kein Interesse an Jungen hattest. Deine Mutter war in der High School ein sehr beliebtes Mädchen gewesen, und als diese Lehrerin mit autoritativer Bestimmtheit feststellte, dein Desinteresse an Jungen wäre problematisch, machte auch sie sich Sorgen. Sie fürchtete, daß du den Spaß versäumen könntest, den sie gehabt hatte, und sie hatte Angst, daß ihre Begeisterung für deine Lernerfolge deine soziale Entwicklung behindert hätte. Damals begann sie, dich gegen deinen Willen zu drängen, Partys zu besuchen.«

Aus diesem Bericht der Tante entnahm die Tochter, daß ihre Mutter nur versucht hatte, eine gute Mutter zu sein. Dieses Wissen war für sie nützlich, obwohl es ihr niemals gelang, ihre Mutter zu einem Gespräch zu bewegen.

Wenn Ihre Mutter das Gefühl hat, daß die Beziehung sich dramatisch zum Schlechteren entwickelte, als Sie in die Pubertät kamen, dann werden Sie gemeinsam herausfinden müssen, was an dieser *Pubertät* den Konflikt auslöste. War es Ihre normale, hormonell bedingte jugendliche Aggressivität, mit der Sie nicht umgehen konnten? Hatte sie Angst vor dem Gedanken an Sie als sexuelles Wesen – fühlte sie sich überfordert, Ihnen beizubringen, wie Sie sich vor der Verletzbarkeit schützen können, die mit der Sexualität verbunden ist? Hatte sie Angst, daß Sie sich sexuell aggressiv verhalten würden? Ihre Freunde könnten davon erfahren, und sie würde als schlechte Mutter dastehen. Wenn Sie erst einmal solche Fragen stellen, werden Sie schnell sehen, wie sich Probleme durch Mythen wie »Das Maß für eine gute Mutter ist eine ›perfekte Tochter‹« verschärfen können.

Vielleicht machen Sie Ihre Heirat als den Punkt aus, an dem sich Ihre Mutter-Tochter-Beziehung zu verschlechtern begann. Sowohl Roberta als auch ihre Mutter Marsha waren sich einig, daß Robertas Ehe mit Stephen eine Reihe schmerzhafter Konflikte zwischen ihnen auslöste. Marsha:

»Robertas Ehe machte mich zu einer Schwiegermutter. Und wenn Stephen mich herabsetzte, eilte ihm Roberta manchmal gleich zur Hilfe. Als ich ihr unter vier Augen mitteilte, daß mich das verletzte, sagte mir Roberta, ich selbst hätte ihr beigebracht, eine Frau müsse immer zu ihrem Mann halten. Und sie hatte recht: Ich hatte ihr das *tatsächlich* beigebracht. Warum sollte sie denn zu mir halten? Wem hat es jemals etwas gebracht, sich auf die Seite der Mutter zu schlagen?«

Marsha hatte zwar beobachtet, daß sich die Tochter durch ihre Parteilichkeit für den Ehemann einen Status erwarb, wußte aber noch nicht, daß dies geschah, weil beide Männer überschätzten. Marsha sah das später ein, als sie mit ihrer Tochter über die Mythen sprach, die sie beeinflußt hatten, und das erleichterte den Schmerz beträchtlich. Bis dahin hatte sie nur gewußt, daß ihre Tochter sich oft über sie lustig machte und sie selbst irgendwie dazu beigetragen hatte – aber sie meinte, die Wurzel des Problems in ihrer eigenen Dummheit und in der ablehnenden Haltung der Tochter ihr gegenüber suchen zu müssen.

Roberta ihrerseits fühlte sich frustriert und verärgert: »Ich muß meinem Mann gegenüber loyal sein, aber ich bin auch meiner Mutter verpflichtet – und ich *mag* doch beide.« Als sie sich die Liste der Mythen vornahmen, erkannten Roberta und Marsha sofort, daß der Mythos der Überlegenheit des Mannes beim Entstehen der Spannung zwischen ihnen eine wesentliche Rolle gespielt hatte.

Die Scheidung einer Tochter ist oft ein Wendepunkt für Mütter und Töchter. Sie kann die Beziehung in beide Richtungen verändern. Das Verhältnis verschlechtert sich, wenn eine Tochter, die sich nun verletzbar fühlt, dem Mythos der unendlichen Fürsorglichkeit aufsitzt, von ihrer Mutter hundertprozentige Unterstützung erwartet und sich verraten fühlt, wenn diese auch nur teilweise ausbleibt. Die Verschlechterung der Beziehung kann auch von der Mutter ausgehen. So manche unglücklich verheiratete Mutter fühlt sich von der Scheidung der Tochter bedroht, weil sie ihr zeigt, daß auch sie selbst wählen könnte: Sie *muß* nicht unglücklich sein. Diese Wahl zu haben, ist für sie sowohl anziehend als auch beängstigend, und diese Verwirrung ärgert sie. Sie mag auf die Tochter böse werden, diesen (»unweiblichen«) Ärger bei ihr ausgelöst und sie an den Gedanken herangeführt zu haben, daß sie auch ohne die Unterstützung eines Mannes leben könnte.

Wenn eine Tochter sich trennt, zieht sich die Mutter manchmal zurück. Sherry war 27, als sie und ihr Mann beschlossen, getrennte Wege zu gehen. Ihre Mutter reagierte, indem sie ihre wöchentlichen Anrufe einstellte:

»Ich wußte schon lange, daß die Beziehung zwischen meinen Eltern sehr unterkühlt war, aber erst als ich meine Mutter über unsere Scheidung unterrichtete, wurde mir klar, wie schlimm es um die beiden stand. Sie wurde sehr schrill und belehrte mich, daß der Platz einer Frau an der Seite ihres Mannes sei, egal, was passiert. Ich wußte, daß sie versuchte, sich selbst zu überzeugen, und ich war traurig, daß sie das nicht einsehen konnte. Der einzige Weg, vor ihrem Wunsch, Vater zu verlassen, davonzulaufen, war, sich von mir zu entfernen.«

Manche Töchter haben die Erfahrung gemacht, daß sie am besten warten, bis die Mutter erkennt, daß die Tochter keinen Druck auf *sie* ausübt, ihre Ehe aufzukündigen. Andere Töchter haben ihren Müttern explizit gesagt: »Ich habe ihn verlassen, weil das für mich der beste Weg ist. Das bedeutet aber nicht, daß ich meine, auch du solltest Vater verlassen. Nur du allein kannst das entscheiden.«

Die meisten Mütter halten sich zurück, ihren Töchtern zu raten, eine miserable Ehe aufzugeben. Aber wenn die Scheidung eine beschlossene Tatsache ist, kann es sein, daß so manche Mutter sich endlich frei fühlt, sich selbst und ihrer Tochter gegenüber einzugestehen, daß die Ehe nicht das Paradies auf Erden ist; endlich braucht sie ihre Tochter nicht mehr von der Sinnhaftigkeit der konventionellen Ehe zu überzeugen. Eine meiner Studentinnen erlebte das so:

»... nach sechsjähriger Ehe rief ich eines Tages meine Mutter an und eröffnete ihr, daß ich mich von meinem Mann trennen würde. Ich sagte ihr, daß ich genug davon habe, mich um einen Mann zu

kümmern, der nicht in der Lage sei, sich auch um mich zu kümmern. Sie verstand, was ich meinte... Trennung und Scheidung
bewirkten, daß ich mich zwar verletzbar, aber frei fühlte [endlich
nicht mehr so zu tun, als wäre die Ehe eine ideale Sache], und
meiner Mutter ging es nicht anders. Unsere Beziehung wurde richtig liebevoll, und ich spürte, wie sehr sie mich akzeptierte. Ich
wurde selbstbewußter und zog mehr Befriedigung aus meinem
Beruf.«[98]

Wenn Sie bestimmte Probleme bearbeiten, werden Sie von Zeit zu
Zeit Maß nehmen müssen, um Ihre Motivation aufrechtzuerhalten. Bringen Sie sich das Ziel in Erinnerung, auf das Sie zuarbeiten,
indem Sie sich einer Zeit entsinnen, in der Sie und Ihre Mutter eine
gute Beziehung hatten. Denken Sie daran, daß Sie nicht wählen
müssen zwischen einerseits Ihrer Mutter zu sagen, wie Sie sich
fühlen, und andererseits mehr Nähe zu ihr herzustellen oder die
Spannung zwischen Ihnen abzubauen. Beides schließt einander
nicht aus. Sie können ihr zum Beispiel sagen, daß Sie die Kritik an
Ihrer Person nicht mögen, *weil* Sie dann die mit ihr verbrachte Zeit
nicht mehr genießen können.
    Nachdem Sie ein Problem ausgewählt haben, das Sie bearbeiten
wollen, Ihre und die Gefühle Ihrer Mutter geklärt und miteinander
besprochen haben, was jede als Ursache des Problems ansieht,
wird es wahrscheinlich hilfreich sein nachzulesen, wie andere Mütter und Töchter ihre Probleme bewältigt haben. Noch einmal:
Selbst wenn Sie nicht direkt mit Ihrer Mutter arbeiten, können Sie
von den Einsichten anderer Frauen profitieren. Das folgende Kapitel besteht aus Geschichten über Mütter und Töchter und wie sie
miteinander klargekommen sind.

Achtes Kapitel
Was Mütter und Töchter getan haben

Ein verläßliches Signal für die Reparaturbedürftigkeit unserer Mutter-Tochter-Beziehung ist unsere emotionale Spannung – oder die der Mutter. Wir haben dieses Buch mit einem Blick auf die beunruhigenden Gefühle der Töchter begonnen, haben dann die Mythen der Mütterbeschuldigung untersucht, die diese Emotionen verursachen oder verschlimmern; jetzt schließen wir den Kreis, indem wir zu den Gefühlen zurückkehren. Wir können aber nun mit Kenntnis der Mythen einen neuen aktiven Blick darauf werfen, was wir gegen diese schmerzhaften Gefühle tun können.

Manchmal kann die Pein durch neue Einsichten und Gespräche rasch gelindert werden, doch manchmal sind anhaltende, langfristige Bemühungen erforderlich. Die Auseinandersetzung mit den Erfahrungen anderer Mütter und Töchter mag Ihnen helfen, sich Klarheit darüber zu verschaffen, wie Sie Ihr Problem angehen wollen; ich hoffe, Ihnen vermitteln zu können, wie realistisch die Chancen zur Veränderung sind. Nicht alle Geschichten handeln von Schwierigkeiten, die leicht lösbar sind, weil Mutter-Tochter-Probleme so überaus komplex und zerbrechlich sein können; aber alle Beispiele zeigen Ihnen, wie die Mutter, die Tochter oder beide zusammen einen Konflikt bearbeiten und mindestens eine Verbesserung herbeiführen, wenn sie ihn schon nicht vollends aus der Welt schaffen konnten.

Ich kann nicht alle Schlüsselgefühle und -fragen besprechen, die eine Mutter-Tochter-Beziehung in jedem Stadium von der Geburt der Tochter bis zum Altern von Mutter und Tochter belasten können; ich habe aber einige Beispiele für die verschiedenen Phasen ausgesucht. Manche dieser Geschichten werden auf Ihre Situation eher zutreffen als andere, ich empfehle Ihnen aber, alle zu lesen, denn das Denken, Reden und Handeln anderer Frauen kann Sie anregen, auch wenn Ihre Sorgen ganz anders sind.

Ein Prinzip für alle Gefühle

Gespannte Mutter-Tochter-Beziehungen ergeben sich meistens aus einem Bruch, wir müssen uns also darauf konzentrieren, diesen Bruch zu reparieren, anstatt uns gegenseitig zu beschuldigen. Eine Tochter kann auf eine Störung oder Unterbrechung der Beziehung zu ihrer Mutter mit Gefühlen von Ambivalenz, Verrat, Verzweiflung, Wut, Schuld, Trauer oder Stumpfheit und Entfremdung reagieren. Nur allzuoft sind wir uns gar nicht bewußt, daß das Problem bei unserem nicht befriedigten Bedürfnis nach Verbindung liegt. Um das zu illustrieren, hat die feministische Therapeutin Nikki Gerrard beschrieben, was eines Sonntags bei ihr zu Hause passierte:

»Meine sechsjährige Tochter maulte über Langeweile, und ich wurde immer nervöser und wütender. Ich wollte sie anschreien, sie schlagen, sie vielleicht in ihr Zimmer schicken. Ich hielt ihr schlimmes Verhalten für einen Hinweis, daß sie nicht alleine spielen konnte, und ich empfand mich als schlechte Mutter, weil ich es ihr nicht beigebracht hatte.

Plötzlich klickte etwas. Mit einem Schlag wurde mir klar, daß ich so sehr darauf fixiert war, das Problem in ihrer Unabhängigkeit, beziehungsweise in deren Mangel, zu suchen, daß ich gar nicht auf die Idee kam, mich zu fragen, was sonst noch los sein könnte. Ich überlegte mir also, was *mich* überreizt und nervös macht, und es fiel mir auf, daß ein Unbehagen sich oft dann einstellt, wenn ich einen Bruch oder eine Distanzierung in einer engen Beziehung spüre. Ich nahm also meine Tochter in den Arm und sagte: »Ich liebe dich.« Ich sagte ihr, daß sie mein Schatz sei und streichelte ihr Haar. Sie lutschte an ihrem Daumen und lag da wie eine zufrieden schnurrende Katze. Nach einer Weile stand sie auf und ging hinaus zum Spielen. Eine Kluft in unserer Beziehung war überbrückt worden, und jetzt fühlte sie sich wieder gut.«[99]

Das ist ein gutes und hilfreiches Modell für uns alle. Ich habe es oft selbst angewandt, auch bei meiner Tochter und meiner Mutter. Kürzlich klagte meine Tochter über Probleme bei einer bestimmten Schulaufgabe. Ich rief von der Küche ins Wohnzimmer: »Emily, warum schlägst du nicht in der Enzyklopädie nach?« Schweigen. »Schätzchen, weißt du wirklich genau, worum es bei der

Aufgabe geht? Du könntest doch eines der Kinder aus deiner Klasse anrufen und nachfragen.« Ein irritierter Ausbruch von Emily. Dann erinnerte ich mich an Nikkis Erfahrung mit ihrer Tochter. »Emily«, sagte ich, »es tut mir so leid, daß dir die Schule so zusetzt, ich wollte, ich könnte dir helfen.« Sie war erleichtert: Ihre Schulaufgabe hatte ihr Sorgen bereitet, sie hatte ihre Gereiztheit an mir abreagiert und hatte nun ein schlechtes Gewissen. Als ich aufhörte, mir zu überlegen, was ich für sie tun könnte (Mythos Nummer drei), und bloß versuchte, warm und unterstützend zu sein, beruhigte sie sich, weil ihre Gereiztheit unsere Verbindung nicht mehr als ein paar Minuten gestört hatte.

Die Erleichterung, die entsteht, wenn Mutter-Tochter-Bindungen repariert werden, wurde auch von Janice und ihrer Mutter Marjorie erlebt, deren Beziehung durch den Mythos belastet war, daß eine gute Mutter an einer perfekten Tochter zu erkennen sei. Janice dachte, ihre Mutter wolle sie aus egoistischen Gründen zur Befolgung sozialer Regeln zwingen; das ärgerliche Verhalten ihrer Mutter erschien ihr als deren herzloser Versuch, sie in ein gesellschaftsfähiges Muster zu pressen.

Als Janices Liebhaber Aaron zu ihr und ihren beiden voradoleszenten Kindern zog, war Marjorie schrecklich bestürzt. Sie hielt Janice und Aaron für egoistisch, weil sie nicht lange genug abwarten wollten, ob ihre Beziehung auch von Dauer sein würde; wenn er später wieder ausziehen würde, könnte das den Kindern schaden. Sie war Janices früheren Männerbeziehungen gegenüber immer sehr aufgeschlossen gewesen und wollte sich nicht noch einmal Hoffnungen machen. Es war für sie sehr qualvoll gewesen, als sich Janice immer wieder von neuem trennte, und sie hatte Angst davor, sich noch einmal Janices Verzweiflung über eine kaputte Liebe aussetzen zu müssen. Janice:

»Meine erste Reaktion war Kränkung. Ich fühlte mich zurückgewiesen, dann ärgerte ich mich. Ich fragte mich – und fragte meine Mutter gereizt –, warum sie nicht darüber glücklich sein könne, mich glücklich zu wissen. Warum konnte sie nicht sehen, daß Aaron wunderbar für die Kinder war und sie ihn vergötterten.«

Janice wollte, daß Marjorie ebenso empfand wie sie. Sie sehnte sich nach der Unterstützung und Anteilnahme ihrer Mutter und fühlte sich verraten, als sie sie nicht bekam. Aber in ihrem Wunsch nach

Bestätigung durch Marjorie zeigte sich Janice unsensibel gegenüber den Gefühlen ihrer Mutter. Marjories Verhalten war verständlich und zielte nicht darauf ab, Janice zu verletzen, wie Janice schließlich erkannte:

»Als ich mich beruhigte und mich in Mutters Lage versetzte, wurde mir klar, daß ich selbst wahrscheinlich auch nicht anders denken würde. Mich nerven meine Freundinnen, die am Anfang einer Beziehung immer über den Wolken schweben, danach aber lange Phasen durchmachen, in denen sie auf meine Unterstützung angewiesen sind, weil ihre Beziehung sich verschlechtert hat.«

Der erste Schritt zur Verbesserung der Beziehung war der Versuch, die Situation von Marjories Blickwinkel aus zu sehen. Janice setzte dieses Verständnis dann konkret um. Sie rief ihre Mutter an und sagte: »Mama, es wäre so schön, wenn du dich mit mir freuen könntest, aber wenn du es nicht kannst, so verstehe ich das und respektiere deine Gefühle.«

Eine Zeitlang dachte Janice, sie hätte das Problem gelöst. Sie fühlte sich sehr reif, weil sie in der Lage war, ihre eigenen Gefühle und die Gefühle ihrer Mutter auseinanderzuhalten. Aber dann merkte sie, daß sie auch eine Entfremdung von ihr spürte. Nachdem sie viele lange Nächte mit der Angst vor dem elenden Scheitern ihres nächsten Schrittes zugebracht hatte, ging Janice ans Telefon und rief ihre Mutter wieder an:

»Ich *sagte* ihr, daß ich mich ihr entfremdet fühlte und daß mir das nicht gefiele, weil wir einander normalerweise doch sehr nahe sind. Ich sagte ihr, daß ich mit Aaron immer noch glücklich sei, und die Kinder auch, daß ich aber Probleme damit hätte, daß sie und Aaron, zwei sehr wichtige Menschen in meinem Leben, absolut keine Beziehung zueinander hatten. Ich sagte ihr, daß ich nicht von ihr erwartete, in das nächste Flugzeug zu steigen und für sechs Monate zu uns zu ziehen, um Aaron kennen- und liebenzulernen. Ich bat Mama nicht, ihre Gefühle zu ändern. Ich sagte bloß, daß unsere Entfremdung mich schmerzte und daß ich ihr gerne wieder näherkommen würde.«

Vier Monate später verbrachte Marjorie ein Wochenende mit Janice und Aaron. Obwohl die Lage bei weitem nicht eitel Wonne ist und sie Aaron immer noch nicht in den Himmel hebt – und vielleicht nie so weit kommen wird –, weiß sie doch, daß Janice ihr nahe bleiben will. Indem Janice vermied, Marjorie wegen ihrer Entfremdung bloß zu beschuldigen, und einen Weg fand, mit ihrer eigenen Entscheidung zu leben, obwohl sie *nicht* dem entspricht, was sich ihre Mutter wünscht, löste sie ihren Ärger auf. Ihre Befreiung von den Selbstzweifeln (weil sie ihrer Mutter mißfiel) und den Vorwürfen ihrer Mutter gegenüber setzte in Janice eine Menge Energie frei, die sie dazu verwenden konnte, ihre Beziehung zu ihrer Mutter zu erhalten und zu stärken.

Marjorie andererseits stand weniger unter Druck, alles, was Janice tat, zu billigen und aus ganzem Herzen mitzutragen, sie begriff aber auch, daß Janices Beziehung zu einem neuen Mann nicht bedeutete, daß sie sich nun weniger für die Beziehung zu ihrer Mutter interessierte und ihre Meinung nicht mehr respektierte.

Diese Geschichten zeigen, daß viele Probleme in der Beziehung zu unserer Mutter aus der Sehnsucht nach Nähe zu ihr entstehen.

Ambivalenz

Wir haben uns im Detail mit der Macht der polarisierten Mütterbilder beschäftigt, uns ein tiefsitzendes Gefühl von Ambivalenz unseren Müttern gegenüber zu vermitteln. Wenn Ihre Mutter-Tochter-Beziehung von starker Ambivalenz geprägt ist, wird es für Sie wahrscheinlich hilfreich sein, sich vor Augen zu führen, wie die beiden Arten von Mythen dieses Gefühl verstärken können. So bewirkt der positive Mythos der unendlichen Fürsorglichkeit der Mutter, daß wir uns von unserer Mutter angezogen fühlen, der negative Mythos der weiblichen Minderwertigkeit kann in uns das Bedürfnis erzeugen, uns von ihr zu distanzieren.

Die Ambivalenz einer Tochter ihrer Mutter gegenüber tritt oft in der Pubertät besonders ausgeprägt in Erscheinung, wenn ihr Wunsch, nichts mit ihrer Mutter zu tun zu haben, durch ihr Bedürfnis, sich erwachsen zu fühlen, verstärkt wird. Meine Verlegerin Janet Goldstein erinnert sich daran, wie ihre Mutter ihr, als sie ein Teenager war, sagte: »Ich kann es dir nicht einmal recht machen, wenn wir uns wegen Kinokarten anstellen. Entweder stehe ich zu dicht neben dir oder nicht nahe genug!« Wenn die Tochter sich mehr Nähe zu ihrer Mutter wünscht, leiden sie beide unter dem Mythos, der diese Nähe für ungesund hält, und wenn sie einander *zu* nahe sind, fürchtet sich jede davor, von den »enormen« Bedürfnissen der anderen verschlungen zu werden.

Teenager wollen ihrer Mutter möglichst fern bleiben, um ihre wachsenden sexuellen und aggressiven Gefühle zu verbergen; aber die Verwirrung, die diese Gefühle auslösen, machen sie mehr denn je bedürftig nach Schutz und Hilfe. Eine Mutter, die weiß, was ihre Tochter empfindet, ist eine mögliche Quelle des Trostes. Wenn die Angst der Tochter vor dem Mißfallen der Mutter aber zu groß ist, kann das Wissen der Mutter um die Gefühle der Tochter auch eine Quelle von Angst und Scham sein, die sie bewältigt, indem sie versucht, ihre Mutter auszuschalten. Die Tochter kann ihre Mutter als den menschlichen Spiegel erleben, der nicht bereit ist, respektvoll in den Schatten zu treten.

Als Erwachsene stöhnen wir oft: »Wenn ich bei meiner Mutter bin, fühle ich mich, als wäre ich wieder vierzehn.« Wir glauben, daß unsere Mütter uns durchschauen und gerade das sehen, was wir am meisten verstecken wollen. Wir meinen vielleicht, sie hätte unsere Reife und Unabhängigkeit niemals akzeptiert. Im Idealfall können Mütter und Töchter Wege finden, um als einander nahestehende, liebevolle Erwachsene in einer gleichberechtigten Beziehung leben zu können. Ginas Geschichte über die Telefongespräche mit ihrer Mutter in Kapitel 7 ist ein Beispiel dafür, wie ein Problem erfolgreich bewältigt werden kann.

Oft kann die Ambivalenz nach einer Periode von Ausgeglichenheit und allgemeiner Nähe unerwartet und mit überraschender Intensität hochschießen. Wenn Ihre Mutter älter wird, beginnen Sie wahrscheinlich, sich um sie zu kümmern, ihr zu helfen, sie nach ihren Gefühlen zu fragen. Obwohl Sie in Wirklichkeit bloß Ihre gegenseitige Fürsorge fortsetzen, kann es sein, daß Sie sich wegen einer »Rollenumkehr« Sorgen machen, es bedenklich finden, daß nun Sie Ihre Mutter »bemuttern«. Sie und Ihre Mutter haben vielleicht das Bedürfnis, einander nahe zu bleiben, fürchten aber, eine solche Mutter-Tochter-Nähe könne ungesund sein. Rosa, eine Teilnehmerin an einem Mutter-Tochter-Workshop, formulierte es so:

»Als die Arthritis meiner Mutter immer schlimmer wurde, begann ich einen Teil ihrer Hausarbeit zu übernehmen – besonders die Sachen, bei denen sie knien mußte. Ich wollte ihr helfen, aber ich machte mir auch Sorgen, ob es ihr nicht peinlich sei, daß nun *ich* mich um *sie* kümmerte anstatt umgekehrt; und auch ich kam mir irgendwie komisch vor. Manchmal packte mich dieses neue Gefühl so sehr, daß ich richtig gereizt wurde und es sie spüren ließ.«

Dieses neue Gefühl entstand bei Rosa nicht nur wegen der Veränderung ihrer Rollen, denn das allein müßte ja noch nicht beängstigend sein; ihr negatives Gefühl beruhte auch auf ihrer Meinung, daß eine erwachsene Tochter und ihre Mutter unabhängig voneinander sein sollten. Als Rosa ihre Emotionen analysierte und ihre Ambivalenz erkannte (die sich in ihrer gemischten Reaktion von Fürsorglichkeit und Wut äußerte), begriff sie allmählich die Wirkung des Mythos, der die Nähe zwischen Mutter und Tochter zu einem Tabu macht. Außerdem erkannte sie, daß das Gefühl, unendlich fürsorglich sein zu müssen, verbunden mit der Angst davor, zu viel zu geben, sie emotional zu lähmen drohte.

Rosa stellte auch fest, daß diese beiden Mythen es ihr sehr wohl ermöglicht hatten, sich *ohne* Ambivalenzgefühle um ihren Vater zu kümmern. Ja, wegen des Mythos der männlichen Überlegenheit fühlte sie sich sogar geehrt, ihm helfen zu dürfen, und wegen des Mythos der unendlichen Fürsorglichkeit kam sie sich dabei auch noch sehr weiblich vor. Rosa sagte:

»Ich merkte, daß ich mich noch kein einziges Mal darüber geärgert hatte, daß ich mich um meinen Vater kümmern muß, seit er den Herzanfall hatte. Ich fürchte, der Unterschied liegt darin, daß ich so viel von ihr erwarte und so wenig von ihm.«

Wochen nach dem Workshop rief mich Rosa an, um mir zu berichten, daß sie mit ihrer Mutter darüber gesprochen hatte, wie seltsam es für sie sei, die Rolle der Fürsorglichen zu übernehmen, und auch darüber, wie sehr sie die Fürsorge ihrer Mutter schätzte, die sie ihr all die Jahre hatte zukommen lassen. Ihre Einsicht in die Macht der Mythen hatte viel von ihrer Ambivalenz aufgelöst, was Energien freisetzte, die es ihr ermöglichten, ihrer Mutter Respekt und Wertschätzung entgegenzubringen.

Indem sie ihr Unbehagen ihrer Mutter gegenüber eingestand, anstatt sich mit Wut an ihr abzureagieren, leitete Rosa eine neue Phase in ihrer Beziehung ein. Obwohl die Veränderungen eine gewisse Umkehr an Macht und Verantwortung zwischen ihnen bedeuteten, wurden sie auf der psychischen Ebene gleichberechtigter. Das geschah, weil sie über ihre menschlichen Reaktionen offen redeten – über Rosas Unbehagen und ihre Ressentiments und über das Unbehagen und die Trauer der Mutter wegen des Verlusts ihrer körperlichen Fähigkeiten. Rosas Mutter fühlte sich des Respekts ihrer Tochter weniger würdig als zu Zeiten, als sie noch im Vollbesitz ihrer körperlichen Kräfte war, aber Rosa linderte den Schmerz und die Isolation, die sie beide empfanden, als es ihr gelang, ihre eigenen Gefühle in einer respekt- und würdevollen Weise einzugestehen.

Frauen, deren Mütter zu krank oder verwirrt sind, um eine Konversation zu führen, wie Rosa es mit ihrer Mutter schaffte, haben mir berichtet, daß schon allein das Wissen, wie die Mythen ihre Gefühle beeinträchtigen, das Unbehagen minderte. Würden Sie, zum Beispiel, dasselbe empfinden, wenn ein solcher Vorfall zwischen Ihnen und Ihrem Vater oder zwischen einem Vater und einem Sohn stattfände? Eine Frau beschrieb die Doppelmoral alten Leuten gegenüber so:

»Ich sehe dasselbe Muster in allen Familien meiner Freunde, deren Eltern älter werden. Der Vater – selbst wenn er sein ganzes Leben ein mieser Tyrann war – wird mit zunehmendem Alter geachtet. Seine aufreizenden Angewohnheiten (sowohl die lebenslänglichen als auch neue, die er sich im Alter zugelegt hat) werden ihm als seine Schrullen verziehen. Die Mutter aber – egal, wie sehr sie sich um das leibliche und emotionale Wohl der Familie abgemüht hat – ist eine keifende Alte und ›eine unmögliche Person‹, wenn sie schwierig wird.«

Sie werden sich bei Ihrer Fürsorge für die Mutter weniger ambivalent fühlen, wenn Sie sich bemühen, das Ungleichgewicht auszugleichen und gegen eine völlige Machtumkehr anzukämpfen – oder wenn Sie sich zumindest darauf konzentrieren, sie zu respektieren. Das können Sie manchmal erreichen, indem Sie sie um Dinge bitten, die sie tun *kann* – Ihnen Geschichten aus ihrer Vergangenheit erzählen, Ihnen schildern, wie Sie als kleines Kind waren, welche Zukunftswünsche sie als junges Mädchen hatte, oder was sie im Leben geleistet hat, auf das sie stolz ist. Das ist eine gute Methode, den Druck unserer jugendtrunkenen Kultur zu bekämpfen, die uns nahelegt, uns von älteren Menschen zurückzuziehen und uns nicht um sie zu kümmern.

Sie können sie auch als Informationsquelle benützen, eben *weil* sie alt ist. Mütter können uns helfen, den Alterungsprozeß auch für uns selbst zu entmystifizieren. Vor einigen Jahren vertraute mir meine Mutter an, daß sie sich wegen ihrer wachsenden Schwerhörigkeit isoliert fühlte, weil sie einem Gespräch, das direkt vor ihr stattfand, nicht mehr folgen konnte. Mir war nicht bewußt gewesen, wieviel von der Welt wir aufgrund der Veränderungen, die sich im Alter vollziehen, versäumen können. Mein größeres Verständnis für ihre Schwierigkeiten und mein Respekt für die Ehrlichkeit, mit der sie darüber sprach, dämpften einen Gutteil des Unbehagens und der Irritation, die ihr Hörproblem manchmal bei mir auslösten.

Verrat

Töchter fühlen sich oft von ihren Müttern verraten, weil der Mythos der männlichen Überlegenheit Mütter dazu verleitet, sowohl ihre Tochter als auch sich selbst unterzubewerten oder sogar herabzusetzen. Als Genna Anfang zwanzig war, kam sie nach einem Einkaufsbummel mit ihrer Mutter zu einer solchen Erkenntnis:

»Viele Jahre lang war es für mich wunderbar gewesen, mit Mutter zur Kosmetikerin zu gehen oder Kleider einzukaufen. Eines Tages aber fühlte ich mich schrecklich im Stich gelassen, weil sie eine bösartige Bemerkung über einen wunderschönen Anzug machte, den ich mir gekauft hatte. Sie sagte: ›Wenn du mit diesem knalligen Anzug daherkommst, werde ich sicher wie eine graue Maus aussehen.‹ Ich konnte es einfach nicht fassen – meine Mutter war eifersüchtig auf mich!«

Genna fühlte sich enttäuscht und verraten – und das war so schmerzhaft, daß es nicht ignoriert werden konnte. Sie wußte, daß sie das, was geschehen war, verarbeiten mußte, um sich mit ihrer Mutter wieder wohl fühlen zu können. Sie wußte auch, daß die Mutter ihre Kränkung lächerlich finden und sagen würde, sie hätte ihr doch nur ein Kompliment gemacht. Genna diskutierte die Angelegenheit mit einer alten Freundin, und gemeinsam analysierten sie Gennas Gefühle:

»Meine erste Reaktion waren Schuldgefühle, weil ich sie ausgestochen hatte. Dann wurde ich wütend auf sie, weil ich ihretwegen Schuldgefühle bekam. Und dann ärgerte ich mich über mich selbst, weil ein Teil von mir ja auch froh darüber war, sie ausstechen zu können. Schließlich erkannte ich, wieviel Druck sie auf uns beide ausübte, die Anerkennung von Männern zu bekommen, und wie das einen Keil zwischen uns trieb. An diesem Punkt wurde mir klar, daß bei unseren Einkaufsausflügen die Wärme der gemeinsamen Erfahrung ergänzt wurde durch eine gewisse frenetische Qualität – schließlich ging es doch darum, uns für die Männer herauszuputzen!

Die Beschäftigung meiner Mutter mit ihrer Anziehungskraft auf Männer war etwas, das *sie* von *ihrer* Mutter übernommen hatte. Das wußte ich, weil ich oft gehört hatte, wie meine Großmutter sagte, man müsse ›den Männern gefallen‹. Erinnerungen kamen in mir hoch – all die Jahre, in denen ich zwar stolz darauf war, dünner zu sein als sie, gleichzeitig aber auch spürte, daß ich mich in punkto Stärke und Kompetenz niemals mit ihr würde messen können. Und ich erinnerte mich, wie sie ihre Eifersucht auf meine Jugend und meine schlanke Figur zum Ausdruck brachte. Ich fühlte mich echt betrogen: Warum hatten wir so viel Energie damit zugebracht, miteinander um die Anerkennung meines Vaters oder meines Bruders zu konkurrieren, und doch hatte jede von uns das Gefühl, auf der Verliererseite zu stehen?

Zuerst machte ich ihr Vorwürfe: Sie hatte mir beigebracht, das zu tun! Aber ich hatte in den Familien meiner Freundinnen beobachtet, wie die Mütter dachten, sie *müßten* ihren Töchtern zeigen, wie sie es den Männern recht machen können, und ich sah, daß meine Mutter sich in dieser Hinsicht nicht sehr von ihnen unterschied. Ich sah auch, daß es weder ihre noch die *Schuld* der Mütter meiner Freundinnen war, daß sie so waren. Ich hatte eher das Gefühl, daß wir alle miteinander Betrogene waren. Und meine Wut auf sie wurde schwächer. Sie verschwand nicht völlig, weil ich mir immer noch wünschte, sie wäre stark genug gewesen, sich nicht betrügen zu lassen, aber ich fühlte mich spürbar erleichtert.«

Töchter fühlen sich oft verraten, weil ihre Mütter wegen des Mythos der Überlegenheit des Mannes glauben, konventionelle Töchter und Söhne erziehen zu müssen. Die 29jährige Becky erinnert sich:

»Nie hatte ich das Gefühl, daß *mein* Zorn legitim war, zu irgend etwas Gutem führen könnte. Der Zorn meines Bruders aber schon: Wenn ich brüllte und schrie, wurde ich dafür gescholten, wenn er brüllte und schrie, unterwarfen sich meine Eltern und gaben ihm, was er wollte. Und beim Sex lautete die Botschaft meiner Eltern an mich: ›Nein!‹ Mein Bruder aber bekam von unserem Vati Kondome und stolze, wissende Blicke. Ich wußte, daß sich meine Eltern sorgten, ich könnte schwanger werden, aber diese Sorge schien es ihnen unmöglich zu machen, mir irgendeine positive Einstellung zu meiner Sexualität zu lassen. Sie wurde mir zu einer einzigen Last.«

Viele Frauen entdecken, daß ihre Mütter glaubten, ihren Töchtern beibringen zu müssen, Männer mehr zu achten als Frauen, auch wenn sie selbst manche Aspekte der weiblichen Rolle ablehnten und keine Lust hatten, mit ihrer Tochter um die Gunst der Männer zu konkurrieren. Mütter finden oft Wege, sich dieser Konkurrenz zu entziehen und sich bestimmter weiblicher Aufgaben, die ihnen besonders lästig sind, zu entledigen.

Als ich größer wurde, hörte ich meine Mutter wiederholt (und zu meiner Überraschung ohne Scham) sagen »Ich kann keinen Knopf annähen!«. Also wurde ich zur Heim»schneiderin«, nähte Knöpfe an und versorgte die Familienmitglieder mit Säumen für ihre Röcke und Hosen. Ich glaubte, daß mein Vater mich in dieser Hinsicht meiner Mutter vorzog. Ich schämte mich für sie und fühlte mich sowohl stolz als auch schuldig, sie ausgestochen zu haben. Erst als ich vierzig wurde, begriff ich, was wirklich geschehen war. Ich fragte Mutter: »Kannst du dich noch erinnern, wie du immer gesagt hast, du könntest keinen Knopf annähen? Mir ist ein Licht aufgegangen: *Jeder* kann einen Knopf annähen, du auch, stimmt's?«

»Na klar«, sagte sie grinsend, »aber ich hatte keine Lust, mir das auch noch aufhalsen zu lassen!« Sie hatte keine Ambitionen gehabt, mit mir um den Titel der Nähkönigin zu konkurrieren, ich aber glaubte so sehr an den Wettlauf um die Gunst der Männer, daß ich voller Genugtuung meine Mutter in einem Spiel besiegte, das sie gar nicht spielte.

Manche traditionelle Therapeuten sind der Meinung, daß eine intensive Mutter-Tochter-Konkurrenz um die Aufmerksamkeit von Männern unvermeidlich und gesund sei, weil dieser Wettbewerb der Tochter hilft, der »Verstrickung« mit der Mutter zu entkommen und in die »reale, öffentliche Welt« des Vaters einzutreten. Das ist ein Irrglaube. Es ist kindisch anzunehmen, daß ein Mehr an Liebe für den Vater notgedrungen ein Weniger an Liebe für die Mutter bedeuten muß; dieser Glaube wird genährt vom Mythos, daß Männer mehr wert sind als Frauen – wer also sollte überhaupt *wollen*, die Nähe einer Mutter zu suchen?

Weil Frauen abgewertet werden, werden Jungen wie Mädchen gedrängt zu beweisen, daß sie anders und von ihrer Mutter getrennt sind; eine Tochter möchte zeigen, wie sehr sie sich von ihrer Mutter unterscheidet, aber sie ist ihrer Mutter auch (vielleicht unbewußt) böse, weil diese die Botschaft bringt, daß sie beide weniger wert sind als Männer.

Rufen Sie sich vielleicht Schlüsselereignisse in Ihrer Kindheit in Erinnerung, als Sie gegen Ihre Mutter rebellierten und nicht auf sie hören wollten. Fragen Sie sich, ob Sie sich nicht nur gegen manche der weiblichen Dinge, die Mutter glaubte, Ihnen beibringen zu müssen, wehrten. Lori, die jetzt zwei Kinder hat, brauste jedesmal auf, wenn ihre Mutter ihr Kochrezepte und Haushaltsratschläge gab:

»Es schien mir, als wollte sie mir sagen, daß ich ohne ihre Hilfe eine miserable Köchin sein würde. Eines Tages sprach eine Frau auf meiner Arbeitsstelle darüber, wie ungern sie kochte, und es fiel mir wie Schuppen von den Augen: auch *ich* hasse Kochen! Als ich ein Kind war, rief sie mich immer in die Küche, setzte ein breites Grinsen auf und sagte: »Komm, backen wir etwas zusammen!« Ich glaube, sie dachte, Mütter müßten sich so verhalten. Ich wollte nie backen, aber ich wollte sie auch nicht kränken. Jetzt weiß ich, daß ich Küchenarbeit immer gehaßt habe und wütend auf sie war, weil sie so tat, als wäre es ein immenses Vergnügen.«

Wie viele Töchter fühlte sich Lori verraten, weil ihre Mutter bei der Aufrechterhaltung des Mythos der männlichen Überlegenheit mitgemacht hatte; sie hielt die Kochlust der Mutter für ein Zeichen ihrer Unterwerfung unter den Anspruch der Männer, daß Frauen für die Küche zuständig zu sein haben. Diesen Mythos als Quelle des Problems zu erkennen, ist ein erster Schritt zur Überwindung des Gefühls, daß die Mutter uns betrogen hat.

Verzweiflung

In Kapitel 2 habe ich die Geschichte von Ellen erzählt, die darüber verzweifelt war, daß es ihr nicht gelang, ihre Mutter Sue für Ellens Reise mit ihrem Freund zu begeistern. Wenn Verzweiflung das dominierende Gefühl im Verhältnis zu Ihrer Mutter ist, dann sollten Sie sich vielleicht daran erinnern, wie Ellen und Sue ihre Verzweiflung überwinden konnten.

Zusätzlich zur Sorge, der Mutter nichts recht machen zu können, verzweifelt eine Tochter oft unbewußt an der Erkenntnis, daß ihre Mutter ein Opfer ist und sie nichts tun kann, um der Mutter zu helfen. In ungefähr einem Drittel der nordamerikanischen Familien wird die Mutter vom Vater körperlich mißhandelt; in einer großen Zahl von Familien wird sie von ihm gedemütigt. Hier ist das Dilemma der Tochter noch schmerzhafter. Im Alter von dreißig Jahren blickte Alison auf ihre Jugend zurück, die von einem Vater, der die Mutter häufig beschimpfte, geprägt war:

»Es zerriß mich förmlich. Ich haßte ihn dafür, daß er sie beschimpfte, und deswegen wollte ich ihre Partei ergreifen. Aber ich wollte auch vor der Demütigung, mit ihr verwechselt zu werden, flüchten. Wenn Vati Mutti einschüchterte, haßte ich sie, weil sie sich nicht wehrte. Für mich bedeutete ihre Schwäche, daß wir alle unsere Scham schweigend ertragen müssen.«

Viele Töchter brauchen Jahrzehnte, ehe sie begreifen, wie die Mythen der Überlegenheit des Mannes und die Dynamik männlicher Herrschaft in ihrer Familie wirkten und warum sich ihre Mütter den Vätern in so vieler Weise unterwarfen. Sie können damit beginnen, Ihre Mutter zu fragen, was ihrer Meinung nach geschehen wäre, wenn sie ihre Unterwerfung aufgekündigt hätte. Eine Frau, die ihrer Mutter diese Frage stellte, berichtete: »Mutter sagte, sie wußte, daß sie mehr vom Geld verstand als Vater, aber sie ließ ihn die finanziellen Entscheidungen treffen, weil sie nicht wollte, daß er das Gefühl bekam, nicht der Mann im Haus zu sein.«

Weil sich Kinder meistens unfähig fühlen, ihrer Mutter beizustehen, reagieren sie auf ihre schlechte Behandlung durch andere oft mit Verhaltensstörungen oder emotionaler Distanzierung. Viele Kinder stellen aber weiterhin an sich den Anspruch, ihre Mutter zu beschützen und zu retten. Besonders Töchter neigen dazu, weil sie ja das Selbstbild der Fürsorglichen mit sich herumtragen. Bei diesen Kindern kann das Gefühl von Machtlosigkeit zu einer Verzweiflung führen, die sie oft ein Leben lang nicht mehr losläßt. Häufig nehmen erwachsene Töchter gar nicht wahr, daß sie längst nicht mehr machtlos sind.

Marianne, eine schwarze Bürgerrechtsaktivistin, erkannte, wie sehr sie darunter litt, daß sie als Kind nicht in der Lage gewesen war, dem Leiden ihrer Mutter, das ihr ein rassistischer Arbeitgeber zufügte, ein Ende zu setzen:

»Mama und ich redeten immer über manche der schrecklichen Dinge, die weiße Leute unserem Volk antun, und es war wegen Mama, daß ich eine Aktivistin in der Bürgerrechtsbewegung wurde. Aber manchmal haßte ich es, in ihrer Nähe zu sein, wenn sie von der Arbeit heimkam, erschöpft vom Abwehrkampf gegen die sexuellen Annäherungsversuche ihres Vorarbeiters. Es war mir unerträglich, sie leiden zu sehen und ihr nicht helfen zu können, also schaltete ich mein Gefühl einfach ab.«

Im Alter von 36 Jahren hatte Marianne eine Krise in ihrem Leben. Je mehr Menschen sie durch ihre Bürgerrechtstätigkeit geholfen hatte, desto verzweifelter wurde sie wegen ihrer Unfähigkeit, ihrer Mutter damals zu helfen. Als sie einer älteren schwarzen Frau bei einem Verfahren gegen sexuelle Belästigung vor einer örtlichen Menschenrechtskommission beistand, erkannte Marianne, daß sexuelle Belästigung eines der Probleme war, mit dem ihre Mutter zu kämpfen hatte; sie konnte es nun nicht mehr vermeiden zu sehen, wie sie sich jahrelang vor dem Schmerz ihrer Mutter abgeschottet hatte. Jetzt hatte sie mindestens etwas Macht und deshalb kein Bedürfnis mehr, sich dem Leiden der Mutter zu verschließen.

Marianne rief ihre Mutter an, bat sie um einen Besuch und erzählte ihr, was sie begriffen hatte. »Mama war nicht überrascht«, sagte sie. »Sie hatte die ganze Zeit gewußt, warum ich mich zurückzog. Aber *ich* jedenfalls fühlte mich erleichtert, seit ich wußte, was zwischen uns geraten war, und danach mußte ich nicht mehr so sehr auf Distanz gehen.«

In schwierigen Zeiten unseres Lebens verzweifeln wir vielleicht, wenn wir meinen, daß unsere Mutter uns nicht gibt, was wir wollen, und wir nicht wissen, warum. Weil Mütter ihre Sorgen oft vor uns verbergen, können wir nicht herausfinden, warum Mutter emotional so distanziert ist, wie sehr wir uns auch um sie bemühen mögen. Üblicherweise ist es am besten, die Mutter direkt zu fragen, was in *ihrem* Leben gerade vor sich geht. Eine meiner Studentinnen merkte, nachdem sie ein Baby bekommen hatte, daß ihre Mutter *ihre* Bedürfnisse nicht befriedigte, weil sie sich mit anderen Problemen herumschlug. Die Studentin hatte sich danach gesehnt, von ihrer Mutter Bestätigung zu bekommen, daß sie für ihr Baby das Richtige tat, und war enttäuscht gewesen, als ihre Mutter sich dazu nicht äußerte. Sie erkannte den Grund, als ihre Mutter und Großmutter gemeinsam auf Besuch kamen:

»Ein Teil des Besuchs ging darum, meiner Großmutter Gelegenheit zu geben, ihre Urenkelin zu sehen. Die ganze Zeit über hoffte ich, daß meine Mama sagen würde: ›Das machst du wirklich fein, Alexandra.‹ Sie aber wollte von mir Bestätigung, daß sie für ihre Mutter die nötige Geduld und Fürsorglichkeit aufbrachte.«

Diese Art von Einsicht lehrt uns, daß Mutter uns nicht »vernachlässigt«, weil wir böse sind, nicht, weil sie mit uns unzufrieden ist oder wir ihr egal sind, sondern weil sie ein Mensch ist, der sich abmüht, innerhalb der engen Grenzen der überfürsorglichen weiblichen Rolle zurechtzukommen. Verzweifelte Töchter müssen sich damit abfinden, daß diese eng gesteckten Grenzen und der Mangel an weiblicher Macht in der Gesellschaft die Mütter ebenso begrenzt befähigen, die Bedürfnisse der Töchter zu befriedigen, wie die Töchter, ihre Mütter zu beschützen.

Zorn

Zorn spielt bei so vielen Mutter-Tochter-Beziehungen eine wichtige Rolle, weil er zum einen von der Praxis der Mütterbeschuldigung gefördert wird und weil Zorn zum anderen eine übliche Reaktion auf ein unangenehmes Gefühl ist. Wenn wir unserer Mutter gegenüber Ambivalenz, Verrat, Verzweiflung, Schuld oder Trauer empfinden, dann neigen wir dazu, auf sie wütend zu werden, weil sie »bewirkt« hat, daß wir uns so fühlen. Wie wir in Kapitel 2 gelernt haben, ist es wichtig, diese Wut zu verstehen und zu überwinden, indem wir nach den tiefliegenden Emotionen suchen, die für das Feuer verantwortlich sein könnten. Es folgen einige der häufigsten wutauslösenden Situationen, denen Töchter mit ihrer Mutter begegnen.

»Ich kann es ihr nie recht machen«

Wir haben uns bereits einige Beispiele angesehen für das Bedürfnis der Tochter, der Mutter zu gefallen, um zu zeigen, daß die Mutter eine gute Tochter aufgezogen hat (Mythos Nummer eins).

Eine schmerzhafte Situation tritt bei der übergewichtigen Tochter ein, die eingekeilt ist zwischen dem Bedürfnis der Mutter, eine »präsentable« Tochter zu haben, und ihrem eigenen Kampf um Unabhängigkeit und Entwicklung einer eigenen Identität. Die Mutter einer übergewichtigen Tochter fühlt sich unfähig, weil die Tochter nicht in das gängige Weiblichkeitsideal paßt, glaubt also, etwas tun zu müssen; sie mag sich Sorgen machen, daß das Übergewicht schlecht für die Gesundheit der Tochter sein könnte. Aber ihre Hilfsangebote beleuchten nur den »Mangel« der Tochter an Selbstkontrolle, steigern deren Widerwillen gegen sich selbst und machen aus der Mutter eine praktische Zielscheibe für alle diese Frustrationen. Die zwanzigjährige Amanda war eine meiner Klientinnen und erzählte mir folgende Geschichte:

»Mutter wollte, daß ich abnehme, um meiner selbst willen, klar – aber auch *ihretwegen*, und ich konnte es nicht ertragen, ihr den Weg zum Lob ihrer Klubdamen zu ebnen: ›Wie nett! Amanda hat endlich abgenommen!‹ Ich fühlte mich wie ein Stück Fleisch.«

Indem sie einige der in diesem Buch beschriebenen Techniken anwandte, führte Amanda schließlich mit ihrer Mutter ein offenes Gespräch unter vier Augen:

»Ich wußte, daß Mutter mich im Grunde genommen sehr mochte, und ihr zu sagen, daß sie mich endlich in Frieden lassen sollte, hatte bisher nichts genützt, also probierte ich etwas anderes: Ich versuchte mir Klarheit über *ihren* Standpunkt zu verschaffen. Ich bat sie, nicht mehr über die möglichen Folgen meines Übergewichts für mich zu sprechen, sondern mir zu sagen, was meine zusätzlichen Pfunde für *sie* bedeuteten. Zuerst dachte sie, es habe nichts mit ihr zu tun. Aber als ich sie rundheraus fragte, ob sie sich wie eine Versagerin fühle, weil sie es nicht schaffte, eine schlanke

Tochter zu produzieren, brach sie in Tränen aus und sagte: ›Ich weiß nicht, was ich getan habe, daß du so viel essen mußt. Ißt du, weil du unglücklich bist, oder habe ich dir nur niemals Selbstkontrolle beigebracht? Und außerdem: Wenn du zu dick bist, wirst du nie einen Mann finden, und ich werde keine Enkel haben‹.«

Als die Sorgen der Mutter erst einmal ausgesprochen waren, konnten sich die beiden Frauen darüber unterhalten, wie unfair es für beide sei, nach dem Umfang von Amandas Körper beurteilt zu werden – oder sich selbst danach zu beurteilen. Sie wurden Partnerinnen. Amanda berichtet:

»Mutter wünscht manchmal immer noch, ich würde abnehmen; aber sie haßt mich nicht als ›Beweis‹ ihres Scheiterns als Mutter, und ich habe nicht das Gefühl, daß sie meine Eßgewohnheiten wegen *ihrer* egoistischen Gründe kontrollieren will.«

Ich habe ähnliche Geschichten von Töchtern gehört, die glauben, daß ihre Mütter sie »hassen«, weil sie außerhalb ihres Glaubens geheiratet haben, kinderlos geblieben sind, lieber Frauen als Männer lieben. Töchter in solchen Situationen reagieren auf die Mißbilligung oder das Unbehagen ihrer Mutter mit Intellektualisierung oder Angriff: »Sie ist unvernünftig!«, »Sie ist homophob!«, »Was ihr bigotter Bruder denkt, ist ihr wichtiger, als wie es mir geht!«

Die Entscheidung einer Tochter für einen Partner oder eine Partnerin und gegen Kinder kann für eine Mutter bedrohlich sein, doch die Beseitigung der beiderseitigen *Fehlinterpretationen* der Gefühle von Mutter und Tochter kann einen Teil ihres Kummers lindern.

Eine Tochter, die seit fünf Jahren mit einem Mann anderer Religionszugehörigkeit verheiratet war, sagte mir, daß ihre Mutter sie und ihren Mann hasse. Ich hatte mich mit ihrer Mutter unterhalten und wußte, daß sie ihre Tochter nicht haßte, sich selbst aber als gescheitert verurteilte, weil sie nicht in der Lage gewesen war, eine Tochter großzuziehen, die innerhalb ihres Glaubens heiraten würde; ihre Mutter sagte offen, daß das für sie eine Frage von Gefühlen sei – des Versagens, der Angst, dafür einmal bestraft zu werden, und so weiter. Die Tochter tobte über die Heuchelei und Irrationalität ihrer Mutter.

»Ihre Mutter hat für ihre Reaktion noch nie die Gesetze der Logik beansprucht«, redete ich der Tochter ins Gewissen, »wichtig ist doch nur, daß ihr euch liebt und die Spannung zwischen euch abbauen wollt. Das einzige, was ihr nie macht, ist, euch gegenseitig zu zeigen, daß ihr euch wichtig seid. Jede klammert sich an ein fünf Jahre altes Ärgernis. Obwohl es für euch beide eine gräßliche Zeit war, könnt ihr vielleicht doch jetzt eine ruhigere Beziehung anfangen. Warum beginnen Sie nicht einfach mit der Annahme, daß Ihre Mutter Sie nicht haßt und auch nicht will, daß Sie sich schuldig fühlen, sondern sich mit Ihnen bloß besser verstehen will. *Sie* ihrerseits glaubt doch auch, daß *Sie* sie hassen. Mir ist noch nie eine Familie begegnet, die so sehr darauf bedacht war, ihre Zuneigung voreinander zu verbergen.«

Die andere Tochter der Familie hatte der Mutter etwas Ähnliches gesagt, und das nächste Mal, als Mutter und Tochter miteinander telefonierten, war die Spannung abgeklungen. Jede der beiden Frauen fühlte sich weniger zurückgestoßen, und jede war willens, die Bereitschaft der anderen, die Verbindung kitten zu wollen, für bare Münze zu nehmen. Es kehrte von da an keineswegs der ewige Frieden ein, aber die Anerkennung des Wunsches der anderen nach Bestätigung und Versöhnung trug dazu bei, einen Teil des vergangenen Schmerzes zu lindern.

Die negative Reaktion der Mutter auf eine Tochter, die sich für einen nichttraditionellen Lebensstil entscheidet, kann die Tochter derart bekümmern, daß sie nicht bereit ist, der Mutter irgendwelche guten Absichten zuzugestehen. Die meisten Mütter wollen ihre Töchter glücklich sehen, und Mütter, die an traditionellen Vorstellungen festhalten, halten den konventionellen Weg für die schnellste Route dorthin. Glücklicherweise finden Töchter Möglichkeiten, ihren Müttern zu zeigen, daß der traditionelle Weg nicht notwendigerweise glücklich macht, während das nichttraditionellen Entscheidungen manchmal sehr wohl gelingt. Erste Hilfe kam von Betty Friedans Buch ›Der Weiblichkeitswahn‹, in dem traditionelle Frauen ihre Unzufriedenheit mit ihrem Leben beschrieben; weitere Hilfe kommt sowohl von den Geschichten einzelner Frauen als auch von systematischer Forschung, die zum Beispiel zeigt, daß Ehe, Kinder und die anderen traditionellen Frauenrollen nicht allen guttun.

»Sie weiß Dinge, von denen ich nichts wissen will«

Ein Teil der Rolle einer Mutter besteht darin, ihre Tochter vor möglichen Gefahren zu warnen. Leider macht das Mütter zu den Überbringerinnen der schlechten Nachricht, einer Nachricht, die die Tochter vielleicht nicht hören will. Als ich eine sehr junge Frau war, sagte mir meine Mutter, daß ein Mann, mit dem ich eine Beziehung hatte, sie »zu fest« umarmt habe. Ich wischte ihre Bedenken vom Tisch: »Ach, Mama, das verstehst du nicht. Er ist bloß ein warmherziger Mensch – und Europäer. Die sind so.« Er entpuppte sich als Schürzenjäger schlimmster Sorte – aber ich wollte ihre Warnung nicht hören, weil sie meinen kleinen Glücksballon durchstochen hätte.

Ich war böse gewesen, hatte fälschlich angenommen, daß meine Mutter ihre Macht über mich mißbrauchen wollte; was sie sagte, wäre nützlich gewesen, wenn ich ihr hätte zuhören können, anstatt sie der Einmischung zu bezichtigen. Töchter, die am *Anfang* einer intimen Beziehung stehen, wollen glauben, daß sie ewig währen wird. Wir wollen nicht auf unsere Mutter hören, die das Elend voraussehen kann, wenn wir etwa einen Partner haben, der prügelt, trinkt, Drogen nimmt, spielt oder hinter Frauen her ist. Wenn wir auf sie hörten, müßten wir zur Kenntnis nehmen, daß Beziehungen nicht so festgefügt sind, wie wir es gerne hätten. Wir trauern um diesen Verlust unserer Unschuld, und Zorn über Verlust – auch wenn er unvermeidbar ist – ist Bestandteil jeder Trauerarbeit. Also kehren wir uns in Zorn gegen unsere Mütter, wenn ihr Rat zu diesem Verlust führt.

»Sie ist zu schlecht« und »Sie ist zu gut«

Wie die meisten Töchter haben Sie sicherlich Ihrer Mutter schon vorgeworfen, ein schlechtes Rollenvorbild abzugeben oder aber Normen zu setzen, denen Sie niemals entsprechen können. Erwachsene Töchter werfen ihren Müttern vor, ihnen in Sachen Kindererziehung ein schlechtes Vorbild gewesen zu sein. Die genervte junge Mutter schreit ihre Kinder an, erkennt die Worte und den Tonfall ihrer eigenen Mutter und wirft ihr vor, ihr nicht beigebracht zu haben, sich besser zu verhalten.

Die Isolation der Frauen voneinander hat uns extrem davon abhängig gemacht, was wir auf den Knien unserer Mutter lernen.

Wenn eine Tochter, die sich um eine gute Beziehung oder Kindererziehung bemüht, merkt, wie sie die Fehler ihrer Mutter wiederholt, kann das zu einem schwelenden Ärger gegen ihre Mutter führen. So sagte mir einmal eine junge Frau: »Wenn mein Bruder und ich einen Streit hatten, wurde Mutter ganz hysterisch und kreischte, daß wir einander umbringen würden. Ich weigere mich, mich so zu verhalten, wenn meine Kinder aneinandergeraten, aber ich weiß nicht, was ich wirklich tun soll. Von ihr habe ich garantiert keinerlei Anhaltspunkte mitbekommen.«

Wer hat im Regelfall die Tochter davon überzeugt, daß Ehe und Mutterschaft alle ihre Bedürfnisse befriedigen und ihr ein glückliches Leben bescheren würden? In den meisten Fällen war die Mutter maßgeblich an dieser Lektion beteiligt.

Viele Töchter, die alles haben wollen, werfen ihrer Mutter, die Nurhausfrau war, vor, ihr nicht beigebracht zu haben, wie sie eine Karriere mit einem glücklichen Familienleben verbinden sollen. Eine Teilnehmerin an einem Mutter-Tochter-Workshop sagte:

»Meine Mutter war eine Supermama, bis hin zu den selbstgebackenen Plätzchen am Donnerstag. So wie sie es anlegte, war Muttersein eine Ganztagsbeschäftigung. Jetzt aber, wo ich selbst Mutter bin *und* voll berufstätig, habe ich einfach keine Chance, eine so gute Mutter zu sein wie sie.«

Wenn die Mutter ihre Erwartungen in den engen traditionellen Grenzen für Frauen hält, lebt sie der Tochter die Armut an Möglichkeiten für deren Zukunft vor und mag deshalb den Ärger der Tochter auf sich lenken. So erzählte eine Tochter:

»Mama tat alles für Papa und uns Kinder, aber niemals etwas für sich. Ich betete sie an, und das schmälerte meine Vorstellung von dem, was ich einmal sein könnte. Weil ich so damit beschäftigt war, sie als großartige Mutter zu sehen, lernte ich von ihr nicht viel über die reichhaltigen Möglichkeiten anderer Lebensentwürfe.«

Manche Tochter mag es unerträglich finden, daß ihre Mutter mit Aufgaben, die ihr selbst schwerfallen, keine Probleme zu haben scheint. Nur selten sind Ehe und Mutterschaft leicht für eine Frau. Wenn Ihre Mutter ihre Schwierigkeiten, Konflikte und Probleme von Ihnen fernhielt, mag es auch sein, daß sie sie nicht wahrhaben wollte. Sie haben dann vielleicht den Eindruck, sie hätte sich locker über alle Hindernisse hinweggesetzt; und vielleicht dachten Sie, daß mit Ihnen etwas nicht stimmte, wenn es Ihnen nicht gelang, mit Ihren dornigen Problemen genauso leicht fertig zu werden.

Wenn Sie so »versagen«, sind Sie vielleicht wütend auf Ihre Mutter, weil sie Sie vor der Realität nicht geschützt hat, weil sie Sie nicht darauf vorbereitet hat, was es bedeutet, Ehefrau und Mutter zu sein, weil sie Ihnen keine Bewältigungsstrategien beigebracht hat. Sie fühlen sich Ihrer anscheinend perfekten Mutter vielleicht noch fremder als anderen Frauen, und das zu einer Zeit, in der Sie ihren Rat, ihr Wissen und ihr Mitgefühl am meisten brauchen. Das empfand Rebecca ihrer Mutter gegenüber und sagte es ihr schließlich auch:

»Mutti war geschockt, als sie erfuhr, wie sehr ich mich davor fürchtete, ihr meine Unsicherheit in bezug auf meine Mutterrolle einzugestehen, weil ich in ihr ein Beispiel absoluter Perfektion sah. Sie hatte sich so sehr bemüht, mich mit der Wahrheit über die Schwierigkeiten der Mutterschaft nicht zu ›belasten‹. Als sie aber begriff, daß ihr perfektes Bild mich behinderte, erzählte sie mir eine Geschichte nach der anderen über ihre ausgestandenen Kämpfe. Sie war erleichtert, darüber reden zu können, und allmählich hörte ich auf, sie wegen ihrer Perfektion zu hassen.«

Sollte Ihre Mutter erstarren, wenn Sie ihr von Ihren Frustrationen als Ehefrau und Mutter erzählen, unterstellen Sie nicht gleich, daß ihre Anspannung Mißbilligung bedeutet. Es mag auch Scham sein, weil es ihr nicht gelungen ist, Ihnen zu vermitteln, wie Sie in der Ehe aufblühen können, oder Ihnen zu helfen, die Fallen und Beschränkungen zu umschiffen, die sie selbst nur zu gut kennt.

»Manchmal kritisiert sie mich andauernd«

Wir wollen immer von unserer Mutter lernen können. Der Mythos der unendlichen Fürsorglichkeit ist so stark, daß wir zornig werden, wenn wir nicht bekommen, was wir uns von ihr wünschen. Der Zorn der erwachsenen Tochter, die sich von der Mutter nie endenwollende Liebe erwartet, während sich die Mutter nach den langen Jahrzehnten mütterlicher Verantwortung nach etwas

Ruhe sehnt, ist weit weniger im allgemeinen Bewußtsein verankert als die *Mutter*, die ihre *Tochter* nicht loslassen kann.[100]

In einem brillanten Aufsatz mit dem Titel ›Wir sind nicht eure Mütter‹[101] schreibt die Sozialarbeiterin Rachel Josefowitz Siegel, daß die Leute von allen älteren Frauen Mütterlichkeit erwarten, weshalb wir auch bei älteren Frauen, die *nicht* unsere Mütter sind, Verständnis und Rat suchen – und wütend werden, wenn wir sie nicht bekommen; wenn unsere eigene Mutter uns enttäuscht, können wir uns nicht vorstellen, daß sie einfach keine Lust mehr hat, uns mit Rat und Tat beiseite zu stehen.

Nachdem ich Siegels Aufsatz gelesen hatte, beobachtete ich, daß auch ich bei meiner Mutter und bei anderen älteren Frauen Unterstützung suchte, ohne ihnen zu vermitteln, daß ich mich gerne revanchieren würde. Sobald mir das bewußt wurde, begann ich sie nach ihrem Befinden zu fragen und erfuhr Dinge über ihre Sorgen und Freuden, die ich nie geahnt hätte. Unseren Müttern diese Frage zu stellen und die Antworten auch wirklich hören zu wollen, stimmt sie uns gegenüber milder; wir bieten ihnen nun auch etwas an.

In manchen Situationen unseres Lebens laufen wir besonders Gefahr, uns emotional unterversorgt zu fühlen. Wenn eine Mutter Ratschläge über den Umgang mit Babys gibt, meint ihre Tochter, die Mutter hielte sie für inkompetent. Nur wenn die Mutter einige ihrer eigenen Unsicherheiten in jener Zeit beschreiben kann, wird die Tochter verstehen, daß der Rat ihrer Mutter keine Kritik an ihrem Verhalten bedeutet. Da Ericas Mutter diese Informationen nicht lieferte, nahm Erica die Sache selbst in die Hand:

»Ich konnte es nicht mehr aushalten. Sie zeigte mir ständig, wie Tammys Windeln zu wechseln seien, wie ich sie zum Rülpsen bringen und wie ich sie im Arm halten sollte. Bevor Mama auf Besuch kam, dachte ich, daß ich alles ordentlich machte.«

Als Erica endlich den Mut faßte, ihrer Mutter mitzuteilen, wie sie sich fühlte, erfuhr sie, daß sich ihre Mutter bei ihrem ersten Kind ebenso unsicher gefühlt hatte.

Wir leiden besonders unter einem emotionalen Mangel, wenn eine intime Beziehung zu Ende geht. Eine Mutter, die in einer solchen Phase kalt und zurückhaltend erscheint, mag eine Menge Gründe dafür haben, die keineswegs bedeuten, daß es ihr egal ist.

Wenn sie immer schon der Meinung war, daß Sie und Ihr Partner nicht zusammenpassen, mag sie sich in die Zunge beißen, um nicht zu triumphieren: »Ich habe es ja schon immer gesagt!« Oder sie will nicht den Eindruck erwecken, sich in Ihre Angelegenheiten einzumischen, oder sie weiß einfach nicht, was sie sagen oder tun soll – ein Gefühl, das alle Menschen kennen, die versuchen, auf die Trauer einer anderen Person angemessen zu reagieren. Wenn die beendete Beziehung nicht eine traditionelle, heterosexuelle, legale Ehe war, ist Ihre Mutter vielleicht besonders verunsichert und weiß schon gar nicht, was sie in einem solchen Fall sagen soll. Auch wenn Sie diese möglichen Erklärungen kennen, wird Sie das nicht daran hindern, sich nach ihrer Zuwendung zu sehnen, aber wenigstens haben Sie einige Anhaltspunkte für eine andere Interpretation ihres Verhaltens.

Wut ist ein so starkes Gefühl, daß es schwerfällt, in Ruhe zu überlegen, was dahinter steckt. Und noch schwerer ist es, wenn das Objekt unseres Zorns *sein* Verhalten nicht erklären kann. Denken Sie über folgende Geschichte nach, die beschreibt, wie die Wut einer Schwiegertochter gegenüber der Feindseligkeit ihrer Schwiegermutter auf falschen Annahmen beruhte:

»Meine Schwiegermutter schien zu meinen, daß das, was ich für ihren Sohn Harold tat, niemals gut genug für ihn war. Sie meckerte über die Geschenke, die ›Harold‹ ihr machte, obwohl sie genau wußte, daß ich sie eingekauft hatte. ›Ich habe solches Pech‹, jammerte sie, ›weil man von Schwiegertöchtern nie gut behandelt wird.‹ Das tat weh, weil ich mich wirklich bemühte, ihr Wärme und Anteilnahme zu zeigen. Nach 25 Jahren gab ich einfach auf.

Dann wurde sie an einem Weihnachtsabend von der Familie aufgefordert, über ihre frühe Kindheit zu erzählen. Ruths Vater war ein reicher und charmanter Mann gewesen, aber ein Taugenichts. Ruths Eltern ließen sie und ihren älteren Sohn in Irland zurück und fuhren in die Vereinigten Staaten, um ein neues Leben zu beginnen. Ruth verbrachte fast ihre gesamten ersten fünf Lebensjahre bei ihrer Großmutter. ›Haben deine Eltern dir aus Amerika geschrieben?‹ fragte ich Ruth. ›Nein‹, antwortete sie, ›ich konnte ja nicht lesen. Und ich vergaß völlig, wie mein Vater aussah.‹

›Als ich fast fünf Jahre alt war‹, erzählte Ruth weiter, ›wurden mein Bruder und ich ohne Begleitung auf ein Schiff gesetzt, das nach Amerika fuhr. Als wir auf Ellis Island ankamen, erkannte ich meine Mutter, nicht aber meinen Vater. Als sie mir entgegeneilten, fragte ich meine Mutter: Wo ist Vater? Mein Vater war selten zu Hause und verhielt sich uns gegenüber emotional sehr distanziert.

Meine Mutter hatte einen Verehrer, der sie anbetete, aber sie wollte meinen Vater nicht verlassen, weil sie Angst hatte, der Verehrer würde sich an mir vergehen; das nämlich hatte *ihr* Stiefvater mit meiner Mutter getan‹.«

Eingekerkert in einer lieblosen Ehe in einem fremden Land, belastet von finanziellen Sorgen und einem Mann, der schlecht für sie sorgte, hatte Ruths Mutter wenig Energie und Liebe für Ruth übrig. Und ihr Vater gab Ruth überhaupt nichts.

Nachdem sie die Geschichte gehört hatte, fühlte sich Suzanne, die Schwiegertochter, zwar nicht akzeptierter als zuvor, aber sie begriff einen sehr wichtigen Punkt: Ruths Verhalten ihr gegenüber war großenteils das Ergebnis ihres emotional armen Lebens, denn ihre Kindheitserlebnisse hatten sie leer, verletzt und betrogen zurückgelassen. Das machte Suzanne zwar nicht begierig, mehr Zeit mit Ruth zu verbringen, aber es half ihr, sich wegen Ruths Zurückweisungen weniger zu kränken.

Schuld

Töchter fühlen sich oft schuldig, weil sie die Isolation, Abwertung und Demütigung, die ihre Mütter aufgrund ihres Frauseins erdulden müssen, nicht wiedergutmachen können. Unsere Hilflosigkeit schädigt unser Selbstbewußtsein, die Welt verändern zu können. Noch schlimmer wird das Schuldgefühl, wenn wir erkennen, daß wir nicht selten die Herabsetzung der Mutter mitgemacht haben.

Eine Tochter weiß oft, daß ihre Mutter unglücklich ist, glaubt aber, ihr nicht helfen zu können, wie im Falle von Marianne, der Bürgerrechtsaktivistin im Abschnitt über »Verzweiflung«.

Die Tatsache, daß andere Leute und Institutionen das Unglück unserer Mutter verursacht haben, hindert uns nicht daran, uns wegen unserer begrenzten Fähigkeit zu helfen schlecht zu fühlen, besonders wenn die Mutter *ihr* Leben und Glück geopfert zu haben scheint, um für uns da zu sein. Jody, die jetzt 41 ist, schreibt:

»Ungefähr vor fünf Jahren sprang mir etwas in die Augen, das ich früher kaum bemerkt hatte. Mein sonst so wunderbarer Vater hatte die Angewohnheit, meine Mutter herunterzumachen. Ich kann Ihnen gar nicht beschreiben, wie oft ich ihn dieselbe Geschichte erzählen hörte, wie meine Mutter – vor vierzig Jahren! – den Namen eines Romanautors falsch ausgesprochen hatte. Als Mama und Papa älter wurden, reduzierte sie stillschweigend, aber vorsichtig die Fettmenge in seinem Essen, während er ›Witze‹ darüber machte, wie häßlich alte Frauen wären. Ich hatte Jahre gebraucht, bis ich den Sexismus in meiner eigenen Familie bemerkte und darüber nachdachte, wie sehr es wohl meine Mutter verletzt haben mußte, wenn ich mich dem Gelächter über sie anschloß. Als ich das erkannte, fühlte ich mich sehr schuldig.«

Jody führte eine Reihe von langen Gesprächen mit ihrem Vater, und als ihm klar wurde, wie sehr diese Herabsetzungen seine Frau verletzten, schränkte er sie erheblich ein.

Jody war froh zu wissen, daß sie an den Scherzen über ihre Mutter nicht schuld war; sowohl sie als auch ihr Vater waren vom Mythos der Minderwertigkeit von Frauen geprägt. Das Verstehen dieses Prozesses bedeutete nicht, daß sie die Art, wie sie und ihr Vater die Mutter heruntergemacht hatten, ignorierten oder bagatellisierten, aber es setzte Energien frei, die früher in Jodys Schuldgefühlen gebunden waren und die sie nun produktiv verwenden konnte, um ihr eigenes Verhalten und das ihres Vaters der Mutter gegenüber zu verändern. Wir können unseren Müttern besser helfen, wenn wir die Ursachen ihrer Probleme begreifen und daher wissen, was getan werden muß.

Die Tochter, die sich für das Glück ihrer Mutter verantwortlich fühlt, ist besonders besorgt, wenn sie sich von ihr trennt. Ladonna, eine College-Studentin, erzählt:

»Ich war so lange die Beschützerin meiner Mutter gewesen, daß ich, als ich ins College kam, Angst hatte, sie würde ohne mich nicht zurechtkommen. Sie ist nicht sehr glücklich mit meinem Vater, aber sie glaubt, daß sie mit niemandem außerhalb der Familie darüber sprechen sollte. Ich habe Angst, daß sie einsam sein wird, und deswegen habe ich Schuldgefühle.«

Wir können unsere Mutter darin bestärken, sich andere Vertrauenspersonen zu suchen, vielleicht tun sie es auch von alleine. Schuldgefühle jedenfalls helfen niemandem, wie Jody und Ladonna beobachten konnten.

Eine andere Quelle der Schuld, die Töchter ihren Müttern gegenüber empfinden, ist vor allem in den letzten Jahren entstanden. Wenn wir erfolgreich Karriere gemacht haben, sie aber nicht, empfinden wir Unbehagen. Als Janet im Alter von dreißig Jahren zur Managerin der großen Bank, in der sie arbeitete, befördert wurde, schrieb sie mir:

»Ich habe solche Schuldgefühle. Meine Mutter arbeitet gleich um die Ecke als Sekretärin. Sie blieb bis vor ein paar Jahren zu Hause, um sich um mich und meine fünf Geschwister zu kümmern. Sie hätte so gerne einen besser bezahlten und verantwortungsvolleren Job gehabt, aber sie hatte nie die Möglichkeiten, die ich hatte.«

Ich schlug Janet vor, sich mit ihrer Mutter darüber zu unterhalten, was sie daran gehindert hatte, schon früher arbeiten zu gehen. Später schrieb mir Janet, dieses Gespräch hätte erbracht, daß ihre Mutter schon früher arbeiten gehen wollte:

»Aber mein Vater sagte, daß alle denken würden, er könne seine Familie nicht versorgen, wenn sie arbeiten ginge. Also blieb sie ihm zuliebe zu Hause. Und ich hatte die ganze Zeit geglaubt, es sei die Verantwortung für uns gewesen, unsere bloße Existenz, die meine Mutter daran gehindert hatte, zu tun, was sie wollte.«

Der Satz »Ich fühle mich schuldig« schafft Probleme. Schuldgefühle haben einen stagnierenden Effekt; sie dienen nur dazu, darin zu schmoren. Schuldgefühle immobilisieren uns, und Beichten können kontraproduktiv sein, denn wenn wir sagen »Ich fühle mich schuldig«, glauben wir, daß es etwas gibt, das es zu sühnen gilt. Solange wir uns für eine schreckliche Tochter halten und behaupten, uns deswegen schuldig zu fühlen, glauben wir zu zeigen, was für gute Menschen wir sind. Die Gefahr liegt in der Hoffnung, uns durch das Eingeständnis der Schuld von der Verantwortung zu befreien, unsere Irrtümer zu berichtigen oder herauszufinden, warum wir uns eigentlich »schuldig« fühlen, obwohl wir doch gar nichts angestellt haben. (So fühlen wir uns etwa schuldig, unsere Mutter vor herabsetzender Behandlung nicht schützen zu können. Wenn das die Ursache unseres Schuldgefühls ist, müssen wir uns dessen bewußt werden, damit wir den Zorn gegen die wahren Verursacher kehren, anstatt die Schuld auf uns selbst zu nehmen.)

Nikki Gerrard meint, daß das Wort *Schuld* oft dann verwendet wird, wenn ein anderes Wort angebrachter wäre.[102] Das nächste Mal, wenn Sie Ihre Schuld eingestehen wollen, fragen Sie sich, welches andere Wort besser passen würde. Oft lautet das bessere Wort entweder *Scham* oder *Trauer*. *Scham* entsteht dann, wenn es uns nicht gelingt, einer Norm zu entsprechen. Wenn Sie also einmal wissen, daß Sie sich schämen, können Sie etwas unternehmen. Sie können fragen: »Welcher Norm entspreche ich da nicht? Ist das überhaupt eine vernünftige Norm?« Anstatt also zu sagen »Es ist Sonntag, und ich habe vergessen, meine Mutter anzurufen. Ich fühle mich so schuldig«, können Sie sich fragen, ob »Mutter jeden Sonntag anrufen« eine Norm ist, die von Ihnen, Ihrer Mutter oder jemand anderem aufgestellt wurde.

Wanda fragte ihre Mutter, was sie von ihren regelmäßigen Sonntagstelefonaten hielte. Zu ihrer Überraschung erfuhr sie, daß ihre Mutter sich eingeengt fühlte, weil sie zu Hause bleiben und auf Wandas Anruf warten mußte. Mutter und Tochter waren also in der Lage, von einem starren Ritual loszukommen, das keiner von beiden angenehm war, während sie einander gleichzeitig bestätigten, daß ihnen an einem häufigen Kontakt gelegen sei. Wenn, im Gegensatz zu Wandas Mutter, Ihre Mutter die Voraussehbarkeit Ihrer Sonntagsanrufe schätzt, können Sie etwas anderes unternehmen. Sie können ihr zum Beispiel erklären, daß Sie manchmal nur deshalb nicht anrufen können, weil Sie von der Arbeit so erschöpft sind oder Zeit für sich selbst brauchen, und nicht, weil Sie ihr aus dem Weg gehen wollen.

Wenn *traurig* für das, was Sie Ihrer Mutter gegenüber empfinden, besser klingt als *schuldig*, dann fühlen Sie sich wahrscheinlich von ihr entfremdet – auch in diesem Fall können Sie etwas unternehmen, diesmal, indem Sie die Verbindung zu ihr stärken (siehe »Ein Prinzip für alle Gefühle« weiter vorne in diesem Kapitel).

Bei einer Konferenz über Mutterschaft im Goddard College 1988 erzählte eine Frau namens Carol am Morgen nach einer Veranstaltung über Mutterbeschuldigung folgende Geschichte: Carols alleinerziehende Mutter hatte während der großen Depression ein eigenes Geschäft gehabt. Carol war immer böse auf ihre Mutter gewesen, weil sie ihr Geld schenkte anstatt Zeit. Nach der Podiumsdiskussion über Mütterbeschuldigung rief Carol ihre jetzt 84jährige Mutter an, die 1500 Meilen weit weg lebte, und sagte ihr:

»Weißt du, daß ich fünfzig Jahre lang böse auf dich war, weil du mir immer Geld oder Geschenke gegeben hast und nie deine Zeit? Mir ist gerade klargeworden, daß deine Erfahrungen in der Depression dich wohl davon überzeugt haben, Geld als das Wertvollste zu betrachten, was du mir schenken konntest.«

Ihre Mutter hörte ihr zu, schwieg einen Augenblick und fragte dann mit kleiner Stimme: »Heißt das, daß du mir jetzt nicht mehr böse bist?« Carol versicherte ihr, daß sie nicht böse sei und daß sie ja gerade aus diesem Grund anriefe, um ihr mitzuteilen, daß sie *nicht* mehr böse sei, wohl aber traurig, daß ihr Zorn so lange zwischen ihnen gestanden hatte. Eine Barriere zwischen ihnen war überwunden worden, und Mutter und Tochter fühlten sich erleichtert.

Angst

Zwei zentrale Ängste erwachsener Töchter im Verhältnis zu ihrer Mutter sind die Angst, ihr zu mißfallen (oder sogar ihre Liebe zu verlieren), und die Angst, so zu werden wie sie.

Unsere Angst, der Mutter zu mißfallen, wird verschärft durch den Mythos, daß die Macht der Frauen gefährlich sei: Wenn wir ihr mißfallen, dann wird etwas Schreckliches über uns hereinbrechen, fürchten wir. Bei manchen Töchtern hat diese Angst teilweise eine reale Grundlage, weil sie sehr kritische und fordernde Mütter haben. Aber alle Töchter haben Angst davor, die Liebe ihrer Mutter zu verlieren. Die Tochter im Roman der feministischen Autorin Robin Morgan ›Dry Your Smile‹ sagt am Totenbett ihrer Mutter: »Sie hat wirklich Macht. Sie hat die Macht, mich nicht zu lieben.«[103] Mehr als irgend jemand sonst *soll* Mutter uns lieben – und uns lieben, was auch immer geschieht –, also macht uns der Gedanke, daß es doch nicht so sein könnte, krank. Wenn sie uns jetzt nicht lieben will, wer wird uns dann lieben, wenn sie tot ist? Töchter profitieren erstaunlich oft, wenn sie ihrer Mutter sagen, wie groß ihre Angst ist, ihren Normen nicht zu entsprechen oder sie irgendwie zu enttäuschen. Die 33jährige Dina erklärt, warum:

»Meine Mutter war erstaunt, daß ich mir solche Sorgen um ihre Meinung machte. Stück für Stück zählte ich alle Dinge an mir auf, mit denen sie meiner Wahrnehmung nach nicht einverstanden war, und dabei wurde ihr klar, wie hoch ihre Ansprüche tatsächlich waren. Die Länge der Liste machte sie nachdenklich. Sie sagte mir, sie hätte wohl gewußt, daß sie mich hart anfasse, das sei aber nicht böse Absicht gewesen. Im Gespräch erfuhr ich, daß sie so hohe Ansprüche stellte, weil sie eine gute Mutter sein wollte und mich an den Idealvorstellungen maß, die ihrer Meinung nach für Mädchen galten. Sie wäre von ihrem Scheitern überzeugt gewesen, wenn ich nicht süß, geduldig, offenherzig, mager und leistungsstark, gleichzeitig aber auch bescheiden und unaggressiv gewesen wäre.«

Die Angst, wie die eigene Mutter zu werden, hat Adrienne Rich Matrophobie[104] genannt. Wir haben Angst davor, die Fehler der Mutter zu wiederholen. Weil niemand besser weiß als wir selbst, wie zerstört und beschämt uns ihre Mißbilligung zurückläßt, fürchten wir unsere eigene Macht, auch anderen dieses Gefühl zu vermitteln. Als Arlene im Alter von vierzig Jahren ganz für sich allein die Muttermythen durcharbeitete, erkannte sie, daß ihre Angst, zu werden wie die Mutter,

»ein bequemer Fokus war für meine Angst vor dem sehr beschränkten Leben voller Geringschätzung, das so viele Frauen aus der Generation meiner Mutter führen. Diese Einsicht hat mich erleichtert, denn jetzt wußte ich, daß ich keine Angst vor *meiner Mutter* hatte; ich hatte Angst davor, so behandelt zu werden wie sie. Ich fühlte mich jetzt weniger fatalistisch – während ich früher zu wissen glaubte, daß ich so wie meine Mutter enden würde, weiß ich jetzt, daß ich mein Leben anders gestalten kann. Ich muß nicht die traditionellen ›weiblichen‹ Grenzen akzeptieren oder mich mit der Herabsetzung meines Geschlechts abfinden. Ich muß mich nicht mehr davor fürchten, daß sich alles, was ihr geschehen ist, unweigerlich an mir wiederholen muß.«

In der nordamerikanischen Kultur des Jugendkultes besonders ausgeprägt ist die Angst der Tochter vor dem Altern, das sie am Beispiel der Mutter beobachten kann.

So erschrak Aviva, die Anfang dreißig ist, als sie bei ihrer Mutter die ersten Zeichen des Alterns bemerkte. Nun sieht Aviva die Auswirkungen von Schwerkraft und Zeit auch an ihrem eigenen Körper:

»Ich kann nicht so schnell wie früher aus dem Bett springen, und manchmal vergesse ich vertraute Dinge. Wenn ich meine Mutter ansehe, vermischt sich meine Liebe für sie mit Angst, weil ich in ihrem Gesicht, ihrem Körper und ihren Bewegungen meine eigene Zukunft und Sterblichkeit sehe. Und wir wissen doch alle, daß alte Frauen in Amerika zur untersten Kategorie der Menschen gehören.«

Aviva erkannte allmählich, daß sie ihre Angst durch den Mythos der männlichen Überlegenheit übertrieb; sie begegnete dieser Einsicht mit der bewußten Entscheidung, ihre Mutter mehr denn je um ihrer Erfahrung und Weisheit willen zu schätzen. Das verringerte ihre Angst vor der Mutter, denn wenn ihre alternde Mutter *ihren* Respekt bekommen kann, dann »werden auch andere alte Frauen vielleicht mehr respektiert werden, wenn ich einmal alt bin. Ich mache einen kleinen Schritt für mich selbst und hoffe, daß daraus ein Riesenschritt für alle Frauen wird.«

Trauer

Zwei der herausragendsten Ursachen unserer Trauer über die Beziehung zu unserer Mutter ist das Wissen um den Mangel in unserem Leben und unser Gefühl von Distanz zwischen ihr und uns.

In ihrer Untersuchung über Frauen, deren Mütter tot sind, berichtet die Theologin Martha Robbins, daß Frauen erstaunlicherweise mehr über das Leben ihrer Mütter trauern als über deren Tod.[105] Auch eine meiner Freundinnen, die heute Mitte dreißig ist, sagte:

»Ich kann dir gar nicht sagen, wie sehr es mich schmerzt, wenn ich sehe, wie meine Mutter unter der Knute meines Vaters lebt. Sie wartet den ganzen Tag zu Hause auf den Augenblick, wenn er von der Arbeit heimkommt. Ihre ganze Energie gilt seinem Abendessen. Was soll sie kochen? Wird es ihm schmecken? Wird er es überhaupt bemerken? Ich könnte wütend werden und sagen, sie ist neurotisch oder feige oder dumm – und das tue ich auch manchmal; aber meistens tut sie mir einfach nur schrecklich leid.«

Angesichts einer solchen Trauer müssen wir mit unseren eigenen Grenzen klarkommen. Freilich können wir Mama drängen, sich eine Arbeit zu suchen, sich ehrenamtlich zu betätigen, sich selbst wegen anderer Dinge zu schätzen als nur wegen des tollen Sonntagsbratens. Aber da sie in einer Zeit aufgewachsen ist, die so anders war als unsere, werden wir unter Umständen auf taube Ohren stoßen.

Was wir allerdings tun *können*, ist der Versuch, ihr zu einem besseren *Gefühl* über sich selbst zu verhelfen. Meine Freundin gestand sich selbst gegenüber ein, wie langweilig ihr das Leben ihrer Mutter erschien, versuchte aber dann, sich in die Mutter hineinzuversetzen. In einer Gesellschaft aufgewachsen, in der es schicklich war, daß eine gute Frau dasitzt und wartet, bis ihr Mann zum Abendessen heimkommt, kreist der Selbstwert ihrer Mutter um ihre Kochrezepte. Also begann meine Freundin sie nach Kochrezepten auszufragen. Sie erzählt:

»Früher langweilten mich solche Gespräche, weil ich – wie die meisten Leute – der Meinung war, daß Kochen und Hausarbeit unwichtige und einfache Tätigkeiten seien. Jetzt aber denke ich jedesmal, wenn sie von ihren Kochrezepten oder ihrer Handarbeit anfängt, daß sie ja nur versucht, sich selbst und mich vom Wert ihrer Arbeit zu überzeugen. Und das macht es weniger langweilig und sehr berührend. Ich kann jetzt meine Wertschätzung für ihre Tätigkeit ausdrücken, und ich glaube, sie spürt das.«

Meine Freundin hat jetzt weniger das Bedürfnis, über das Leben ihrer Mutter zu trauern.

Meine Freundin hat auch einen Weg gefunden, die Kluft zwischen Mutter und Tochter zu überbrücken, die durch den Mythos der weiblichen Minderwertigkeit entstand. Wenn ihre Mutter täglich ins Büro ginge, müßte sich meine Freundin weniger Sorgen um die Beschränktheit ihrer Mutter machen. Im Abschnitt »Ein

Prinzip für alle Gefühle« habe ich betont, wie wichtig die Überbrückung der zerbrochenen Verbindung zwischen Mutter und Tochter ist. Lesen Sie nun die Geschichte von Maria, die traurig war, weil die Mutter ihr in Marias Augen die Liebe entzogen hatte:

»Im Zorn sagte ich meiner Mutter vor 18 Jahren – ich war damals 14 –, daß ich eine sexuelle Beziehung zu einem Mädchen hatte. Bis vor kurzem dachte ich, meine Mutter hätte sieben Jahre gebraucht, um ihre Mißbilligung darüber abzustreifen. Ich hielt sie einfach für homophob und glaubte, daß sie mich verurteilte, weil ich ein Mädchen liebte.

Aber kürzlich überlegte ich mir, was meine Mutter vor Jahren gesagt hatte – ›Ich mache mir Sorgen, daß du dich auf etwas einläßt, das deine späteren Möglichkeiten im Leben einschränken könnte und das die Leute ablehnen werden‹ und ›Du wirst es wahrscheinlich bedauern, keine Kinder zu haben‹ (da Lesben mit Kindern damals eine Seltenheit waren). Ich hatte ausgeblendet, was sie wirklich sagte, und wußte nur mehr, daß es nicht einfach ›Das ist ja toll!‹ war. Ich begann mich zu fragen, ob sie nicht in Wirklichkeit gar nicht so ablehnend gewesen war, sondern eher ehrlich besorgt um mein Lebensglück. Schließlich habe ich ja tatsächlich sieben Jahre gebraucht, um eine Partnerin zu finden, mit der ich glücklich sein kann, und jetzt, wo sie mich in einer guten Beziehung weiß, hat sich meine Mutter auch beruhigt.«

Maria sprach mit ihrer Mutter über ihr neues Verständnis von dem, was zwischen ihnen vorgefallen war, und ihre Mutter bestätigte, daß sie sich in erster Linie um Marias Glück gesorgt hatte. Sie konnte auch zugeben, daß es schon eine Überraschung für sie gewesen war und daß sie auch Schuldgefühle hatte – »Was habe ich bei meiner Tochter falsch gemacht?« –, ihre Hauptsorge sei aber tatsächlich Marias Glück gewesen.

Wie ich in Kapitel 2 beschrieben habe, überkommt uns oft ein Gefühl von Stumpfheit oder Entfremdung, wenn die Gefühle, die über uns hereinbrechen, zu sehr Angst machen, besonders aber, wenn wir die Hoffnung verlieren. Die Geschichte meiner Freundin im vorhergehenden Abschnitt (die Frau, die die Kochrezepte ihrer Mutter schätzt) zeigt, wie ein Gefühl von Hoffnungslosigkeit über das Leben unserer Mutter uns von ihr entfremden kann; ähnliches kann eintreten, wenn wir meinen, jeder weitere Versuch einer Annäherung wäre sinnlos. Wenn wir nicht mehr wissen, was wir noch probieren können, und wenn der Schmerz über eine zerbrochene Bindung zu groß ist, was können wir *anderes* tun, als abzustumpfen? Ich hoffe, daß manche der in den Kapiteln 6 und 7 und in diesem Kapitel beschriebenen Schritte und Techniken zeigen, wie wir neue Türen öffnen können.

Betrachten wir das Beispiel einer Tochter, die nicht so sehr aus Schmerz denn aus einem Übermaß an Zorn stumpf wurde. Jocelyn und ihre Mutter Beth zankten sich seit der Zeit, als Jocelyn in die Pubertät kam, ganz gräßlich. Ein Psychiater hatte ihnen zwar gesagt, daß sie um die Aufmerksamkeit von Jocelyns Vater buhlten, nicht aber, wie sie Wege finden konnten, ihre Mutter-Tochter-Beziehung *neben* ihrer Konzentration auf den Vater zu genießen. Als ich Mutter und Tochter Jahre später bei einem meiner Vorträge über Mütter und Töchter traf, beschrieben sie mir den Vater als sehr kalten Mann. Bei so wenig Wärme und Zuwendung von seiner Seite wetteiferten Mutter und Tochter um den Zugang zu einer Mangelware. Jetzt aber, da die Tochter erwachsen war und Wärme und Zuwendung von ihrer eigenen Familie bekommen konnte, war die wilde Mutter-Tochter-Konkurrenz nicht mehr so notwendig.

Als Jocelyn das Elternhaus verließ, hatten sie und Beth ihren fortgesetzten Zorn mit einem Zustand zugedeckt, den sie als Lieblosigkeit füreinander einstuften. Als Jocelyn das Elternhaus verließ, wurden die Begegnungen zwischen Mutter und Tochter so selten, daß sie beide Angst hatten, sie durch Wutausbrüche zu verderben. Also hielten sie alles zurück und gelangten nie an die Wurzeln ihres Zorns; die Anstrengung dieser Unterdrückungsleistung errichtete eine Mauer zwischen ihnen. Angeregt durch den Vortrag, arbeiteten Jocelyn und Beth an ihrer Beziehung, und Beth schrieb mir einen Brief:

»Ich hatte Jocelyn immer für eine unmögliche Person gehalten, und sie dachte über mich nicht anders. Als wir erkannten, daß wir um die minimale Gunst einer höhergestellten Person in unserer Familie – um meinen Mann – konkurrieren mußten, merkten wir, daß das Böse nicht ausschließlich unsere Schuld war. Wir hatten beide Angst davor, von ihm zurückgestoßen zu werden, was unseren Wert gemindert hätte. Die Einsicht in diese gemeinsame Sorge hat jetzt zwischen uns eine Verbindung hergestellt. Wenn wir nun zusammentreffen, dann halten wir uns nicht mehr zurück. Wenn es nötig ist zu streiten, dann streiten wir. Jetzt wissen wir aber, daß es zwischen uns eine Menge Liebe gibt. Und es ist großartig, mich in Anwesenheit meiner Tochter nicht mehr stumpf fühlen zu müssen.

Am Ende unseres Besuchs, wenn die Zeit der Trennung kommt, können wir einander eingestehen, daß es schwer ist auseinanderzugehen, daß wir das Gefühl haben, nicht genug getan und gesagt zu haben, daß wir einander aber lieben.«

Ähnlich wie im Abschnitt über Zorn ermöglicht das Wissen um die Gefühle, die der Stumpfheit und der Entfremdung zugrundeliegen – und um die Mythen, die diese Gefühle fördern –, daß Mutter und Tochter die Kluft zwischen sich überbrücken.

Alle Geschichten in diesem Kapitel handeln von verschiedenen Wegen, wie Mütter und Töchter versucht haben, ihre Beziehungen zu kitten, mit unterschiedlichem Erfolg. Natürlich werden Mütter und Töchter unterschiedliche Techniken anwenden und unterschiedlich schnell vorgehen, aber die meisten Mutter-Tochter-Beziehungen sind es – wie ein kompliziert gewebter Wandteppich – wert, repariert zu werden.

Neuntes Kapitel
Es ist nur eine Tür

> Emotional gesunde Frauen, die ein gutes Verhältnis zu ihrer Mutter haben, haben auch ein gutes Verhältnis zu anderen Frauen.
>
> Dr. Janet Surrey

> [W]enn wir uns außerhalb gesellschaftlich vorgegebener Gebote begeben, dann ... verfügen Töchter und Mütter über die Macht, einander zu helfen wie zu schaden. Sie können einander sogar zu Revolutionärinnen machen.
>
> Nancy Mairs

Als Frauen werden unser Blick auf uns selbst, unsere Gefühle und unser Stolz unweigerlich davon beeinflußt, wie wir andere Frauen wahrnehmen und empfinden. Um so mehr sind wir von Frauen geprägt, die uns nahestehen, von Frauen mit gemeinsamen Erfahrungen oder ähnlichen Merkmalen und Bewegungen – ganz besonders von unserer Mutter. An manchen Tagen finde ich in meinen Handbewegungen oder im Tonfall meiner Stimme meine Mutter wieder. Und weil ich sie liebe und respektiere, scheinen diese Gesten und dieser Tonfall irgendwie zu stimmen; sie haben einen Platz, sie gehören in die Welt. Ohne das Bedürfnis, ihr in allen Dingen gleich zu sein, kann ich die Symmetrie und die Resonanz, die daraus entsteht, ästhetisch und emotional genießen. Sie stellen eine Verbindung her, weben einen festen und komplex strukturierten Stoff, der sich zwischen uns und durch die Zeit erstreckt. Die Arbeit an diesem Gewebe begann vor uns und wird uns überdauern.

Unsere Gemeinsamkeiten machen uns stark. Ob es uns gefällt oder nicht, wir haben etwas mit der Frau zu tun, die uns aufgezogen hat, ob wir wie sie sein oder ob wir gerade das um alles in der Welt vermeiden wollen. Aber selbst jene Frauen, die sich von ihrer Mutter abzugrenzen wünschen, haben etwas davon, wenn sie herausfinden, welche Eigenschaften, Gesten, Verhaltensweisen, Werte sie an ihrer Mutter lieben und respektieren *können* – anstatt sie zu hassen und zurückzustoßen. Die Pulitzer-Preisträgerin Alice

Walker schreibt: »Wir sind zusammen, mein Kind und ich. Mutter und Kind, ja, aber in Wirklichkeit *Schwestern*, vereint gegen alle, die uns das, was wir sind, verweigern.«[106] Es fällt leichter, sich auszutauschen, wenn wir unsere gemeinsame Menschlichkeit und unsere gemeinsamen Schwierigkeiten jenseits der Mythen ausmachen.

Jenseits der Mythen

In gewisser Weise geht es darum, einander zu verzeihen – unserer Mutter und uns selbst –, daß wir durch die Mythen der Mütterbeschuldigung in die Irre geleitet wurden. Es geht darum, das schlicht Menschliche an Müttern und Töchtern zu akzeptieren in einer Welt, die uns gleichzeitig einen Platz auf den Höhen eines unerreichbaren Ideals zuweist, andererseits aber manchmal nur die schrecklichen Abgründe von Entwertung, Demoralisierung und Ohnmacht für uns bereithält.

Das Hinterfragen der Mythen macht es also möglich, unsere Mutter als eine Person zu sehen, die nicht nur »Meine Mutter, die Mutter – die Frau, die nur meine Mutter ist und abgesehen davon keine Bedeutung hat« ist. Wenn Sie an sie nicht nur als Mutter denken, werden Ihnen alle möglichen Fragen einfallen. Die feministische Autorin Judith Arcana hörte die Antwort ihrer Mutter auf eine ungewöhnliche Frage und war überrascht von dem, was sie erfuhr:

»Eines Tages, als ich sie am Krankenbett besuchte und sie zerbrechlicher, kleiner und leichter aussah als sonst ..., erzählte sie mir von einer Freundin, die einen Psychologiekurs besucht hatte ... [und] ihn doof fand ... Die Kursleiterin hatte jede Teilnehmerin aufgefordert, ein Tier zu nennen, das sie gerne wären, wenn sie die Wahl hätten ... Ich sagte: ›Komm, Mama, überleg’ dir mal – welches Tier würdest du gerne sein, wenn du könntest?‹ Sie dachte eine Weile nach und sagte: ›Ich würde gerne diese große gelbgetupfte Katze sein, du weißt schon, die schneller läuft als alle anderen.‹ Ich war so unvorbereitet auf diese Mitteilung, daß ich nur weinen konnte, weinen über den Kontrast zwischen dieser bettlägerigen Frau und der goldgelben Katze. Meine Mutter die Märtyrerin, eine Frau, die vom Tag ihrer Ehe an Mann und Kinder an die erste Stelle setzte, wäre gerne ein Gepard, der über die Savanne fegt.«[107]

Überdenken Sie die Beziehung zu Ihrer Mutter, seit Sie erwachsen sind. Stellen Sie sich vor, wie anders diese Geschichte verlaufen wäre, wenn:

- Sie nicht angenommen hätten, daß jede Andeutung von Nähe zwischen Ihnen in Wirklichkeit bedeutete, daß
  1. Ihre Bedürfnisse und die Bedürfnisse Ihrer Mutter zu groß seien (Mythos Nummer sechs);
  2. Ihre Mutter Sie kontrollieren wollte (Mythos Nummer acht); und
  3. der Wunsch nach dieser Nähe an sich schon schlecht sei (Mythos Nummer sieben);
- Sie sich nicht, auch als erwachsene Frau, Sorgen hätten machen müssen, Ihre Mutter mit jeder falschen Bewegung zu demütigen (Mythos Nummer eins) und das Leben, das sie führte, in ihren Augen wertlos erscheinen zu lassen (Mythos Nummer fünf);
- die Gesellschaft es Ihnen nicht schwer gemacht hätte, sich Ihre »unweiblichen« sexuellen und aggressiven Gefühle einzugestehen (Mythos Nummer drei), weshalb es nötig wurde, Ihre Mutter zu *beschuldigen,* ihre Gefühle entweder so leicht und geschickt zu kontrollieren, daß Sie niemals eine Chance haben würden, sie einzuholen, *oder* aber ihre Gefühle so schlecht im Griff zu haben, weshalb sie Ihnen nicht beibringen konnte, wie Sie mit Ihren Gefühlen umgehen sollen;
- die Gesellschaft in Ihnen noch etwas anderes sähe als Frau-und-Mutter (Mythen Nummer eins und zwei), wodurch Sie nicht gezwungen wären, Ihrer Mutter entweder die unmöglich hohen Normen vorzuwerfen, die ihr eigenes Supermama-Beispiel setzte, oder sie zu beschuldigen, ein unbrauchbares Rollenvorbild abgegeben zu haben;
- Sie von ihr nicht erwartet hätten, Ihre Bedürfnisse automatisch kennen und befriedigen zu müssen (Mythen Nummer zwei und vier);
- Sie nicht angenommen hätten, daß sie eine gute Mutter hätte sein können – und immer noch sein könnte –, wenn sie nur täte, was die Experten empfehlen, anstatt sich auf ihre Instink-

te zu verlassen oder zu tun, was *ihre* Mutter getan hat (Mythos Nummer sechs);

- Sie nicht zerrissen gewesen wären zwischen Ihrer Loyalität der Mutter und dem Vater gegenüber; zwischen der Loyalität Ihrer Mutter und Ihrem Mann gegenüber; und wenn die Kultur uns nicht so stark drängen würde, uns immer für den Mann zu entscheiden (Mythos Nummer fünf);
- Ihre Mutter in ihren Möglichkeiten nicht so beschränkt gewesen wäre (Mythos Nummer fünf), was verhindert hätte, daß *Sie* sich wegen Ihres Erfolgs schämen müssen;
- Sie nicht jede Demonstration von Stärke und Selbstbehauptung Ihrer Mutter als Signal für ihre destruktive Macht angesehen hätten (Mythos Nummer neun).

Jeder Schritt hat seinen Wert

Wenn Sie an Ihrer Mutter-Tochter-Beziehung zu arbeiten beginnen und sich für Techniken und Zeitrhythmus entscheiden, die Ihnen entsprechen, vergessen Sie nicht, jeden Ihrer Schritte für sich als wertvoll zu betrachten. Nehmen Sie sich nicht vor, alles in einem einzigen großen Gespräch beizulegen, und versuchen Sie nicht, zu viel auf einmal zu machen; wenn Sie das tun, werden Sie zu stark unter Druck stehen, und Ihre Anstrengungen werden kontraproduktiv sein. Und schauen Sie nicht ständig in die Zukunft, wie viele Schritte Sie noch zu bewältigen haben.

Früher wachte ich am Morgen auf und dachte an die riesige Liste von Aufgaben, die ich mir für den kommenden Tag vorgenommen hatte, und war bereits erschöpft, noch ehe ich aus dem Bett stieg. Dann hatte ich einen für mich damals unglaublichen Geistesblitz: Ich mußte ja nicht alle diese Aufgaben in jeder Minute des Tages *gleichzeitig* ausführen. Als ich mir den Tag als lange Linie vorstellte und nicht als einzelnen Punkt, wurde mir klar, daß ich ja nur jeweils eine Sache an einem Punkt erledigen mußte, und von keinem Menschen sollte mehr verlangt werden. Mir wurde auch bewußt, daß ich einiges auf jeden Fall erledigen würde, selbst wenn ich am Abend nicht jeden Punkt auf meiner Liste gleich abgehakt hatte, und das war ja auch schon etwas.

Geben Sie acht, daß Sie dieses Buch nicht irrtümlich für ein Rezeptbuch von einfachen Schritten halten, die Wunder wirken, so daß etwas mit Ihnen nicht stimmen kann, wenn Sie nicht gleich erfolgreich sind. Dieses Buch will Ihnen Wege weisen, wie Sie Ihre Mutter-Tochter-Beziehung verändern können. Wenn Sie allmählich anders über Ihre Mutter denken und sich von den Mythen der Mütterbeschuldigung weniger beeindrucken lassen, wird Ihre Einstellung ganz von alleine positiver werden. Die Wahrscheinlichkeit ist groß, daß Ihre Mutter das spüren und darauf reagieren wird.

Jeder Schritt wird Sie also Ihrem Ziel näherbringen, aber jeder Schritt beinhaltet auch seine eigenen Vorteile, die Sie wahrscheinlich nicht mehr verlieren werden. So wird die Vermenschlichung Ihres Mutterbildes für Sie eine Erleichterung bedeuten, selbst wenn Sie niemals direkt mit ihr über die Probleme zwischen Ihnen sprechen. Eine Mutter, die als Kind bei einer Reihe von Pflegefamilien aufwuchs und ihre vier Kinder alleine erzog, mag so verbittert oder überfordert sein, daß es für die Tochter unmöglich ist, die Schwierigkeiten, die zwischen ihnen liegen, offen auszusprechen; aber wenigstens können ihre Töchter besser verstehen, wie unrealistisch es von ihnen war, sich wegen der Wutanfälle oder Depressionen der Mutter schuldig zu fühlen.

Denken Sie auch daran, daß schon die Definition eines »Ziels« bei einer Beziehung problematisch ist; in jeder Beziehung ändern sich beide Teile ständig, so daß ein Schritt nicht dort ankommen muß, wo er ursprünglich hin wollte. Der Alltagsphilosoph David Friendly bemerkte einmal, die Arbeit an einer Beziehung sei vergleichbar mit dem Versuch, auf einer Drehscheibe zu gehen: Sie beginnen zu gehen, und noch ehe Sie einen Schritt gemacht haben, zeigt der Boden unter Ihren Füßen schon in eine andere Richtung.

Vergessen Sie nicht die Grenzen des von mir beschriebenen Ansatzes. In einem einzigen Buch ist es nicht möglich, jedes einzelne Mutter-Tochter-Problem zu beschreiben und jedes Ergebnis zu antizipieren, das diese Techniken bewirken können. Außerdem werden das Ausmaß und die Geschwindigkeit Ihres Erfolges bei der Anwendung dieser Techniken *nicht* nur von Ihnen abhängen; sie hängen auch von der Geschichte Ihrer Beziehung zu Ihrer Mutter ab, davon, wie Ihr Vater oder ein anderer Partner Ihrer Mutter war, ob Sie Geschwister haben oder nicht – und wenn, wie diese sich verhalten –, davon, wieviel Unterstützung Sie von anderen Leuten bekommen, während Sie diese Fragen bearbeiten, sowie von der Zerbrechlichkeit oder Stärke Ihres Selbstwertgefühles und der Stabilität Ihres und des Lebens Ihrer Mutter. Ihre Hautfarbe, Religion und soziale Klasse, Ihre ethnische Herkunft, Ihre sexuelle Orientierung, Ihr Alter und Ihr Gesundheitszustand werden sich wahrscheinlich ebenfalls auswirken (obwohl eine gründliche Forschung darüber, *wie* diese wichtigen Unterschiede wirken, noch aussteht). So haben etwa bei einem Symposion über Kinder verschiedener ethnischer Herkunft im Jahre 1988 Barbara und Robin Miller darauf hingewiesen, daß schwarze Nordamerikaner/innen eher als weiße die Tendenz haben, der älteren Generation Weisheit zuzuschreiben, weshalb schwarze Töchter eher als weiße geneigt sein mögen, ihren Müttern ehrlich empfundenen Respekt entgegenzubringen.[108]

Vergessen Sie auch nicht, daß Sie, wenn Ihre Mutter tot ist oder Sie aus irgendeinem anderen Grund nicht mit ihr sprechen können, die meisten von mir vorgeschlagenen Techniken abändern können.

Wir hören oft, daß Menschen sich niemals wirklich verändern; das sollte aber nicht zu entmutigenden Voraussagen über die Veränderung Ihrer Mutter-Tochter-Beziehung führen. Obwohl die grundlegenden Charaktermerkmale eines Menschen tatsächlich meistens unverändert bleiben, machen manche Menschen sehr wohl unter bestimmten Umständen bemerkenswerte Transformationen durch. Langjährige Alkoholiker werden völlig trocken; Menschen verändern ihre berufliche Laufbahn drastisch; manche werden im Laufe der Zeit sanfter, andere selbstbewußter. Die Psychologin Karen Howe berichtet,[109] daß fast jede Studentin, die die Biographie ihrer Mutter geschrieben hat, sagte: »Ich fühle mich, als wäre ich meiner Mutter zum ersten Mal begegnet«; das ist eine große Veränderung, die noch wesentlichere nach sich ziehen kann.

Außerdem brauchen wir meistens keine grundlegenden charakterlichen Veränderungen in Mutter-Tochter-Beziehungen, weil der Charakter nicht das Hauptproblem ist. Wir müssen vielmehr die Notwendigkeit begreifen, die Mythen zu überwinden, und lernen, andere Fragen zu stellen und anders zu handeln.

Die Angst vor offenen Türen und wie euphorisch es machen kann

Geben Sie acht, denn Ihr neues Mutterbild wird auch Sie selbst verändern – zumindest werden Sie mehr über sich selbst erfahren. Niemand kann voraussagen, wie und wie sehr Sie sich verändern werden; die Veränderungen können plötzlich oder allmählich kommen, unmittelbar oder mit Verzögerung.

Eine Studentin in einem meiner Kurse über Mütter durchlebte eine plötzliche und dramatische Veränderung, nachdem sie das erste Buch auf meiner Leseliste gelesen hatte – Adrienne Richs ›Von Frauen geboren‹. Die Studentin schrieb:

»Seit meiner Pubertät war Matrophobie – die Angst, wie die eigene Mutter zu werden – die wesentliche Kraft meiner Veränderung und Entwicklung. Die andauernde Kritik meiner Mutter, ihre reservierte Zurückhaltung und ihre Tränen, die bei fast jeder Konfrontation flossen, wurden von mir problemlos interpretiert: ›Gebe Gott, daß ich nicht so mißtrauisch werde wie meine Mutter. Oder so zerbrechlich und schwach.‹

... Mir fiel nicht ein, die Depressionen und quälenden Selbstzweifel meiner Mutter mit ihrem täglichen Kleinkrieg in Zusammenhang zu bringen. Vielmehr sah ich ihre Handlungen als Kompromisse und kämpfte an gegen die nagende Angst vor der Ohnmacht, die sich meinen brennenden Wünschen und Zielen für meine Zukunft in den Weg stellte. Es fiel mir zwar nicht ein, sie als Opfer zu sehen, gleichzeitig identifizierte ich mich aber leichthin mit ihrer schlechten Behandlung durch andere.«

Bei einer anderen Frau, die ich interviewte, stellte sich die Veränderung erst verspätet ein. Wochen später rief sie mich an:

»Gestern nacht fragte ich mich, warum ich mich nur darauf konzentriere, über die ärgerlichen Eigenschaften meiner Mutter nachzudenken. Dann erinnerte ich mich an das, was Sie gesagt hatten: wie leicht es sei, unsere Mutter zu beschuldigen. Und Erinnerungen an die guten, komischen und berührenden Dinge, die meine Mutter für mich getan hat, strömten plötzlich auf mich ein. Dann fiel mir etwas ganz Wichtiges ein. Ich erinnerte mich, daß die Mutter *meiner Mutter* die ›Frau aus Eisen‹ genannt wurde. Die Mutter meiner Mutter war so kalt, daß es wohl ein Wunder ist, daß es *meiner* Mutter überhaupt gelungen ist, mir auch nur ein bißchen Zuwendung zu geben.«

Doch wie Adrienne Rich in ihrem Gedicht ›Merksätze für künftige Einwanderer‹ sagt, gibt es keine Garantie dafür, wohin Veränderungen führen werden, denn »Die Tür allein/verspricht nichts./Sie ist nur eine Tür.«[110] Es ist aber wahrscheinlich, daß Sie ein Aufwallen von Energie spüren werden, wenn Sie durch die Tür gehen, die von der Mütterbeschuldigung wegführt, denn das, was in den Fesseln der Schuldzuweisung an Ihre Mutter gefangen war, ist nun freigesetzt. Wenn Sie sich Ihrer Mutter gegenüber wohler fühlen und wenn sich Ihre Beziehung verbessert, wagen Sie einen weiteren Schritt: Versuchen Sie, die nun freigesetzte Energie zu verwenden, um die Mythen abzuschütteln. Manche von Ihnen werden vielleicht mit einer oder zwei anderen Müttern oder Töchtern gleichzeitig sprechen, ihnen erzählen, was Sie gelernt haben, und ihnen raten, was sie ihrerseits mit ihrer Beziehung anfangen können. Andere werden sich weigern, Witze anzuhören, die Mütter und Frauen im allgemeinen herabsetzen, werden die Meinung von Wissenschaftlern und anderen »Experten« herausfordern oder beiläufige Bemerkungen hinterfragen, die von der Annahme ausgehen, Frauen seien unbegrenzt fürsorglich, unbegrenzt bedürftig und destruktiv in ihrem Umgang mit Macht.

Ich hoffe, daß manche von Ihnen sich den Institutionen, die diese Mythen fortschreiben, in den Weg stellen werden. Mit jedem Schritt, den Sie unternehmen, stärken Sie die Position von Müttern und allen Frauen: Wenn Sie für gleichen Lohn für gleiche Arbeit, für das Selbstbestimmungsrecht der Frauen über ihren Körper oder mehr Kindergärten und Einrichtungen für kranke und alte Menschen eintreten; wenn Sie gegen sexuelle Belästigung oder die Abwertung von alten und armen Frauen kämpfen; wenn Sie sich für die Verteidigung der Rechte von behinderten Frauen, farbigen Frauen, Einwanderinnen, lesbischen und bisexuellen Frauen oder von Patientinnen in der Psychiatrie einsetzen.

Lassen Sie mich enden mit der Schilderung eines der kleinen Schritte, der mich vor Jahren meiner Mutter nähergebracht hat. Mein damals siebenjähriger Sohn Jeremy hatte einen schweren Tag in der Schule gehabt. Am Abend rief meine Mutter über eine weite Entfernung hinweg an und sprach eine Weile mit Jeremy. Einige Minuten später rief sie nochmals an, weil sie nicht sicher war, ob ich über das unangenehme Erlebnis Bescheid wußte, das Jeremy ihr geschildert hatte. Sie wollte mich darauf aufmerksam machen, daß er in der kommenden Nacht vielleicht mehr Zuwendung brauchen könnte als sonst. Dann wollte sie nochmals mit Jeremy sprechen, bloß um noch ein paar Worte mit ihm zu plaudern und ihn daran zu erinnern, daß sie in dieser schwierigen Zeit an ihn dachte.

Jetzt könnten die Leute mit den Augen rollen und von überfürsorglichen Großmüttern schwätzen, die sich in fremde Angelegenheiten mischen, oder sie könnten beiläufig registrieren, daß Oma etwas Nettes für ihren Enkel getan hat. Ich aber versetzte mich an Jeremys Stelle und überlegte mir, wie ich mich fühlen würde, wenn meine Großmutter mich nach einem Tag zurückrufen würde, der für mich mies gelaufen war, bloß um mit mir zu plaudern.

Ich *könnte* sagen, meine Mutter sei einfach nett gewesen. Ich könnte aber auch sagen, meine Mutter habe da etwas getan, was sensible Anteilnahme und tief empfundene Sorge für einen anderen Menschen bewies. Es als »natürlich weiblich« und »fürsorglich« abzutun, als Teil ihres Jobs als Mutter, wäre nicht gerecht, denn es gibt so wenige Menschen, die Mitgefühl und Zuneigung zeigen können. Es ist also niemandem gedient, wenn wir gerade bei den Müttern darüber hinwegsehen, nur weil alle es für selbstverständlich halten.

An jenem Abend liebte ich meine Mutter besonders und war sehr stolz auf sie. Ich begriff, wie wertvoll diese Qualitäten der Fürsorglichkeit und Anteilnahme sind, über die wir Frauen verfügen, auch wenn sie manchmal mißbraucht und gegen uns gerichtet werden. Wenn wir es nicht zulassen, für das, was wir sind, verletzt und mißachtet zu werden, können wir auf unsere eigene und auf die Wärme und Stärke anderer Frauen stolz sein. Ich teilte meiner Mutter meine Gefühle mit, und sie schien überrascht, aber auch erfreut über die Wertschätzung und den Respekt, den ich ihr entgegenbrachte.

Wenn wir unsere Mütter mehr respektieren, lernen wir auch, uns selbst zu achten, und wenn wir die Ungerechtigkeiten sehen, die sie erlitten haben, vergrößern wir unsere eigene Menschlichkeit. Weil wir den Schmerz – oder den möglichen Schmerz – in dem sehen, was uns gemeinsam ist, sehen wir auch einen Weg, wie wir unsere Menschlichkeit und Kraft einsetzen können, um uns gegenseitig zu unterstützen. Die Dichterin Susan Griffin erinnert sich: »Ich erinnere mich an meine Wut über die Einschränkungen, denen ich als Kind unterworfen wurde. Ich erinnere mich an den Blick der Unschuld im Gesicht meiner Tochter ... Und wie sich mein Herz zu mir selbst öffnete, als ich sah, daß ich ein Mädchen zur Welt gebracht hatte, und alle Leiden der Frauen erschienen mir plötzlich nebensächlich.«[111]

In der Vergangenheit hat der Schmerz, den eine solche Öffnung und Perspektive bewirken können, viele Frauen dazu verleitet, sich auf die traditionellen Regeln der Erziehung und Einschränkung von Töchtern zurückzuziehen; dieser Rückzug wurde von einer Gesellschaft gefördert, die sich weigerte, ihre diskriminierende Behandlung von Frauen zuzugeben. Aber die gegenseitige Unterstützung von Müttern und Töchtern, die gegenseitige Unterstützung von anderen Frauen und die wachsende Einsicht von Frauen und Männern in diesen ungerechten Zustand helfen uns allen. Solcherart gestärkt können wir uns den Sehnsüchten unserer eigenen und der Vergangenheit unserer Mütter stellen und daraus für andere Mütter, für uns selbst, für andere Frauen und für künftige Generationen etwas Besseres gestalten. Ich wünsche Ihnen gutes Gelingen.

Das wichtigste Prinzip des expressiven Trainings besteht darin, für die Verbesserung der Beziehung zu einer anderen Person die folgenden Voraussetzungen zu beherzigen:

– Sie soll nicht mit Drohungen, Forderungen und Kritik bombardiert werden;
– Sie soll nicht durch lange intellektuelle Diskussionen und Erklärungen der Probleme zwischen Ihnen überrollt werden;
– Sie weiß, welche konkreten Schritte sie unternehmen kann.

Die Techniken des expressiven Trainings sind gradlinig und spezifisch. Erwarten Sie allerdings nicht, sie sofort perfekt zu beherrschen, denn ihre vordergründige Einfachheit läßt manchmal vergessen, daß manche der Techniken eine große Menge Übung und Nachdenken erfordern. So sehen sie aus:

(1) Wählen Sie als »Schauspielerin« einer Szene entweder Mutter oder Tochter.

(2) Lassen Sie die »Schauspielerin« oben auf ein Blatt Papier eine sehr kurze Beschreibung eines typischen Problems aufschreiben – zum Beispiel: »Mama gibt meinen Zwillingen Milch, obwohl ich ihr gesagt habe, daß sie darauf allergisch reagieren.«

(3) Lassen Sie die »Schauspielerin« ein, zwei oder drei *Gefühle* definieren, die ihr im Zusammenhang mit diesem Problem einfallen – zum Beispiel »Ärger« oder »Sorge« – und sie aufschreiben.

(4) Lassen Sie die »Schauspielerin« eine *konkrete Ursache* für jedes Gefühl aufschreiben. Konkrete Ursachen schließen Drohungen, Forderungen, Kritik und Rationalisierungen aus. Sie *müssen* Ereignisse sein, die nachweislich vorgefallen sind. So kann die »Schauspielerin« nicht etwa schreiben »weil die Gesundheit meiner Kinder meiner Mutter egal ist« oder »weil Mama mich für eine inkompetente Mutter hält«; das ist Kritik und läßt zu viel Raum für Interpretationen. Eine konkrete Ursache wäre: »Weil sie ihnen Milch gab, nachdem ich ihr den Arztbericht gezeigt hatte, der bestätigt, daß sie auf Milch allergisch reagieren.«

Eine Bemerkung über den Zorn: Da Zorn ein Sekundärgefühl ist, wäre ein konkreter Anlaß für Zorn etwa: »Wenn sie ihnen Milch gibt, mache ich mir Sorgen, daß sie wieder eine Ohreninfektion bekommen, und weil sie ihnen die Milch schon gegeben hat, wenn ich es herausfinde, fühle ich mich hilflos, und *wenn ich mich hilflos fühle, werde ich wütend.*«

(5) Lassen Sie jemanden die »Empfängerin« spielen. Wenn die »Schauspielerin« die Tochter ist, wird die »Empfängerin« ihre Mutter spielen und umgekehrt. Weisen Sie die »Empfängerin« an zu versuchen, die »Schauspielerin« davon abzuhalten, sich auf ihre Gefühle und die Beschreibung ihrer Gefühle und deren Ursachen zu konzentrieren. Die »Empfängerin« kann kritisieren, das Thema wechseln, weinen, rationalisieren oder was auch immer tun, um die »Schauspielerin« davon abzuhalten, ihre Gefühle und deren Ursachen zu schildern.

(6) Bevor das Rollenspiel beginnt, weisen Sie die »Schauspielerin« an, ihre Gefühle zu benennen und deren Ursachen zu erklären. Sie soll sie aufschreiben. Wenn das Rollenspiel beginnt, soll sie versuchen, *ausschließlich* darüber zu sprechen, was sie auf ihrer Liste festgehalten hat, und alles andere abwehren. So übt sie sich darin, Drohungen, Forderungen oder Kritik abzuwehren und sich nicht in Rationalisierungen oder Themenwechsel verstricken zu lassen. Weisen Sie die »Schauspielerin« an, daß eine Szene ausgezeichnet beendet werden kann, wenn sie der »Empfängerin« auf ihren Angriff entgegnet: »Ich wollte nur, daß du weißt, daß ich mich so fühle. Du brauchst jetzt nicht sofort zu reagieren.« Dieser Zugang ist nicht nur im Rollenspiel nützlich, sondern natürlich auch im wirklichen Leben. Ihre »Empfängerin« im wirklichen Leben wird wahrscheinlich Zeit brauchen, um über das, was Sie gesagt haben, nachzudenken, und aus Respekt vor ihr – ebenso wie in der Hoffnung, eine wirkliche Veränderung herbeizuführen – müssen Sie ihr diese Verarbeitungszeit zugestehen.

(7) Bevor mit der Szene begonnen wird, ist es vielleicht sinnvoll, wenn die »Schauspielerin« der »Empfängerin« sagt, wie ihre Mutter oder Tochter für gewöhnlich auf sie reagiert.

(8) Fordern Sie die Gruppenmitglieder auf, »Regisseurinnen« zu sein. Jede »Regisseurin« macht sich Notizen über das, was während des Rollenspiels vor sich geht, und gibt der »Schauspielerin« nach ausgespielter Szene Rückmeldungen wie:

Gefühle – »Vor dem Rollenspiel hast du von zwei Gefühlen gesprochen. Während der Szene hast du das erste Gefühl sehr klar
beschrieben, das zweite aber nicht erwähnt.«

Ursachen – »Du hast die Ursache deines ersten Gefühls klar und
konkret benannt, die Ursache des zweiten kam aber nicht vor«,
oder »Du hast zwar die Ursache deines zweiten Gefühls beschrieben, hast aber nicht erwähnt, welches Gefühl es bei dir ausgelöst
hat.«

Abweichendes Verhalten – »Gegen Ende der Szene hast du deiner
Mutter gedroht, nie mehr mit den Kindern auf Besuch zu kommen«, oder »Du hast dich nicht an deine Gefühle und deren Ursachen gehalten. Du hast dich in eine rationalisierende Diskussion
über die Vorzüge der verschiedenen Allergietests verwickeln lassen.«

Die Interviewfragen[*]

1. Wann bist du geboren?
2. Wer waren deine Eltern? (z. B. ethnischer, religiöser, ökonomischer Hintergrund)
3. Was hat dich als Kind besonders beeinflußt?
4. Wie war deine Beziehung zu deiner Mutter, deinem Vater?
5. Wie ist/war deine Beziehung zu meinem Vater?
6. Warst du berufstätig?
7. Wofür interessierst du dich am meisten?
8. Gibt es Dinge, die du immer tun wolltest, aber nie realisieren konntest?
9. Studentin: Fügen Sie hier zwei eigene Fragen an.

Fragen an die Studentin[**]

1. Was sind Ihre frühesten Erinnerungen an Ihre Mutter?
2. Wie war/ist Ihre Beziehung zu ihr – früher und jetzt?
3. Welche Botschaften oder Ratschläge hat sie Ihnen über das Frausein mitgegeben?
4. In welcher Weise sind Sie Ihrer Mutter ähnlich oder unähnlich?
5. Was haben Sie aus der Biographieübung gelernt? Gibt es Bereiche im Leben Ihrer Mutter, von denen Sie zum ersten Mal erfahren haben? Haben Sie jetzt neue Einsichten über Ihre Mutter gewonnen?
6. Wie fühlen Sie sich nun Ihrer Mutter gegenüber?
7. Wie war die Reaktion Ihrer Mutter auf das Interview?
8. Andere Bemerkungen.

[*] Fragen von Karen G. Howe unter Verwendung von Material aus Sue Cox (Hg.): Female Psychology. The Emerging Self. New York: St. Martin's Press 1981.
[**] Empfohlen von Paula J. Caplan.

Weitere Fragen nach der Lebensgeschichte der Mutter[*]

1. Als du deine Kinder erzogen hast, was bedeutete es für *dich,* eine gute Mutter zu sein? Was, glaubst du, sollte eine gute Mutter tun?

2. Was war für dich an der Mutterschaft am schwersten? Wovor hattest du am meisten Angst?

3. Haben dir Experten Dinge geraten, die dem, was du gedacht oder gefühlt hast, widersprachen? Hast du je von verschiedenen Experten verschiedene Informationen erhalten?

4. Warst du der Meinung, daß Muttersein ganz von alleine kommen sollte? Wenn ja, wie hat sich diese Überzeugung auf dich ausgewirkt?

5. Wie hast du dich als frischgebackene Mutter gefühlt? (Fragen Sie nach positiven wie negativen Faktoren. Wenn sie die negativen Aspekte nicht anspricht, fragen Sie nach Isolation, Müdigkeit, Mangel an Freiheit, Angst, Bedürfnis nach Hilfe verschiedener Art, Sorgen über Veränderungen in der Ehe, Unsicherheiten bezüglich ihrer Identität sowie nach abgestürzten Träumen und Hoffnungen. Fragen Sie sie auch, ob sie für ihre Kinder Liebe, Nähe, Entzücken oder Faszination empfand.)

6. Wolltest du, daß deine Tochter (ich) wie du werden sollte? Warum oder warum nicht? Wenn ja, in welcher Weise? Wenn nein, wie sollte sie sich am meisten von dir unterscheiden?

7. Was empfindest du, wenn du deine Tochter betrachtest und merkst, daß sie dir *tatsächlich* ähnelt?

8. Was empfindest du, wenn du dir deine Tochter ansiehst und merkst, daß sie sich in vielem von dir unterscheidet?

9. Ist es für dich schwer, deiner Tochter zu helfen, wenn sie genau die Unterstützung braucht, die dir nie vergönnt war, oder wenn sie Möglichkeiten hat, die du nie hattest? Wie ist das für dich?

10. Wie fühlst du dich, wenn deine Tochter etwas Unkonventionelles oder Ungewöhnliches tut?

11. Hast du je das Gefühl gehabt, von deiner Tochter hintergangen oder im Stich gelassen worden zu sein?

12. Wann hast du dich von deiner Tochter am meisten entfremdet gefühlt (oder sogar das Gefühl gehabt, sie verloren zu haben)? Hat sich das verändert? Wenn ja, wie und warum?

---

[*] Empfohlen von Paula J. Caplan.

13. Was sind die Pros und Contras, wenn deine Tochter dich um Rat fragt oder deine Zustimmung wünscht?

14. (Wenn sie verheiratet ist oder war) Haben dein Mann und deine Tochter manchmal den Eindruck erweckt, sich gegen dich zu verbünden? Haben sie dir das Gefühl vermittelt, ausgeschlossen, unzulänglich oder minderwertig zu sein?

15. Welche Werte oder Lehren, glaubst du, hast du deiner Tochter vermittelt?

Anmerkungen

Kapitel 1

[1] Vgl. Gerda Lerner: The Female Experience. Indianapolis: The Bobbs-Merrill Company 1977; und Karen Payne (Hg.): Between Ourselves. Letters between Mothers and Daughters, 1750–1982. Boston: Houghton Mifflin 1983.

[2] Vgl. Caplan: Between Women. Toronto: Personal Library 1981; Caplan und Hall-McCorquodale: Mother-Blaming; und The Scapegoating of Mothers. In: American Journal of Orthopsychiatry 55. Ontario Institute for Studies in Education, Toronto 1985.

[3] Paula J. Caplan: Frauen sind keine Masochisten. Zürich 1986.

[4] Nancy Chodorow: Das Erbe der Mütter. München 1985; Luise Eichenbaum und Susie Orbach: Feministische Psychotherapie. München 1985.

[5] Vgl. Eichenbaum und Orbach: Feministische Psychotherapie. München 1985.

[6] Um uns zu voll verwirklichten Menschen zu entwickeln, müssen wir, so eine Legende der Plains-Indianer (persönlich erzählt von Helen Carmichael Porter am 14. Juni 1988), das gesamte Spektrum der menschlichen Gefühle kennenlernen. Diese Bandbreite wird durch Positionen auf einem Rad dargestellt. Und da alle Menschen dasselbe Potential an Gefühlen haben, müssen wir, sagt die Legende, jede Position auf dem Rad einnehmen. Manche Positionen können wir durch direkte Erfahrung einnehmen, andere durch das Zuhören von Geschichten. Das empathische Zuhören der Lebensbeschreibung einer anderen Person, die sich von unserer stark unterscheidet, kann uns Gefühle und Ereignisse nahebringen, die uns früher ganz fremd waren. Wenn wir also die Geschichte unserer Mutter hören, nehmen wir ihren Raum auf dem Rad ein und erfahren, wie sich die Welt – und unsere Beziehung – von ihrem Standpunkt aus ausnimmt. Wenn wir unsere eigene Geschichte erzählen, können wir in dem, was uns früher als das Chaos unseres Lebens vorkam, eine Ordnung erkennen.

[7] Vgl. Harriet Goldhor Lerner: Wohin mit meiner Wut? Stuttgart 1987.

Kapitel 2

[8] Zenith Henkin Gross: And You Thought It Was All Over! New York: St. Martin's Press 1985. S. 174.

[9] Lorette K. Woolsey und Laura-Lynne McBain: Issues of Power and Powerlessness in All-Woman Groups. In: Women's Studies International Forum 10, 1987. S. 579–588.

[10] Jennifer Chambers, persönliche Mitteilung, 20. Januar 1988.

[11] Lucy Rose Fischer: Tochter bleibst du immer. München 1991.

[12] Ruth Minden: Glancing Backward, Looking Forward. Insights into Mothering. Unveröffentlichter Aufsatz. Ontario Institute for Studies in Education, 1986. S. 3.

[13] Carroll Smith-Rosenberg: The Female World of Love and Ritual. Relations

between Women in Nineteenth-Century America. In: Signs. Journal of Women in Culture and Society 1, 1985. S. 1–29. (Bitte bedenken Sie, daß ich keine Historikerin bin und ein historischer Überblick auch nicht Aufgabe dieses Buches ist. Faszinierende historische Analysen finden Sie im Artikel von Smith-Rosenberg sowie bei Elisabeth Badinter, Gerda Lerner und Jessie Bernard.)

[14] Ebd. S. 13.
[15] Ebd. S. 14.
[16] Ebd. S. 15.

Kapitel 3

[17] Vgl. Gross: And You Thought It Was All Over! New York 1985.

[18] Ann Crittenden Scott: Der Wert von Hausarbeit – um Liebe oder Geld. In: Ms 1, Juli 1972. S. 56–59. (Bedenken Sie, daß diese Bewertungen aus dem Jahre 1970 stammen, als die Frauenbewegung schon in der Luft lag; unsere Mütter zogen uns vor dieser Zeit auf, die Wertschätzung ihrer Arbeit muß damals also noch niedriger gewesen sein.)

[19] Vgl. Jessie Bernard: The Future of Motherhood. New York: The Dial Press 1974.

[20] Vgl. Esther Greenglass: A Social-Psychological View of Marriage for Women. In: International Journal of Women's Studies 8, 1985. S. 24–31.

[21] Chambers, persönliche Mitteilung, 20. Januar 1988.

[22] Philip Wylie: Generation of Vipers. New York: Rinehart and Company 1946. S. 185–186.

[23] Die Definition von »momism« als »maßlose Herrschsucht« der Mutter über ihre Familie stammt aus dem ›New Webster's Dictionary of the English Language‹ 1981.

[24] Dan Greenburg: How To Be a Jewish Mother. Los Angeles: Price Stern Sloan 1965.

[25] Philip Roth: Portnoys Beschwerden. Reinbek 1974.

[26] Nancy Mairs: Plaintext. Deciphering a Woman's Life. New York: Harper and Row 1987. S. 72.

[27] Caplan und Hall-McCorquodale: Mother-Blaming in Major Clinical Journals. S. 345–353; und The Scapegoating of Mothers. S. 610–613. In: American Journal of Orthopsychiatry 55. Ontario Institute for Studies in Education, Toronto 1985.

[28] Vgl. Marcel Kinsbourne und Paula J. Caplan: Children's Learning and Attention Problems. Boston: Little, Brown 1979.

[29] Alison I. Griffith und Dorothy E. Smith: Contributing Cultural Knowledge. Mothering as Discourse. In: J. Gaskell und A. McLaren (Hg.): Women and Education. Calgary: Detselig Press 1987. S. 87–103.

[30] Joseph Pleck: Employment and Fatherhood. Issues and Innovative Policies. In: Michael E. Lamb (Hg.): The Father's Role. Applied Perspectives. New York: John Wiley 1986. S. 385–412. Vgl. auch Paula J. Caplan, Jessie Watters, Georgina White, Ruth Parry, Robert Bates: Toronto Multi-Agency Child Abuse Research Project. The Abused and the Abuser. In: Child Abuse and Neglect. The International Journal 8, 1984. S. 343–351.

[31] Study of Family Interaction Leads to New Understanding of Abusive Parents. University of Toronto Research Highlights, Simcoe Hall. University of Toronto, Public and Community Relations, 1. Oktober 1987. S. 1.

[32] Helen Thomas: Child Abuse, Neglect and Deprivation. A Handbook for Ontario Nurses. Toronto: Registered Nurses Association of Ontario, 1983. S. 21.

[33] Kathleen Coulbourn Faller: Decision-Making in Cases of Intrafamilial Child Sexual Abuse. In: American Journal of Orthopsychiatry 58, 1988. S. 121–128.

[34] Carolyn Cole, persönliche Mitteilung, 25. September 1987.

[35] Ebd.

[36] Vgl. Margaret S. Mahler, Fred Pine, Anni Bergman: Die psychische Geburt des Menschen. Frankfurt/Main 1978.

[37] Vgl. Caplan u. a.: Toronto Multi-Agency Child Abuse. In: Child Abuse and Neglect. The International Journal 8, 1984.

[38] Suzanne Somers in ›Donahue‹ (eine Fernsehsendung über Alkoholismus) am 2. Februar 1988.

[39] J. Sigal: Effects of Paternal Exposure to Prolonged Stress on the Mental Health of the Spouse and Children. In: Canadian Psychiatric Association Journal 21, 1976. S. 169–172.

[40] Vgl. Aphrodite Matsakis: Viet Nam Wife. The Other Forgotten Warrior. Kensington, Md: Woodbine Press 1988.

[41] Fred A. Bernstein: The Jewish Mothers' Hall of Fame. Garden City, N. Y.: Doubleday and Co. 1986. S. 112.

[42] Vgl. Phyllis Chesler: Mothers on Trial. The Battle for Children and Custody. New York: McGraw-Hill 1986; und Matsakis: Viet Nam Wife. Kensington, Md: Woodbine Press 1988. Ich habe das auch in meiner eigenen klinischen Praxis erlebt.

[43] Daniel Sonkin (Hg.): Domestic Violence on Trial. New York: Springer 1987.

[44] Vgl. Paula J. Caplan und Mary Lou Fassel: Women Get Blame in Incest Cases. In: Globe and Mail, Toronto, 10. Februar 1987.

[45] Vgl. ebd.

[46] Vgl. Nancy Chodorow: Das Erbe der Mütter. München 1985; Dorothy Dinnerstein: Das Arrangement der Geschlechter. Stuttgart 1979.

[47] Zella Wolofsky: Reconciliation of the Mother-Daughter Relationship. A Personal Odyssey. Unveröffentlichter Aufsatz. Ontario Institute for Studies in Education, 1986. S. 11.

[48] Gloria I. Joseph und Jill Lewis: Common Differences. Conflicts in Black and White Feminist Perspectives. New York: Anchor Books 1981. S. 96.

Kapitel 4

[49] Lydia Howard Sigourney: Letters to Mothers. New York: Harper and Brothers 1845. S. 124.

[50] Edith Neisser: Mothers and Daughters. New York: Harper and Row 1973. S. 98.

[51] Vgl. ebd.

[52] Claremont de Castillejo: Die Töchter der Penelope. Olten 1988. S. 15.

[53] H. Lerner: Sugar and Spice. o.O. o.J. S. 7.

54 Dinnerstein: Das Arrangement der Geschlechter. Stuttgart 1979. S. 146.

55 Sheila Rowbotham: Woman's Consciousness, Man's World. Harmondsworth: Penguin 1973. S. 76.

56 Fischer: Tochter bleibst du immer. München 1991; Anita Fochs Heller: Health at Home. Women as Health Guardians. Ottawa: Canadian Advisory Council on the Status of Women. 1986.

57 Nancy Reeves: Womankind. Beyond the Stereotype. Chicago: Aldine and Atherton 1971. S. 197.

58 Vgl. Mary O'Brien: The Reproduction of Mothering. Referat auf der Konferenz über Frauen und Therapie ›Don't Blame Mother‹. Toronto, 21. Mai 1987.

59 Vgl. Beverly Birns: The Mother-Infant Tie. Fifty Years of Theory, Science and Science Fiction. Work in Progress Paper Nr. 21. Wellesley, Ma.: Wellesley College, The Stone Center, 1985.

60 Jain Sherrard: Mother-Warrior-Pilgrim. Kansas City: Andrews and McMel 1980. S. 24.

61 Isabel Shessel: On Being a Mother. Thoughts and Reflections. Unveröffentlichter Aufsatz. Ontario Institute for Studies in Education, 1986. S. 5.

62 Vgl. Teresa Bernardez: Women and Anger. In: Journal of the American Medical Women's Association 33, 1978. S. 215–219; H. Lerner: Wohin mit meiner Wut? Stuttgart 1987.

63 Anne C. Petersen: Those Gangly Years. In: Psychology Today, September 1987. S. 28–34.

64 Lucy Rose Fischer: Tochter bleibst du immer. München 1991.

65 Vgl. T. Bernardez: Women and Anger. In: Journal of the American Medical Women's Association 33, 1978. S. 215–219; Lerner: Wohin mit meiner Wut? Stuttgart 1987.

Kapitel 5

66 Vgl. Nicole Walton-Allen: Lay-people's Perceptions of Family Violence. An Examination of Stereotyped Learning. Unveröffentlichte Dissertation. Ontario Institute for Studies in Education, 1984; und Caplan: Frauen sind keine Masochisten. Zürich 1986.

67 Florynce Kennedy: Color Me Flo. My Hard Life and Good Times. Englewood Cliffs, N. J.: Prentice-Hall 1976. S. 87.

68 Vgl. Elena Gianini Belotti: Was geschieht mit kleinen Mädchen? München 1975.

69 Judith Arcana: Every Mother's Son. Garden City, N.Y.: Anchor Press/Doubleday 1983. S. 98.

70 Vgl. Sigmund Freud: Die Weiblichkeit. In: Vorlesungen zur Einführung in die Psychoanalyse/Und Neue Folge. Studienausgabe, Band I. Frankfurt/Main 1989.

71 Ebd. S. 557.

72 Vgl. Karen Horney: Neue Wege in der Psychoanalyse. Frankfurt/Main 1977.

73 Kim Chernin: Reinventing Eve. Modern Woman in Search of Herself. New York: Harper and Row 1988. S. 123.

74 Simone de Beauvoir: Das andere Geschlecht. Reinbek 1968. S. 269.

75 Vgl. T. Berry Brazelton: Babys erstes Lebensjahr. München 1989; und: Baby wird selbständig. München 1983.

[76] Vgl. Chesler: Mothers on Trial. New York: McGraw-Hill 1986.

[77] Vgl. Caplan: Frauen sind keine Masochisten. Zürich 1986.

[78] Freud: Die Weiblichkeit. In: Vorlesungen zur Einführung in die Psychoanalyse/ Und Neue Folge. Studienausgabe, Band I. Frankfurt/Main 1989. S. 553 f.

[79] Vgl. Belotti: Was geschieht mit kleinen Mädchen? München 1975.

[80] Vgl. Signe Hammer: Töchter und Mütter. Über die Schwierigkeit einer Beziehung. Frankfurt/Main 1991; Mahler u. a.: Die psychische Geburt des Menschen. Frankfurt/Main 1990; Margaret Mahler: On Childhood Psychoses and Schizophrenia. In: R. Eissler u. a. (Hg.): The Psychoanalytic Study of the Child. New York: International University Press 1952; Eichenbaum und Orbach: Feministische Psychotherapie. München 1985.

[81] Sue Miller: The Good Mother. New York: Dell 1986. S. 126.

[82] S. Hammer: Töchter und Mütter. Frankfurt/Main 1991; Eichenbaum und Orbach: Feministische Psychotherapie. München 1985; Chodorow: Das Erbe der Mütter. München 1985.

[83] Eine Menge psychotherapeutischer Literatur ist mit diesen Worten durchsetzt, einschließlich Mahler u. a.: Die psychische Geburt des Menschen. Frankfurt/ Main 1990; Mahler: On Childhood Psychoses and Schizophrenia. New York 1952; Eichenbaum und Orbach: Feministische Psychotherapie. München 1985; sowie das meiste, was heute über Familientherapie geschrieben wird.

[84] Paula J. Caplan: Between Women. Toronto: Personal Library 1981. S. 184 f.

[85] Siehe alle Bücher und Aufsätze von Judith Jordan, Alexandra Kaplan, Jean Baker Miller, Irene Stiver und Janet Surrey. Zusammen mit den Arbeiten von Rachel Josefowitz Siegel haben sie wesentlich zur aktuellen Diskussion über Persönlichkeitstheorie, interpersonelle Beziehungen und Frauen beigetragen.

[86] Vgl. J. Surrey: The ›Self-in-Relation‹. Work in Progress Paper Nr. 13 Wellesley, Ma.: Wellesley College, The Stone Center, 1985.

[87] Christina Robb: A Theory of Empathy. In: The Boston Globe Magazine, 16. Oktober 1988. S. 56.

[88] Wolofsky: Reconciliation of the Mother-Daughter Relationship. Unveröffentlichter Aufsatz. Ontario 1986. S. 1.

[89] Vgl. Dinnerstein: Das Arrangement der Geschlechter. Stuttgart 1979.

[90] Lucy Freeman: Family Theme Highlights Spirited Annual Meeting. In: Ortho Newsletter, Sommer 1987. S. 26.

Kapitel 6

[91] Vgl. Albert Ellis und Windy Dryden (Hg.): The Practice of Rational-Emotive Therapy. New York: Springer 1987; Albert Ellis und Russel Grieger (Hg.): Handbook of Rational-Emotive Therapy. Band 1 und 2. New York: Springer 1977 ff.

[92] Die Prinzipien und Techniken des expressiven Trainings werden hier und im Anhang in der Form beschrieben, wie ich sie 1970 von dem Psychologen Dr. Paul Kirwin am Veterans Administration Hospital in Durham, North Carolina, gelernt habe.

Kapitel 7

[93] Anna Quidlen: Living Out Loud. New York: Random House 1988. S. 104.
[94] Karen G. Howe: Telling Our Mother's Story. In: Rhoda K. Unger (Hg.): Representations. Social Constructions of Gender. Amityville, N. Y.: Baywood 1989. S. 49.
[95] Vgl. Nikki Gerrard: Feminist Therapy and Oppression within Mental Health Systems. Referat auf der Tagung der National Women's Studies Association. Juni 1988.
[96] Freda Paltiel, persönliche Mitteilung, 18. September 1988.
[97] Rebecca Goldstein: The Mind-Body Problem. New York: Laurel 1983. S. 189.
[98] Wolofsky: Reconciliation of the Mother-Daughter Relationship. Unveröffentlichter Aufsatz. Ontario 1986.

Kapitel 8

[99] Vgl. Nikki Gerrard: Women and the Psychological Development of the Self. Arbeit für das Institute of Section on Women and Psychology. Canadian Psychological Association, Montreal. Juni 1988.
[100] Vgl. Fischer: Tochter bleibst du immer. München 1991.
[101] Vgl. Rachel Josefowitz Siegel: We Are Not Your Mothers. Referat auf der Tagung der Association for Women in Psychiatry. Denver 1987.
[102] Vgl. Nikki Gerrard: A Critical Analysis of Guilt in Relation to Women with a Focus on Mothers and Daughters. Referat auf dem ersten Jahrestreffen der Feminist Therapists Association, Toronto. Mai 1987.
[103] Robin Morgan: Dry Your Smile. Garden City, N.Y.: Doubleday 1987. S. 279.
[104] Vgl. Rich: Von Frauen geboren. München 1979.
[105] Vgl. Martha A. Robbins: Our Mother's Legacies. Referat auf der Therapeutinnen-Konferenz Woman-Defined Motherhood. Goddard College, Plainfield, Vermont. 18. September 1988.

Kapitel 9

[106] Vgl. Walker: Auf der Suche nach den Gärten unserer Mutter. Essays. München 1987.
[107] Arcana: Our Mothers' Daughters. Berkeley 1979. S. 33–34.
[108] Vgl. Barbara Miller und Robin Miller: Confronting Racial Dichotomization. Referat auf der Therapeutinnen-Konferenz Woman-Defined Motherhood. Goddard College, Plainfield, Vermont. 18. September 1988.
[109] Karen G. Howe: Telling Our Mother's Story. In: Rhoda K. Unger (Hg.): Representations. Social Constructions of Gender. New York: Baywood 1989. S. 44–59.
[110] Adrienne Rich: Prospective Immigrants Please Note. In: Snapshots of a Daughter-In-Law. Poems 1954–1962. New York: W. W. Norton 1967. S. 59.
[111] Susan Griffin: Forum. On Wanting To Be the Mother I Wanted. In: Ms, Januar 1977. S. 100.

269

Literaturverzeichnis

Arcana, Judith: Our Mothers' Daughters. Berkeley: Shameless Hussy Press 1979.
– Every Mother's Son. Garden City, N.Y.: Anchor Press/Doubleday 1983.
Babe, Thomas: A Prayer for My Daughter. New York: Samuel French 1977.
Badinter, Elisabeth: Die Mutterliebe. Geschichte eines Gefühls vom 17. Jahrhundert bis heute. München 1984.
Baker Miller, Jane: Toward a New Psychology of Women. Boston: Beacon Press 1976.
Beauvoir, Simone de: Das andere Geschlecht. Sitte und Sexus der Frau. Reinbek bei Hamburg 1968.
Belotti, Elena Gianini: Was geschieht mit kleinen Mädchen? München 1975.
Bernard, Jessie: The Future of Motherhood. New York: The Dial Press 1974.
Bernardez, Teresa: Women and Anger. Conflicts with Aggression in Contemporary Women. In: Journal of the American Medical Women's Association 33, 1978. S. 215–219.
Bernstein, Fred A.: The Jewish Mothers' Hall of Fame. Garden City, N.Y.: Doubleday and Co. 1986.
Birns, Beverly: The Mother-Infant Tie. Fifty Years of Theory, Science and Science Fiction. Work in Progress Paper Nr. 21. Wellesley, Ma.: Wellesley College, The Stone Center 1985.
Brazelton, T. Berry: Babys erstes Lebensjahr. Unterschiede in der geistigen und körperlichen Entwicklung. München 1989.
– Baby wird selbständig. Das Kind im 2. und 3. Lebensjahr. München 1983.
Caplan, Paula J: Frauen sind keine Masochisten. Zürich, Köln 1986.
– Between Women. Lowering the Barriers. Toronto: Personal Library 1981.
Caplan, Paula J. und Hall-McCorquodale: Mother-Blaming in Major Clinical Journals. In: American Journal of Orthopsychiatry 55. Ontario Institute for Studies in Education. Toronto 1985. S. 345–353.
– The Scapegoating of Mothers. In: American Journal of Orthopsychiatry 55. Ontario Institute for Studies in Education. Toronto 1985. S. 610–613.
Caplan, Paula J. und Marcel Kinsbourne: Children's Learning and Attention Problems. Boston: Little, Brown 1979.
Caplan, Paula J. und Mary Lou Fassel: Women get Blame in Incest Cases. In: Globe and Mail. Toronto, 10. Februar 1987.
Caplan, Paula J. u.a.: Toronto Multi-Agency Child Abuse Research Project. The Abused and the Abuser. In: Child Abuse and Neglect. The International Journal 8, 1984. S. 343–351.
Chernin, Kim: Reinventing Eve. Modern Women in Search of Herself. New York: Harper and Row 1988.
Chesler, Phyllis: Frauen – das verrückte Geschlecht. Reinbek bei Hamburg 1974.
– Mutter werden. Die Geschichte einer Verwandlung. Reinbek bei Hamburg 1980.
– Mothers on Trial. The Battle for Children and Custody. New York: McGraw-Hill 1986.
Chodorow, Nancy: Das Erbe der Mütter. München 1985.

Claremont de Castillejo, Irene: Die Töchter der Penelope. Elemente des Weiblichen. Olten 1988.

Conroy, Pat: The Prince of Tides. Boston: Houghton Mifflin 1986.

Cottin Progrebin, Letty: zitiert in Ingeborg Day: Daughters and Mothers. In: Ms vom Juni 1975.

Coulbourn Faller, Kathleen: Decision-Making in Cases of Intrafamilial Child Sexual Abuse. In: American Journal of Orthopsychiatry 58, 1988. S. 121–128.

Cox, Sue (Hg.): Female Psychology. The Emerging Self. New York: St. Martin's Press 1981.

Crittenden Scott, Ann: Der Wert von Hausarbeit – um Liebe oder Geld. In: Ms 1, Juli 1972.

Dinnerstein, Dorothy: Das Arrangement der Geschlechter. Stuttgart 1979.

Eichenbaum, Luise und Susie Orbach: Feministische Psychotherapie. Auf der Suche nach einem neuen Selbstverständnis der Frau. München 1985.

Ellis, Albert und Windy Dryden (Hg.): The Practice of Rational-Emotive Therapy. New York: Springer 1987.

Ellis, Albert und Russel Grieger (Hg.): Handbook of Rational-Emotive Therapy. Bde. 1, 2. New York: Springer 1977 ff.

Fischer, Lucy Rose: Tochter bleibst du immer. München 1991.

Fochs Heller, Anita: Health at Home. Women as Health Guardians. Ottawa: Canadian Advisory Council on the Status of Women 1986.

Freeman, Lucy: Family Theme Highlights Spirited Annual Meeting. In: Ortho Newsletter, Sommer 1987.

French, Marilyn: Tochter ihrer Mutter. Reinbek bei Hamburg 1988.

Freud, Sigmund: Vorlesungen zur Einführung in die Psychoanalyse/Und Neue Folge. Studienausgabe Bd. 1. Frankfurt/Main 1989.

Friday, Nancy: Wie meine Mutter. Frankfurt/Main 1982.

Friedan, Betty: Der Weiblichkeitswahn oder Die Selbstbefreiung der Frau. Ein Emanzipationskonzept. Reinbek bei Hamburg o.J.

Gerrard, Nikki: Feminist Therapy and Oppression within Mental Health Systems. Contradictions, Struggles, Alliances and Change. Referat auf der Tagung der National Women's Studies Association. Juni 1988.

– Women and the Psychological Development of the Self. Arbeit für das Institute of Section on Women and Psychology. Canadian Psychological Association, Montreal. Juni 1988.

– A Critical Analysis of Guilt in Relation to Women with a Focus on Mothers and Daughters. Referat auf dem ersten Jahrestreffen der Feminist Therapists Association, Toronto. Mai 1987.

Goldstein, Rebecca: The Mind-Body Problem. New York: Laurel 1983.

Grant, Tony: Being a Woman. Fulfilling your Feminity and Finding Love. New York: Random House 1988.

Greenburg, Dan: How To Be a Jewish Mother. Los Angeles: Price Stern Sloan 1965.

Greenglass, Esther: A Social-Psychological View of Marriage for Women. In: International Journal of Womens' Studies 8, 1985.

Griffin, Susan: Forum. On Wanting To Be the Mother I Wanted. In: Ms, Januar 1977.

Griffith, Alison I. und Dorothy E. Smith: Contributing Cultural Knowledge.

Mothering as Discourse. In: J. Gaskell und A. McLaren (Hg.): Women and Education. Calgary: Detselig Press 1987. S. 87–103.

Gross, Zenith Henkin: And You Thought It Was All Over! Mothers and Their Adult Children. New York: St. Martin's Press 1985.

Hammer, Signe: Töchter und Mütter. Über die Schwierigkeit einer Beziehung. Frankfurt/Main 1991.

Horney, Karen: Neue Wege in der Psychoanalyse. Frankfurt/Main 1977.

Howe, Karen G.: Telling Our Mother's Story. In: Rhoda K. Unger (Hg.): Representations. Social Constructions of Gender. Amityville, N.Y.: Baywood 1989.

Josefowitz Siegel, Rachel: We Are Not Your Mothers. Referat auf der Tagung der Association for Women in Psychiatry. Denver 1987.

Joseph, Gloria I. und Jill Lewis: Common Differences. Conflicts in Black and White Feminist Perspectives. New York: Anchor Books 1981.

Kennedy, Florynce: Color Me Flo. My Hard Life and Good Times. Englewood Cliffs, N. J.: Prentice-Hall 1976.

Koppelman, Susan (Hg.): Between Mothers and Daughters. Stories Across a Generation. New York: The Feminist Press 1985.

Lerner, Gerda: The Female Experience. An American Documentary. Indianapolis: The Bobbs-Merrill Company 1977.

Lerner, Harriet Goldhor: Wohin mit meiner Wut? Stuttgart 1987.

Mahler, Margaret S., Fred Pine und Anni Bergman: Die psychische Geburt des Menschen. Symbiose und Individuation. Frankfurt/Main 1990.

Mahler, Margaret: On Childhood Psychoses and Schizophrenia. Autistic and Symbiotic Infantile Psychosis. In: R. Eissler u. a. (Hg.): The Psychoanalytic Study of the Child. New York: International University Press 1952.

Mairs, Nancy: Plaintext. Deciphering a Woman's Life. New York: Harper and Row 1987.

Matsakis, Aphrodite: Viet Nam Wife. The Other Forgotten Warrior. Kensington, Md: Woodbine Press 1988.

Miller, Barbara und Robin Miller: Confronting Racial Dichotomization. Mothering the Black-White Child. Referat auf der Therapeutinnen-Konferenz Woman-Defined Motherhood. Goddard College, Plainfield, Vermont. 18. September 1988.

Miller, Sue: The Good Mother. New York: Dell 1986.

Minden, Ruth: Glancing Backward, Looking Forward. Insights into Mothering. Unveröffentlichter Aufsatz. Ontario Institute for Studies in Education 1986.

Morgan, Robin: Dry Your Smile. Garden City, N.Y.: Doubleday 1987.

Neisser, Edith: Mothers and Daughters. New York: Harper and Row 1973.

O'Brien, Mary: The Reproduction of Mothering. Referat auf der Konferenz über Frauen und Therapie Don't Blame Mother. Toronto. 21. Mai 1987.

Payne, Karen (Hg.): Between Ourselves. Letters between Mothers and Daughters, 1750–1982. Boston: Houghton Mifflin 1983.

Petersen, Anne C.: Those Gangly Years. In: Psychology Today, September 1987. S. 28–34.

Pleck, Joseph: Employment and Fatherhood. Issues and Innovative Policies. In: Michael E. Lamb (Hg.): The Father's Role. Applied Perspectives. New York: John Wiley 1986. S. 385–412.

Quidlen, Anna: Living Out Loud. Home Thoughts from the Front Lines of Life. New York: Random House 1988.

Reeves, Nancy: Womankind. Beyond the Stereotype. Chicago: Aldine and Atherton 1971.

Rich, Adrienne: Von Frauen geboren. Mutterschaft als Erfahrung und Institution. München 1979.

– Snapshots of a Daughter-In-Law. Poems 1954–1962. New York: W. W. Norton 1967.

Robb, Christina: A Theory of Empathy. The Quiet Revolution in Psychiatry. In: The Boston Globe Magazine, 16. Oktober 1988.

Robbins, Martha A.: Our Mother's Legacies. Mourning the Myth of Motherhood. Referat auf der Therapeutinnen-Konferenz Woman-Defined Motherhood. Goddard College, Plainfield, Vermont. 18. September 1988.

Roth, Philip: Portnoys Beschwerden. Reinbek bei Hamburg 1974.

Rowbotham, Sheila: Woman's Consciousness, Man's World. Harmondsworth: Penguin 1973.

Sanford, Linda Tschirhart und Mary Ellen Donovan: Women and Self-Esteem. Understanding and Improving The Way We Think about Ourselves. New York: Penguin 1984.

Sherrard, Jain: Mother-Warrior-Pilgrim. Kansas City: Andrews and McMel 1980.

Shessel, Isabel: On Being a Mother. Thoughts and Reflections. Unveröffentlichter Aufsatz. Ontario Institute for Studies in Education 1986.

Sigal, J.: Effects of Paternal Exposure to Prolonged Stress on the Mental Health of the Spouse and Children. In: Canadian Psychiatric Association Journal 21, 1976. S. 169–172.

Sigourney, Lydia Howard: Letters to Mothers. New York: Harper and Brothers 1845.

Smith-Rosenberg, Carroll: The Female World of Love and Ritual: Relations between Women in Nineteenth-Century America. In: Signs. Journal of Women in Culture and Society 1, 1985.

Sonkin, Daniel (Hg.): Domestic Violence on Trial. New York: Springer 1987.

Study of Family Interaction Leads to New Understanding of Abusiv Parents. In: University of Toronto Research Highlights, Simcoe Hall. University of Toronto, Public and Community Relations. 1. Oktober 1987.

Surrey, Janet: The Self-in-Relation. A Theory of Women's Development. Work in Progress Paper Nr. 13. Wellesley, Ma.: Wellesley College, The Stone Center 1985.

– Mother-Blame and Mother-Hate. Referat auf der Therapeutinnen-Konferenz Woman-Defined Motherhood. Goddard College, Plainfield, Vermont. 18. September 1988.

Thomas, Helen: Child Abuse, Neglect and Deprivation. A Handbook for Ontario Nurses. Toronto: Registered Nurses Association of Ontario 1983.

Thoreau, Henry David: Über die Pflicht zum Ungehorsam gegen den Staat. Zürich 1973.

– Walden oder Hüttenleben im Walde. Zürich 1988.

Walker, Alice: Auf der Suche nach den Gärten unserer Mutter. Essays. München 1987.

Walton-Allen, Nicole: Lay-people's Perceptions of Family Violence. An Examination of Stereotyped Learning. Unveröffentlichte Dissertation. Ontario Institute for Studies in Education 1984.

Westkott, Marcia: Mothers and Daughters in the World of their Fathers. In: Frontiers 3, 1978.

Wolofsky, Zella: Reconciliation of the Mother-Daughter Relationship. A Personal Odyssey. Unveröffentlichter Aufsatz. Ontario Institute for Studies in Education 1986.

Woolsey, Lorette K. und Laura-Lynne McBain: Issues of Power and Powerlessness in All-Woman Groups. In: Women's Studies International Forum 10, 1987.

Wylie, Philip: Generation of Vipers. New York: Rinehart and Co., Inc. 1946.

Register

CHERYL BENARD / EDIT SCHLAFFER
GRENZENLOS WEIBLICH

Europas schwaches Geschlecht: stark im Kommen

KiWi 293

In diesem Buch stellen sich Frauen vor, die es, wie man so sagt, »geschafft«, Karriere gemacht haben. Von jeder läßt sich etwas lernen. Ihre Wege zum Erfolg sind oft Umwege, die sie aber trotzdem zum Ziel führen.

KiWi Paperbackreihe bei Kiepenheuer & Witsch